花巻が育んだ救世軍の母

山室 機恵子の生涯

―宮沢賢治に通底する生き方―

安原みどり 著

明治32年山室軍平・機恵子
結婚記念写真

明治28年3月　明治
女学校高等科卒業生

前列向かって左から　福田酉子、佐藤機恵子（後ろ山室軍平氏夫人）、
久保春代（後の青柳有美妻）、新海ふみ
後列左端は島崎藤村氏　一番高いのは巌本善治校長
洋装の女性は津田梅子女史

婦人救済所主任時代
明治33年頃、左が民子
を抱いた機恵子

明治36年頃、機恵子
実家佐藤家　前列右
から機恵子と武甫、
民子、安子、幸子（皐
蔵夫人）と子、後列
右から五郎、皐蔵、
健三

明治40年6月1日　山室軍平中佐

山室機恵子

大正2年頃の山室家
民子尋常小学校卒業記念　前列右から武甫、機恵子と善子、友子、周平、光子、民子、後列軍平と、姪文代

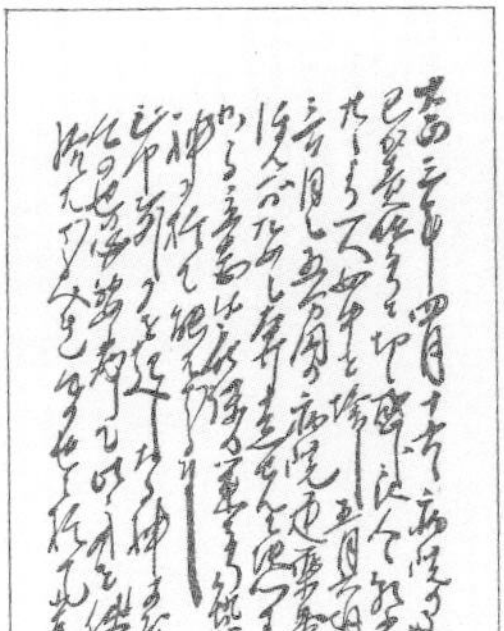

達筆な機恵子の日記

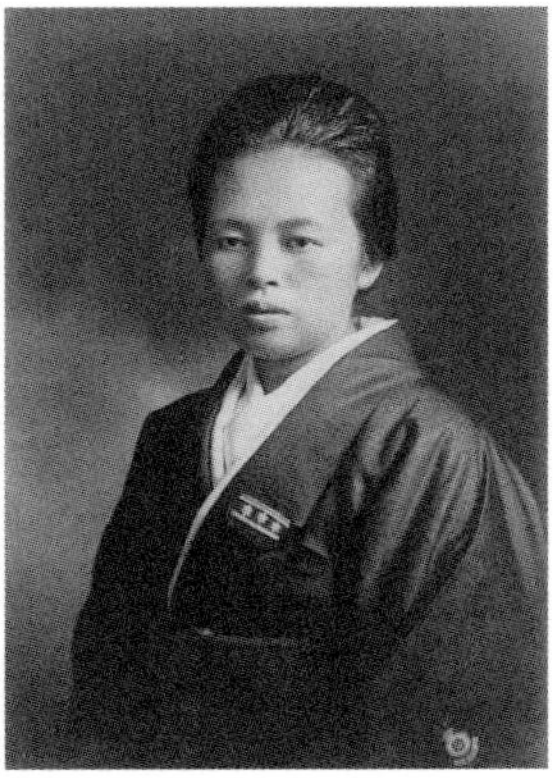

山室機恵子（大正2年頃）

大正5年、機恵子没後の山室家
安子（機恵子母）の抱いているのが機恵子が死の直前に生んだ使徒。
機恵子の遺児7名中、使徒のみ笑っているのが不憫。

昭和8年頃の山室一家　前列右から民子、悦子、軍平、光子、武甫。後列右から善子、徳子、潔、周平

はじめに

一八九一（明治24）年、岩手県花巻出身の一女性が、世のために何かをなさんという崇高な志を抱き、人力車を乗り継ぎ、明治女学校に入学した。結婚後は一度も故郷に帰ることなく社会的弱者救済に一生を捧げた。その女性の名を山室機恵子という。

日本救世軍の歩みは、そのまま日本の社会福祉の歩みであるといわれる。その「日本救世軍の母」と呼ばれる山室機恵子は、一八七四（明治7）年12月5日に花巻で生まれた。機恵子の生家のすぐ近所に宮沢賢治の実家がある。機恵子の先祖は南部藩の家老で、機恵子は武士道の精神で育てられ、生家の家風は「世のため身を捨てて尽くす」であった。機恵子はこの使命感を持って明治女学校に進み、植村正久から洗礼を受けキリスト者になった。

機恵子が明治女学校を卒業した一八九五（明治28）年は、くしくもイギリスの救世軍が日本に進出し、山室軍平が救世軍に挺身した年でもある。救世軍は一八六五年にロンドンのスラム街でウィリアム・ブース夫妻によって創設され、貧民救済の社会事業と、救霊事業（キリスト教伝道）を世界に広めていた。当時の救世軍は「西洋法華《ほっけ》」と嘲笑され、迫害を受け、山室軍平はその真価もまだ世に知られない、無名の青年にすぎなかった。

機恵子は明治女学校出の才媛にふさわしい良縁には目もくれず、「山室となら世のために尽くすという信念を実現できる」と決心し、山室軍平と結婚した。機恵子は花嫁道具を揃える両親に「五十歳まで着られる地味な着物を作って下さい。救世軍で着物をこさえるつもりはありませんから」と言い、軍平の収入が七円、家賃三円五十銭、十一畳半だけの広さしかない伝道所兼自宅の長屋生活に突入した。いわばシンデレラ・ストーリーとは逆の人生を果敢にも選択したのである。

機恵子は八人の子を生み育てながら、貧民救済・廃娼運動・東北凶作地子女救済・結核療養所設立などの先駆的社会事業のため東奔西走したが、病に倒れ五十歳どころか四十一歳で逝去した。

機恵子は「私が救世軍に投じた精神は、武士道をもってキリスト教を受け入れ、これをもって世に尽くすことにありました。お金や地位を求める生活を送らなかったことを満足に思っています」「幸福はただ十字架の傍にあります」と遺言して帰天した。

機恵子の生き方は質素な生活をし、自分を勘定に入れずに、東奔西走し困窮した人のため自分を犠牲にして尽くすもので、宮沢賢治の「雨ニモマケズ」の詩を彷彿とさせる。賢治が「世界全体が幸福にならないうちは、個人の幸福はありえない」として羅須地人協会を設立し農民と共に生きた精神も、宗教は異なるが機恵子と通底するものがある。

賢治の実弟、宮沢清六は著書『兄のトランク』の中で「若い頃の賢治の思想に強い影響を与えたものに基督教の精神があった。私共のすぐ後には日本救世軍の母とよばれた山室軍平夫人、機恵子が居られた。私の祖父と父が『佐藤庄五郎さんと長女のおきえさんの精神は実に見上げたものだ』と口癖のように言っていたから、若い賢治がこの立派な基督教の実践者たちの思想と行動に影響されない筈はなかったと思われる。そしてその精神が、後年の賢治の作品の奥底に流れていることが首肯されるのである」と書いている。

宮沢賢治を知らない人はいないが、機恵子没後百年になる現代では、機恵子を知る人はほとんどおらず、故郷岩手ですら知られていない。機恵子は「よいことをする時は、なるべく目立たないようにするのですよ」とこどもに教え、右手の善行を左手にも知らせず天に財を積んだ。

津田梅子、羽仁もと子、矢島楫子《かじこ》、新渡戸稲造、内村鑑三など、多くの著名人が軍平、機恵子を支援したが、善行を当然の事として黙すキリスト者に代って、関係性を詳らかにするのも意義があることだろう。家庭を持ち働く女性の元祖でもあった機恵子の生涯を顕彰してみたいと思う。

目次

大正10年ごろの豊澤町町並図

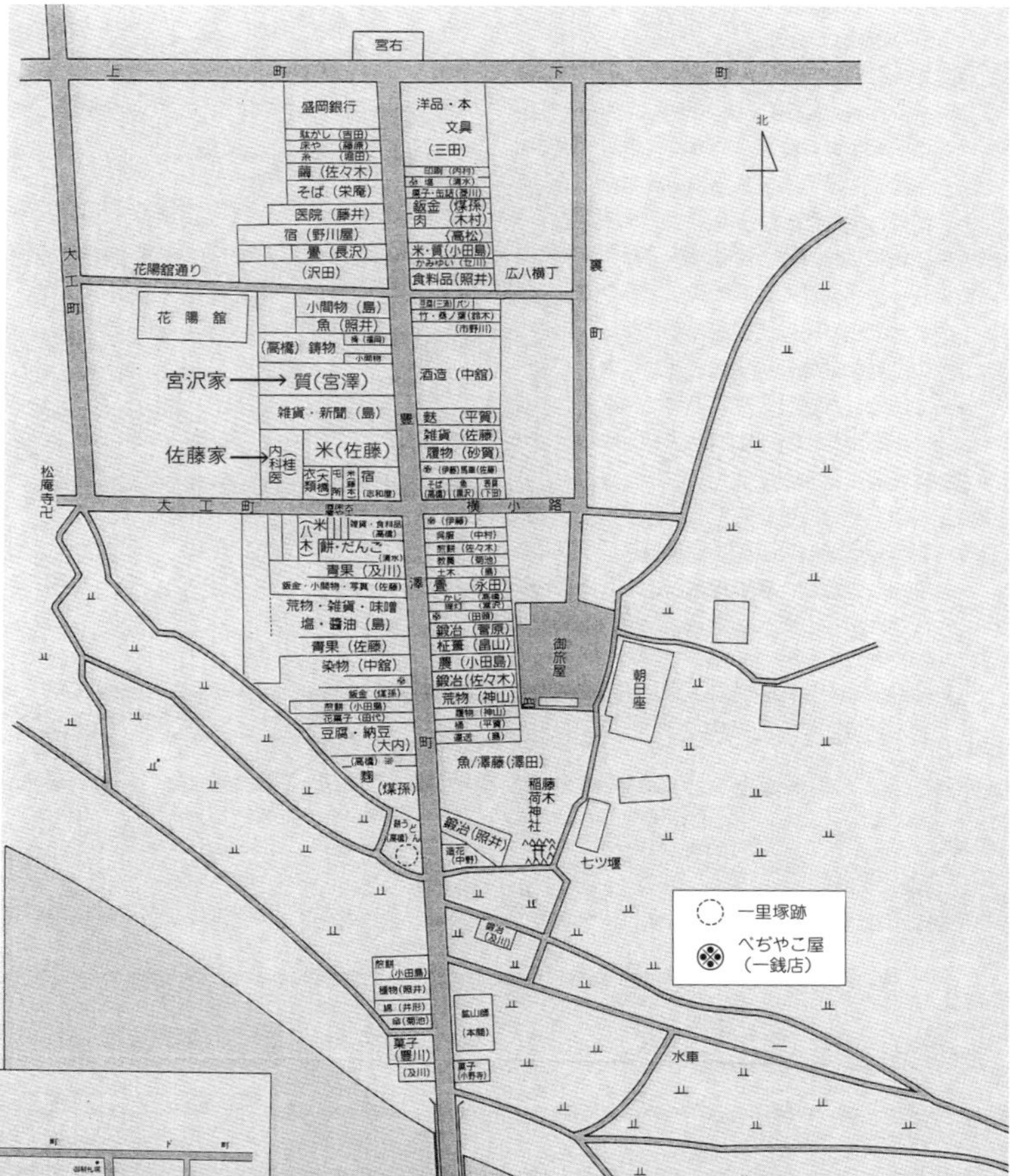

(「花巻史談」第12号、永田圭一「豊沢町今昔」)

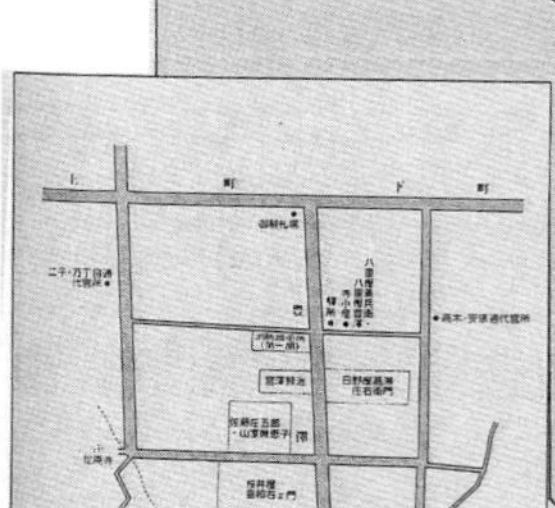

(永田圭一 会報「豊沢町」平成7年7月25日号、「豊沢町雑誌」)

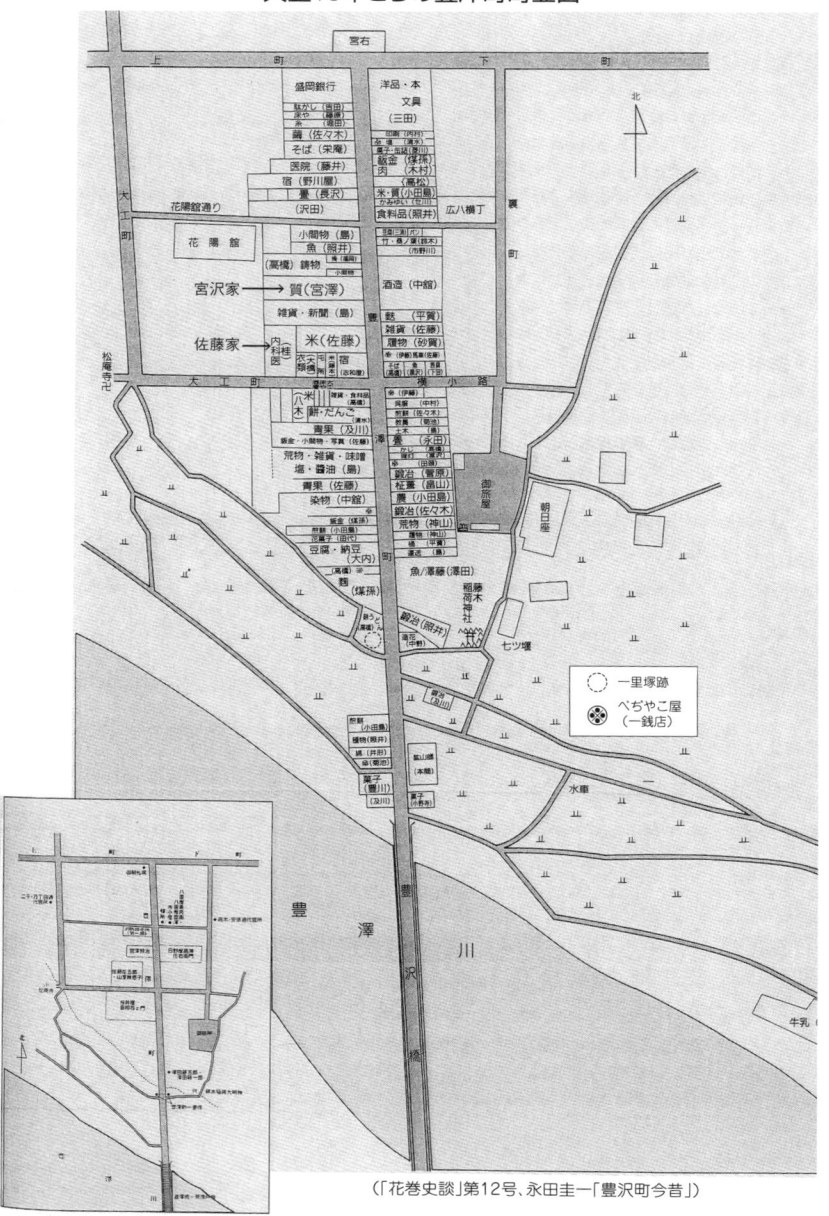

第一章
新渡戸、機恵子、賢治を育んだ花巻

近所には賢治の家

山室機恵子の旧姓は佐藤である。佐藤キエは一八七四（明治７）年12月５日に、岩手県稗貫《ひえぬき》郡里川口村川口三六五番地で父佐藤庄五郎《しょうごろう》、母ヤスの長女として生まれた。宮沢賢治の生家は里川口村川口三〇三番地なので、近所になる。現在は花巻市豊沢町となっている。

宮沢賢治が生まれたのは一八九六（明治29）年８月27日なので、花巻で機恵子と同時代を生きたわけではない。しかし賢治の「雨ニモマケズ」にあるように、度重なる冷害にもねばり強く耐えて生きる貧しい農民の姿が、機恵子の原風景にあったことは想像に難くない。

太田愛人《おおたあいと》は著書『簡素に生きる』の中で以下のように記している。

花巻は不思議な町である。ここで生まれた（註：ここを父祖の地とした）人の中で宗教的

明治33年頃、佐藤家、前列左から機恵子、安子、庄五郎、皐蔵、皐蔵夫人、後列左から健三、政次郎、五郎

な天才が目につく。新渡戸稲造は『武士道』を書き、山室機恵子は「私が救世軍《きゅうせいぐん》に投じた精神は、武士道をもってキリスト教を受け入れ、これをもって世に尽くさんとしたのであります」と語った。『武士道』で新渡戸稲造と山室機恵子が呼応し合ったように、新渡戸の『農業本論』と宮沢賢治の『農民芸術概論』とが呼応し合う。機恵子が献身的なキリスト教伝道に打ち込んで貧民救済に挺身《ていしん》したように、賢治は農民が食えるようになることを念願して汗と共に涙を拭って野の人として働いた。賢治の父政次郎は機恵子の育ちから東京での働きまでを知っていて、機恵子に対して「見上げた女」と称賛していた。

機恵子が生まれた一八七四（明治7）年の2月23日には賢治の父、宮沢政次郎が生まれている。さらに機恵子の四歳下の弟は政次郎《まさじろう》といい、漢字まで宮沢賢治の父と同じ名前である。近所に住んでいて、同じ名前をつけるというのは、親しみや尊敬の気持ちがなければできない事ではなかろうか。名前は自由に選べるものだからこそ、あやかりたいという思いがなければ、つけないはずである。こんなところからも宮沢家と佐藤家の親しい関係性がうかがえるのではなかろうか。

機恵子は勝ち気な負けず嫌いで、小学校の成績も優秀で、二位に落ちると悔しくて泣いて帰ってきたという。機恵子と主席を争ったのが、内村鑑三《かんぞう》の弟子となった照井真臣乳《まみじ》である。機恵子は小学校を卒業後、当時の花巻の女子では例を見ない高等小学校に進みつつ、漢学者名須川他山《なすかわたざん》から論語や孟子を学んだ。高等小学校卒業後は、名須川の要請で半年ほど小学校の教師を勤めた。宮沢賢治の「雨ニモマケズ」のモデル説もあった斉藤宗次郎《そうじろう》は、機恵子の教え子になる。宗次郎は山室武甫《ぶほ》編の『山室軍平回想集』に「佐藤機恵子嬢が明治22年頃、数ヶ月間、花巻本城小学校の教員となった時、私は十三歳で高等小学校に入学するやいなや、若き機恵子先生に英語の初歩を教えられたが、惜しいことに幾ばくもなくして先生は郷里を去って上京し、明治女学校に進学された」と書いている。

軍平は庄五郎から聞いた話として以下のように書いている。

佐藤家の先祖は武士で素封家《そほうか》であったが、天明の飢饉《ききん》で、窮民《きゅうみん》を救うため全財産を投げ出した。その後倹約、勤勉をして財を恢復したが、天保の飢饉で罹災者救助をし、家が衰えた上、父母、兄弟が次々亡くなり、十歳の庄五郎と、二十歳の姉が残された。庄五郎が熱病で危篤になった時、姉は深夜神社に参詣し熱心に看護した。庄五郎の病は奇跡的に癒えたが、まもなく姉は熱病で亡くなった。佐藤家が今日あるのは、亡き姉の犠牲的献身によるものである。我が佐藤家から機恵子の如く、身を捨てて他人のために尽くす者を出すに至ったのも、こうした家風に淵源する所があったと思う。

庄五郎は明治維新で家禄を失ったが、廃藩置県時に川口村長（戸長）となり、自宅は役場、集会場として使われた。庄五郎は生計を立てる道として養蚕を研究し、納屋を製糸工場にして七、八〇人の子女が働きに来た。花巻で庄五郎の功績を称え建碑の計画があったが、庄五郎は固辞したという。庄五郎は名利に淡泊で、常に新しい目的に向かって熱中する先駆的精神の持ち主だったが、機恵子は庄五郎の血筋を引いていると思われると、山室武甫は述べている。

機恵子の花巻時代の回想「苦悶を啓《ひら》かれたる光明」より

大正元年10月発行の雑誌「新女界」（第4巻第10号）に機恵子が「全く我れに克《か》ちし時」を執筆しているのを見つけた。少女時代から救世軍に入るまでを自伝的に述べたもので、「苦悶を啓かれたる光明」は花巻時代の事、「神を求む」は明治女学校でキリスト教の洗礼を受けた事、「国家に一身を捧げんの願い」は学校を出てから結婚する迄の事、「心霊の世界に入る」は救世軍に出会ってからの事が書かれている。山室軍平が書いた『山室機恵子』はこの文を参考にしていることが判明した。

花巻時代を述べた「苦悶を啓かれたる光明」は以下の通りである。

昔の人は十三になれば大人になると言ったもので、自分も子供心に大層頼んでいたが、十三になっても一向に変わりがない。家は南部藩の家老で父は六代目でしたが、祖父の時代に一家チフスにかかり、当時九歳の父と、姉を残して病没しました。その姉は父母に代わって弟を守り立て、その事を為し遂げずば一生縁付くまいと決心したそうです。しかるに幾ばくもなく弟は腸チフスにかかった。姉は病人を看護し、二里もあるお宮に忠僕を連れて、毎夜、丑の刻詣りをして、身を以て弟に代わらんことを祈りました。不思議にも弟の病は程なく癒えたが、姉は僅かの病が次第に重くなり、もはや再び立つべからずと知るや、家運の回復を頼んで終に瞑目しました。この事は父にはほとんど宗教になっていて、祖先崇拝は家風を支配しておりました。それゆえ父の代にはもはや物質上には疲弊《ひへい》しておりましたが、父祖の志を継ぐ念もあったので、専心民利を計ろうと、北上川の沿岸に桑園を啓き、率先して養蚕製糸業を始め、日曜には漢学の先生を招いて小学校の教師を集めてその講義を聞かせ、夜は自分の家に夜学校を開いて、村の若い衆を教育しました。父は常に殖産と教育とを勧める事に尽力しましたので、私も十一の時から糸を取る事を始め、一生懸命働きましたが、父祖の事業を見聞きするにつけ、何かにならなければならぬと常に心を鞭うっては、頭痛持ちゆえ早く床に入らなければならないにも拘わらず、床に入ってもランプをつけては読書し、いろいろの事を考えておりました。ある時は自分の不甲斐なさに御先祖に済まぬと思い、仏壇の前に行って自害しようと思った事さえありました。しかるにある夜、女学雑誌で『憂世《うきよ》と有喜世《うきよ》』という題で、この世は誠に憂き苦労の絶えぬものであるが、天地万物を司りたもう神を知り万事をお任せし、神が一人一人に与え給いし職分に全力を注いで行く時には、実に喜びの世と代える事が出来ると書いてあったので、日頃の苦悶がパッと啓けて、気分が爽やかになり、丁度秋の夜で、窓を開けると月が澄み渡り、星はキラキラと輝いている、この天地を司りたもう一つの神を限りなくなつかしく思うのでした。その夜の心地よさは今なお忘れられません。

十代の若さで自分を不甲斐ないから死のうかとさえ思う機恵子の一徹さには恐れ入るが、やがて婦人救済、凶作地子女救済、結核療養所建設などの社会事業に猪突猛進で体当たりしていく機恵子を彷彿《ほうふつ》とさせる。この文を機恵子が書いた一九一二（大正元）年に、庄五郎は六十一歳で北海道に住んでいて健在であったが、機恵子は「父の代にはもはや物質上には疲弊しておりました」と述べている。

機恵子の父、佐藤庄五郎

一九三六（昭和11）年9月25日発行の「新岩手人」には、機恵子の兄である佐藤皐蔵《こうぞう》海軍中将（当時六十五歳）の「花巻とそして父と」が掲載されている。それによると皐蔵は明治4年生まれだが、朝飯前に名須川塾に通い、それから小学校に行き、夜は父、庄五郎の開いた大有社という夜学校で学んだ。大有社は昼間勉強できない人達に教えるための夜学校で、町の有志が費用を出して運営した。庄五郎は「今時の若者は勉強しないで困る」と憤慨し、鎌倉で塾を開いていた名須川先生を花巻に招聘した。皐蔵は庄五郎を「非常に変わった人」という。庄五郎は篤志家《とくしか》で人から立てられ町長や県会議員に推薦されたが、当時の町長や県会議員はなりたがる者がなく、むしろ人々が嫌がる役割だったという。庄五郎が県会議員をしていた時、養蚕を広めるため福島、群馬両県から講師を自費で雇って講習会を開いたり、自ら群馬に行き桑の苗を買ってきたりした。ところが当時、「蚕は山の桑で養うべきもので、人の食物を作る畑に桑の木を植えるなどもったいない」と非常に反対された。しかし、庄五郎は少しも屈せず「桑の葉は蚕だけが食うものではない、人間も食べられる」と言い、家族で実験し医者に害のないことを立証してもらった。「飢饉時の備荒食《びこうしょく》にするためにも桑の木を植えなければならない」と宣伝したという。

佐藤庄五郎小伝

花巻市博物館には皐蔵の筆による「亡父佐藤庄五郎略歴」がある。一九二七（昭和2）年の庄五郎五七忌明に配ったもので、中に「佐藤庄五郎小伝」として以下の記載がある。

一、一八五二（嘉永5）年7月25日、岩手県花巻川口町に生まる

一、幼にして父母及兄を失い、姉きわの手に養育せらる、きわは庄五郎を養育して佐藤家を継がしむるを己の任となし縁談も拒み、庄五郎養育にあたる、庄五郎十一歳にして大患に罹るや寒天に水垢離《みずごり》をとり身をもってこれに代わらんことを神に祈ること連夜、遂に病を得て死し、庄五郎は癒ゆ

一、十九歳にして平澤やすを娶《めと》る

一、郡区町村編制法施行され第一回戸長となる二十六歳なり、続いて郡会議員、県会議員となること数回

一、つとに産業教育の振興に着眼し、挺身これにあたる。特に岩手県地方の蚕業、製糸業の発達は主にしてその力に俟つ

一、四十三歳にして北海道に移住し、石狩郡当別村及び空知郡砂川村に農場を経営す

六十五歳に至り子女の切なる請により居を東京に移す

一、一九二七（昭和2）年4月23日、七十六歳にて没す

一、資性剛毅堅忍《しせいごうきけんにん》にして遂げずんば已《や》まざるの概ありしを、その事業概ね相当の成績を挙げしも、利害の観念に恬淡《てんたん》にして自らを持すること極めて薄く、赤貧をもって身を終われり

庄五郎の姉、きわは寒い日に水垢離を取った、つまり冷水を浴びて体を清浄にして祈願し弟を救ったというのだ。岩手の寒さを思うと、きわのすさまじさは自殺行為に等しい。

恬淡とし赤貧に生きた庄五郎

佐藤庄五郎小伝には「利害の観念に恬淡にして赤貧をもって身を終われり」と書いてある。清貧の段階ではなく、赤貧である。機恵子も前述の「全く我に克ちし時」で「父の代にはもはや物質上には疲弊しておりました」と書いている。

機恵子の長男、山室武甫は「愛の使徒　山室軍平」に「庄五郎は養蚕を奨励普及し、機織り工場を経営したが、武士の商法で赤字であった。しかし、泣き面を見せるのを潔しとせず、北海道で開墾し、新規蒔直《しんきまきなおし》を図った。その送別会は（宮沢）政次郎宅で催され、政次郎は庄五郎の所有地の一部を買い取った。（宮沢）政次郎は終生庄五郎に深い敬意をいだいていた」と書いている。

花巻史談会の鎌田雅夫は「花巻ゆかりの人物　佐藤庄五郎」（花巻史談　第27号）に八木英三の

『稗貫人物風土記』からの引用文として「庄五郎は公共のために奉仕することばかり熱心で、自ら家産を治める事を怠ったので、いつの間にか大百姓の資産も使い果たされており、子供の教育の資金も困るようになっていた。ここにおいて四十三歳にして北海道移住を思い立ち、自分の居宅を親戚に売り、残りの資産をまとめて、北海道に渡った」と書いている。さらに鎌田は、佐藤皐蔵が「新岩手人」に書いた文も以下のように紹介している。

年をとった父を北海道にひっこめておくに忍びないというので、私達兄弟は無理に土地を整理して上京を願った。当時は欧州大戦で非常に物価が安く、急いで捨て値で整理した。結局は借金を差し引いてもいくらも残らなかった。ところが第一次世界大戦が起こって土地の値が十倍にも高騰したのである。父の血と汗の結晶で作り上げた農場を少し早まっただけで莫大な損失をこうむらせ、整理してしまった不幸をお詫びしたのである。ところが父は少しのわだかまりもなく「お前達兄弟はみな一人前になったから、それだけでもよいではないか。何も残さないというものの、少しは使用できない荒地を使えるようにしたではないか」と無欲でさっぱりした父の言葉を聞いて、心の中で両手を合わせて感謝した。

庄五郎の人格の見事さに感服するが、やはり機恵子を「何不自由なく過ごした豪農の娘」「深窓の令嬢」とする従来の見方は、いささか違っているといえる。

賢治の祖父と庄五郎は終生の友

佐藤庄五郎小伝には五人の弔辞が紹介されている。花巻を離れて亡くなったにも関わらず、庄五郎を偲ぶ者の多さ、人望の厚さに驚く。弔辞を読んだ一人、宮沢善治は、宮沢賢治の母方の祖父、すなわちイチの父親である。宮沢善治の弔辞の概要は以下の通りである。

故佐藤庄五郎翁の英霊に告ぐ　君は我が郷土の生める偉人にして至誠忠実公共に心を致し二十六歳にして推されて町長となり又郡会議員、県会議員となり　地方自治に貢献する多大なるものあり　君は又生糸の将来を達観し　自ら養蚕製糸の業を経営して範を遠近に示し地方産業の振興に資せられたる実に大なるものあり　後北海道に渡り開墾の業に従事し　苦心経営年あり功を治めて郷土に帰り　後居を東京に移し　君の着眼経営は常に進歩的にして一世の指導者たり　しかも君は東洋道徳の真髄を体得し　孝悌《こうてい》忠信の念に厚く　遠隔の地に住すと雖も毎年墓参を忘れず　郷土に帰りて墓参を了れば必ず我が家を訪れ　我又迎えて既往を談じ将来を語り時の移るを知らず　君は常に人は正道に依るを第一義とするを説かれしかも至誠を以て充たされたる君の一言一句は皆之子孫の戒めとなる　七十余年我は君を唯一の友となし　本年もまた君と語るを楽として待ち居たりしに　天何ぞ無情なる不幸病の犯す所となり　薬石効なく四月二十三日逝かる嗚呼哀しい哉　然れども君が郷土に尽くされたる幾多の功績は　永く町民の記して忘れざる所　又君が子女の訓育に心を致されたる功空しからずして　令息海軍中将皐蔵氏は地中海艦隊司令官として海外に名誉を轟かし　次男政次郎氏は農学士として朝鮮の領土に実業を経営され　三男健三氏は工学士として日本石油の技師長たり　四男《ママ》五郎氏は法学士として名をなし　長女キヱ子氏はつとに賢婦人の聞え高く救世軍日本司令官山室氏の令室として日本救世軍の創設者たりき　皆君が至誠を受けて各方面に活躍し後進の範たり　また以て瞑すべきなり　茲に葬儀に際し永き一生の訣別を悲しみ謹みて弔意を表す

昭和二年四月二十八日　　宮沢善治

弔辞は葬儀までの僅かな時間で書かれるものだが、宮沢善治の弔辞の見事さから、賢治の文学的才能が開花した背景が伺える。宮沢善治は一八五四（安政元）年9月6日に生まれ、一九三九（昭和14）年に亡くなっている。一八五二（嘉永5）年生まれの庄五郎とは二歳違いである。井上ひさしの「宮沢賢治に聞く」によると、賢治の母方の宮沢家は代々雑貨商を営んでいて、善治の時代に巨万の富を築いた。花巻銀行、花巻温泉、岩手軽便鉄道などの設立に尽力し、町会議員を四十年以上務めた有力者であったという。

弔辞には宮沢賢治の祖父は、機恵子の父を七十余年間、唯一の友としていたこと、さらに庄五郎は毎年墓参りを欠かさず、そのたびに必ず宮沢善治の家を訪ねて語りあったという事実が述べられている。

花巻に戻った庄五郎夫妻

皐蔵は庄五郎が北海道から東京に居を移したと書いているが、宮沢善治は庄五郎が「北海道から花巻に戻り、その後、東京に移動した」と書いている。機恵子の両親が一時期、花巻に戻って住んでいたことには、多くの証言がある。

明治45年3月22日の機恵子の日記には「花巻に小包出す」という文がある。大正元年12月15日の救世軍機関誌「ときのこえ」には山室軍平の「東北転戦の記」が載っているが、12月2日に「水沢から花巻まで内村先生の高弟斉藤宗次郎氏と同席。花巻駅にては、妻の母上其他の方々に会釈した」とある。ちなみに軍平はこの夜は盛岡の公会堂で話をし、夕食を食べる暇がなかったので「タッピング教師の家に立ち寄り、温かい肉汁を傾けて」夜行列車に乗り、上野に向かったと書いている。

軍平の大正元年の日記には「12月2日　朝、仙台を発し、水沢に行く　元貸座敷主人池田政代氏と相見す　池田の妹を信仰に導く　斉藤宗次郎氏と用事色々話す　花巻にては佐藤母上、駅にて来たり会わる　汽車後れて二時間雪中いかにも気の毒なり　六時半盛岡着」とある。機恵子の実母が、娘婿の軍平を停車駅の花巻駅で迎えるために二時間も雪の中を待っていたというのだ。

斉藤宗次郎は『山室軍平回想集』で以下の証言をしている。

明治31年、私は岩手師範学校を卒業して本城小学校教員に任命され、旧城内の桑園中に新設された分教室に照井（真臣乳《まみじ》）君と教鞭をふるうこととなった。後年、彼女（山室機恵子）

の両親たる佐藤氏は其の北隣に新居宅を建築して、彼女の孫に当たる治子さんを養育しつつ、閑静な晩年を送られることとなった。

治子というのは、皐蔵の娘のことをさしていると思われる。機恵子の長女民子は著書『寄生木の歌』で、機恵子の末弟の五郎が帝大に受かった後、「久しく郷里に帰っていた祖母が私共の二人の従姉妹を連れて上京し、五郎叔父と住むことになった。転任の激しい海軍将校を父に持つ従姉妹たちは、その数年間、祖母の手許に引き取られ小学校に通っていた」と回想している。その時期を民子は明記していないが、欧州大戦が勃発し、大正3年12月に天皇、皇后両陛下から救世軍社会事業部に金三千円の御下賜金があった頃と回想している。

以上のことから庄五郎夫妻は、明治末から大正初めの頃、花巻に住んでいたと思われる。

機恵子の母、安子の実家

花巻市博物館におかれている佐藤庄五郎略伝は、「菊池桿様」となっている。皐蔵が菊池桿に送ったものが、保存されているのだ。鎌田雅夫は「花巻史談」（第24号）に「佐藤皐蔵は一八八五（明治18）年、名須川他山塾出身の鹿討《しかうち》豊太郎《とよたろう》、菊池桿、名須川良の四人で東京遊学に旅立っている。徒歩と人力車の乗り継ぎで十四日間の長旅だったという」と書いている。

山室武甫は「（機恵子の）母、安子は菊池家から平沢家の養女となった。快活で心が大きく、同情心に富み、物わかりのよい人だったが、なかなか厳格であったらしい。良妻賢母の誉高い人であった」と記している（山室武甫『機恵子』）。

山室民子は「機恵子の母、安子は学者の家に育った賢い婦人で、読書を好んだ。明るくて老年になってもユーモアを解する女性でした」（「白牡丹」第一回）。「女に学問は不要だと叱られるので厠（トイレ）に隠れて読書をしたというような人で、理知的で若々しい所もあり、孫たちにもみっしり勉強をさせたかったのだが、母機恵子は学問等においては淡泊で丈夫で善良な人間になることの方に関心をもっていた」（「寄生木の歌（57）」）と書いている。安子は五男一女を生み育て一九四一（昭和16）年に九十歳で死去した。

鹿討豊太郎は佐藤輔《すけ》子と結婚し、菊池桿は輔子の妹、淑と結婚した。輔子と淑は、北海道大学の学長をした佐藤昌介の異母妹である。

明治天皇からの御下賜金

一八八一（明治14）年に明治天皇が二度目の東北巡幸した折、庄五郎は天皇から蚕業奨励の金一封を受けた。感激した庄五郎は、このお金でこどもたちを国家有用の人材に育てて天皇の恩に報いようと決心し、長男皐蔵が十五歳の時、東京海軍予備校（現攻玉社）に入れ、機恵子十八歳になった時は東京にある明治女学校に進学させた。「機恵子も自分が皇恩に沐浴する身であることを思い出しては、いつも感奮興起していたように見える」と軍平は述べている。

『岩手農業風土人物誌』（昭和50年、青木恵一郎著）には佐藤庄五郎が「一八八一（明治14）年3月

11日から東京浅草本願寺で開催の全国農談会に出席した」とある。明治天皇からの御下賜金と関係あるのではなかろうか。

ちなみに一八七六（明治9）年の明治天皇、東北巡幸の時は、新渡戸家が三本木（青森県十和田市）総合開発事業の功績により御下賜金を受けた。新渡戸家では御下賜金を全家族に分配したが、新渡戸稲造はこの御下賜金で立派な金縁の英語の聖書を買った。石井満は「新渡戸稲造伝」で「御下賜金でバイブルを買うということは多少問題とされる事であった」と書いている。

庄五郎は長男、長女以外のこどもも全員、大学教育を受けさせている。次男の政次郎は札幌農学校で作家の有島武郎と同級で、朝鮮総督府に勤務後、農場経営で財を成した。三男の健三は東京帝大を出て日本石油に勤務し、四男は夭逝し、五男の五郎は東京帝大を出て銀行員になった。

特筆すべきことは、どの兄弟ものちに救世軍の軍友（賛助者）となり、機恵子亡き後も救世軍の活動に理解を示し、寄付などで誠心誠意協力していることである。佐藤家に脈々と伝わる慈愛に満ちた人間性、高い精神性は瞠目に値する。

武士の家に生まれた機恵子は、必然的に武士道による教育を受けた。機恵子は臨終の時に「私が救世軍に投じた精神は、武士道をもってキリスト教を受け入れ、これをもって世に尽くさんとするにありました」と言ったように、武士の心得が機恵子の道徳規範だった。

機恵子は佐藤家の一人娘である。しかも聡明で、庄五郎の身代わりに命を落としたきわを彷彿とさせる娘だった。庄五郎にとって、どれだけ大切な娘であったことだろう。しかし庄五郎はわがままに育てる溺愛はしなかった。糸を取る作業をさせ、自分を抑え他者のために尽くすよう教育したのである。

新渡戸稲造の『武士道』

新渡戸稲造は一八六二（文久2）年に南部藩士の子として盛岡で生まれ、叔父太田時敏《おおたときとし》の養子となった。稲造は一八七七（明治10）年に札幌農学校に第二期生として入学し、クラークの遺した「イエスを信ずる者の契約」に署名し、洗礼を受けている。卒業後は母校で半年ほど教鞭を取り、一八八三（明治16）年に東京帝国大学に進むが一年で中退し、一八八四（明治17）年にアメリカのジョンズ・ホプキンス大学に留学する。後に結婚するメリー・エルキントンとはこの時代に知り合っている。その後、ボン大学、ベルリン大学、ハレ大学で学び、一八九一（明治24）年に結婚したメリー・エルキントンを伴って帰国し、札幌農学校教授に就任する。しかし健康を損ね、カリフォルニアで転地療養をするのだが、この期間に英文で『武士道』を書き、一九〇〇（明治33）年に出版した。

山室武甫は著書『機恵子』の中で「稲造は、岩手県稗貫郡長であった叔父太田時敏の養子となり、しばらく花巻に住んだ。佐藤庄五郎とも親しかった」と証言している。

山室民子は著書『白牡丹』（「百万人の福音」）の中で「機恵子は武士道による躾を受けました。新渡戸は花巻に住んでいたことがあり、機恵子の実家の人々と懇意でありました。『武士道』の中で新渡戸は自分に理想を持たせたもの、自分の最初の宗教のごときものが武士道で、自分にキリスト教を受け入れる準備をさせた『旧約』であったと述べています。武士道の特質として、彼は義（正義）、勇気、慈悲、惻隠《そくいん》の感情、礼節、至誠、名誉、忠義、克己を挙げました。機恵子はこの武士道に準拠して物事を考え、日常生活を整えていくよう訓練され、知らずしてキリストを受け入れる準備をしていたのでありました。彼女も新渡戸と同じ道程を経てキリストに至った者と言えるでしょう」と述べている。

『武士道』出版と婦人救済所開始は同年

新渡戸稲造がフィラデルフィアで結婚したメリー・エルキントンを伴い、札幌農学校の教授になるために北をめざしたのが一八九一（明治24）年3月である。同時期に機恵子は、明治女学校に入学し世のため人のために何かをしたいという大志を抱いて、南をめざしたことになる。

新渡戸が英文で『武士道』を著し出版した一九〇〇（明治33）年、くしくもこの年は機恵子が救世軍人として婦人救済所の主任となり、命がけの闘いを開始した年である。

機恵子の明治女学校の恩師である植村正久は、一八九四（明治27）年3月23日の「福音新報」に「社会をして武士道の昔に帰らしめよ。否むしろ吾等が欲する所の者は、洗礼を受けたる武士道なり」と記し、同年6月15日の同誌に「武士道ことごとく非とすべからず。しかれどもわれらは其の短所少なからざるを認む。われらは武士の長所をたずさえて、天地の主、救世の君を奉じ、十字架の精神にこれを接ぎ木せんと欲するものなり」と説いている。

雨宮栄一《あめみやえいいち》は、『戦う植村正久』の著書で、植村が明治20年代後半に武士道論を展開しているとして以下のように述べている。

新渡戸稲造の『武士道』の英文による刊行が一九〇〇（明治33）年であるが、正久が『福音新報』において「キリスト教と武士道」という一文を書いたのは、その六年前の一八九四（明治27）年のことであった。「何をもって武士道の粋を保存せんとするか」（明治27年6月）、「キリスト教の武士道」（明治31年3月）、「武士的家庭とキリスト教的家庭」（明治31年8月）、「武士気質」（明治33年5月）を『福音新報』誌上に発表している。また新渡戸の『武士道』の発表以降は、武士道に対して批判的な「戦勝と伝道」（明治38年1月）、「演劇的なる武士道」（大正元年10月）を記している。（正久は）武士道を日本固有のものではなく、西洋においては騎士道があり、オスマン・トルコにも同様な歴史的現象のあることを示して、偏狭なナショナリズムと結びつく日本武士道論を批判する。

太田愛人は著書『天に宝を積んだ人びと』に以下のように記している。

植村が一九〇一（明治34）年3月の「福音新報」で「新渡戸稲造氏は漫に武士道に心酔する者にあらず。氏はその将来に維持す可らざるを熟知せり。武士道を葬りてその相続をなすべきものは誰ぞや。新渡戸氏は基督教即ち是なりと言わる。これ甚だ適当なる結論なり。余輩は武士道の精神は基督教に依りて保全せらるべきを疑わず」として英文の『武士道』を紹介した。

機恵子は結婚前から植村の「福音新報」を通して、「武士道」とキリスト教についての論文を読み、同郷の新渡戸稲造が著した『武士道』を知り、植村の批判をも読んでいたと思われる。機恵子は死の前日に「救世軍はキリスト教の決死隊です。武士道精神を持ってのみ、ブース大将の主義を日本に実現することができます」という言葉を遺した。

元同志社総長で、のちに救世軍で活躍した金森通倫《かなもりみちとも》は機恵子の葬儀で以下の説教をした。

夫人がいかなる精神をもって、当時の人々から世の垢、塵芥《ちりあくた》の如くに言われ、あらゆる迫害を受けた救世軍に身を投じたかについては、多くを言わず、夫にすら多くを語らなかったことであります。しかるに天国に赴くに先立ち、始めて口を開いて「私は武士道の精神をもって、基督教を受け入れ、これを行って今日に至った者であります」とのことでありました。機恵子の生涯は歓喜と感謝の生涯であった。七人の子を遺しながらも、安心と満足と平和と勝利との中に凱旋することができた力は何か。それはキリストの十字架である。彼女の主義は神を第一にして同胞のために尽くし、己は消えて無くなることであった。彼女の精神はキリストに来るまでは武士道、キリストの十字架にあがなわれて後は救霊戦の決死隊であった（「ときのこえ」大正5年8月1日）。

太田愛人は、新渡戸稲造の『武士道』十四章「奉仕の教義に関する限り—自己の個性さえ犠牲にして己より高き目的へ仕えること、すなわちキリストの教えの中、最大であり彼の使命の神聖なる基調をなしたる奉仕の教義—これに関する限りにおいて、武士道は永遠の真理に基づいたのである」を引用し「己より高い目的に仕えるために自分の個性さえ犠牲にし、苦界に生きる女性たちを救出して奉仕した機恵子こそ『武士道』を語り、証《あか》しするにふさわしい女性といえよう。男性の新渡戸が『武士道』を書き、女性の山室機恵子が武士道の実践者となった」と「簡素に生きる」に書いている。

東北の花巻という地が、新渡戸稲造と山室機恵子、そして宮沢賢治を育んだと考える時、なんとも形容のしがたい崇高な気持ちになる。

機恵子の実家にニコライが寄寓《きぐう》

佐藤家は一八九四（明治27）年に花巻の土地を売却し、家族で北海道に移住したが、佐藤庄五郎が単身、北海道開拓のため渡道した時、花巻の空いた座敷に日本正教会の開祖、ニコライが仮《か》寓《ぐう》して伝道所として使用した。機恵子の友人、星野万《ほしのまん》は明治女学校在学中、函館に帰省する途中、機恵子の実家の花巻に立ち寄り、座敷が聖堂になっていたのを見たと武甫に語っている。「ニコライが寄寓したのは機恵子が上京した明治24年から、佐藤家が北海道に移住した26年の間のことであろうから、機恵子もニコライから感化を受けたに違いない。病弱だった健三（機恵子の弟）もニコライから大きな感化を受け、一時はニコライも健三を司祭にしたいと望みをかけるほどだった」と武甫は述べている。明治20年代の東北では、ほとんど見かけない外国人、しかもキリスト教の開祖であるニコライに家を貸した庄五郎が、いかに開明的な人物であったかがうかがえる。

ニコライは一八六一年に二十五歳で来日し、一九一二年に亡くなるまで五十年間宣教した。

庄五郎一家はニコライ日記に登場

ニコライ日記、一八八一（明治14）年5月30日には「花巻は一、二〇〇戸ほどの町。そのうち二〇〇戸ほどが士族。花巻はどうあっても放っておくわけにはいかない。ここからは伝教学校へ行きそうな者がたくさん見つかりそうなのだ。士族がたくさんいるから」とある。一八九三（明治26）年4月28日には「花巻には新しい聴教者が六人いる。そのうち、佐藤は伝教者の住まいの家主であり、その家に祈祷用のイコンもある。佐藤は自分の息子の一人（十二歳）に神学教育を施すために、自費でロシアの神学大学に行かせるつもりであるという。佐藤は裕福なのだ。彼の息子のうち一人は軍人で、もう一人は法学を学んでいる。三番目は職業を決めるにはまだ小さすぎる。佐藤自身はまだ信徒ではないのに、息子の一人を聖職者の道に進ませるつもりなのだ。その少年は温和で才能があるようにみえた」とある。佐藤とは庄五郎を指していると思われる。「神学につかせたいという十二歳の息子」とは一八八二（明治15）年に生まれた健三のことで、武甫の「ニコライも健三を司祭にしたいと望みをかけた」と一致する。

4月28日の日記の続きにニコライは「花巻で短い祈祷式を執り行い、信徒たちと集まった少数の聴教者たちに説教を行い、三軒の信徒の家を訪ね」、夜、郡山に向かう。「花巻ではこれ以上することがないからだ。しかし、ここにかならず伝教者を置く必要がある。花巻と郡山を一つにすることもありうる。今回は、神の助けを得て、確実にこの地に根を下ろしたいと思う」と書いている。ニコライ日記に機恵子が登場しないのは、明治女学校で学んでいる時期だからであろう。

佐藤昌介《しょうすけ》はニコライ堂に止宿

クラークから学び「北海道大学の父」と言われる佐藤昌介は一八七一（明治4）年1月、大学南校（東京帝国大学の前身）に入学するため、ちょんまげを切り、花巻から一四〇余里（約五六〇キロ）の雪道を草鞋《わらじ》履《ば》きの徒歩で十二日間かけて上京している。

佐藤昌介は一八七三（明治6）年に神田駿河台のニコライ神父のもとに数ヶ月止宿している。ニコライは前年に日本正教会中央本部を設立し、キリスト教布教の先駆をつけていたが、昌介がいかなる経緯でニコライ神父のもとに止宿できたのか、その辺の理由ははっきりしないと蝦名賢《えびなけん》造《ぞう》は書いている。さらに昌介の父である昌蔵、異母妹の輔子（島崎藤村の初恋の女性）も植村正《うえむらまさ》久《ひさ》牧師から受洗している。（蝦名賢造『北海道大学の父佐藤昌介伝』）。

ニコライは一八六四年に、函館で新島襄《にいじまじょう》のアメリカ密航に協力しているが、のちに軍平は新島襄門下生になるので、不思議な縁である。

機恵子の父庄五郎は、明治20年代にニコライと知り合い、座敷を貸すまで密接な関係になり、息子をロシアの神学大学に行かせようとまで思い、機恵子も救世軍人となった。しかし庄五郎はキリスト者にはならず、花巻の円通寺というお寺に埋葬された。

第二章

明治女学校とキリスト教

山室機恵子 ― 若い時

人力車も使い上京

一八九一（明治24）年、機恵子は上京して明治女学校に入学した。

山室民子によると、機恵子は花巻から仙台まで人力車で行き、あとは汽車で上京している（「白牡丹」百万人の福音）。一八九〇（明治23）年には盛岡、仙台間を鉄道が開通しているのに、なぜ鉄道を利用しなかったのだろうか。

花巻市博物館の元小原茂学芸員が調査した明治期の交通関係の資料を送っていただいた。それによると一八九〇（明治23）年、11月1日に日本鉄道が盛岡、仙台間でも開通し、一日に往復二便出ている。しかし11月11日には「花巻停車場の通路で花巻町からも里川口町からも道路整備されていず、不評」という記事がある。花巻、仙台間は約五時間半かかり、乗車賃金は下等で九十一銭、中等は二倍、上等は下等の三倍とある。同調査によると一八八七（明治20）年8月に盛岡で人力車組合が結成され、人力車賃金は国道一里五銭、県道一里六銭と規約が認可された。12月から3月までの冬期は一銭ずつ増額され、一日雇切（六時から十八時まで）は五十銭である。

人力車について調べてみると、一八七〇（明治3）年に発明されたが、それまでの籠と違い、時速八～十キロのスピードが出て、人々は驚いたという。花巻、仙台間の約百四十キロは一日半程度で行かれることになり、費用も汽車の下等とほぼ同額になる。しかし機恵子がなぜ汽車ではなく、人力車を利用したのか、現代から考えると疑問が残り、小原茂氏に問うと「親が大事な娘を目的地まで早く安全に届ける手段は何かと考えた場合、当時は利用者一人でも確実に出発し届けてくれる人力車を利用する事は大いにあり得ることです」と説明してくださった。機恵子が人力車で仙台まで出たのは、当時では不思議な事ではなかったのだ。

自由学園を設立した羽仁もと子は『半生を語る』の中で、一八八九（明治22）年2月に青森県八戸から上京した時のことを「サンタクロースのようであるが、ソリに乗って上京した。汽車はまだ通じていなかった。八戸からはたいがいは海を行く。この時どういうわけか、日数も費用も多くいる陸路を選ぶことになった。車（人力車）とソリを五日間乗り通して仙台に着き、仙台から汽車に乗ると一日で東京に着いた」と記している。もと子には祖父とお坊さんが同行したが、民子によると機恵子は付添も同伴者もなく一人で人力車に乗ったという。

機恵子にせよ、羽仁もと子にせよ、秀でた知力とある程度の財力、加えて本人の確固たる志、そして親の高い識見がなければ、女性が東京で学ぶなどはかなわない時代であった。

宮沢政次郎は汽車で四国に

宮沢賢治の父政次郎は機恵子と同年だが、十七歳の時、つまり明治24年に京都・四国まで古着の仕入れに行っている。賢治研究者の岡澤敏男は「政次郎は東北本線の開通を予測して企画したものと思われます。現在の高校生に等しい年齢で、花巻から四国方面まで古着仕入れを実行したとは驚くべき進取的な商人魂」と述べている。「岡山―高松間連絡船の開設は明治36年なので、それ以前の交通手段の情報を政次郎はいかにして入手したのか、交通費と滞在費、古着仕入れ費用、雑費用も綿密に試算した大事業で、往復に要した日数も一ヶ月余の長期だったと推測される」と岡澤はいう。宮沢商会の古着屋は呉服屋風で、古着と言っても新品の流行おくれが多かったので歓迎されたらしい。一八九六（明治29）年に賢治が生まれた時も、二十二歳だった政次郎は四国方面に仕入れに出掛けて不在だった（「賢治の置土産」盛岡タイムス）。

「賢治の置土産」には、四国で新品同様の古着を安く入手できた理由も書かれているが、ともかく政次郎の商才と、情報収集力には驚く。

明治女学校

明治女学校は、アメリカ留学の経験がある木村熊二が、日本の女子教育の遅れを痛感し、夫人の鐙子と私塾のような形で一八八五（明治18）年に設立した。鐙子が亡くなった後は巌本善治が校長になったが、キリスト教主義の自由な校風で、植村正久、内村鑑三、島田三郎、木村熊二、木村駿吉、津田梅子など錚々たる講師陣に加え、島崎藤村、北村透谷などの文学者も教壇に立っていた。校医は日本最初の女医、荻野吟子だ。なんという豪華な教師陣だろう。タイムマシンに乗って駆けつけ、学びたい気持ちにかられる。明治女学校は女子の最高学府とされていたが、巌本の人格に傾倒するものも多く、華族、学者、地方の素封家などの子女がここで学んだ。

明治女学校は社会で活躍する多くの女性を輩出したが、とりわけ自由学園を創立した羽仁もと子、中村屋の創業者の相馬黒光、作家の野上弥生子は明治女学校の三羽ガラスと言われる。機恵子は羽仁もと子、相馬黒光と同時期に学んだ。

明治女学校の普通科は五年制だが、飛び級が許され機恵子は四年に編入された。羽仁もと子は「高女（女子高等師範学校）の試験に落ち（略）、その頃女学雑誌の理想が実現されたといわれる明治女学校を見いだし、どうかして明治女学校の高等科にと思ったが、官費の女高師と違い、学費がいる。しかし下に弟妹がいて多くの学費は出してもらえない。そこで巌本善治校長に手紙を書いて面接し、女学雑誌の記事に仮名つけの仕事をして月謝を免除して貰った」と「半生を語る」に書いている。

島本久恵は『明治の女性たち』の中で、もと子が「巌本先生に下働きとして使ってもらい、いくつかの講義を聴くお許しをとお願いしたのだが、巌本先生は普通の生徒にしてくれ、それと別に『女学雑誌』の校正やお使いをさせその給料で、授業料を納めるようにと計らってくれた。引け目を感じさせない配慮だった」と述べたことを記している。もと子は女学雑誌で仕事をしたことがやがて報知新聞で日本最初の婦人記者になり、「婦人之友」を刊行したことに繋がっていく。明治女学校の校長、巌本を始め、教師陣は二、三十代が多く、生徒と年の差が少なく、プラトニッククラブも多数発生していたようである。

佐藤輔子と機恵子

山室軍平は「機恵子が特に明治女学校を選ぶこととなった理由は、一つには同郷の先輩、代議士佐藤昌蔵氏の令嬢が、同校に在学中であった関係による」と記している。佐藤昌蔵の令嬢とは佐藤輔子のことで、北海道大学の学長をした佐藤昌介の異母妹である。佐藤輔子は島崎藤村の初恋の人で「桜の実の熟する時」や「春」には機恵子とおぼしき女性まで登場している。輔子は藤村の愛に苦悩しながらも親の決めた婚約者、鹿討豊太郎と結婚した。「輔子に去られた藤村は、無気力な授業をして『石炭ガラ』と生徒たちに呼ばれた」と黒光は『黙移』で証言している。

及川和男は『藤村永遠の恋人　佐藤輔子』の本で、一八八八（明治21）年に明治女学校普通科に入学した佐藤輔子の保証人が津田仙であると書いている。津田仙は津田梅子の実父で、明治初期の進歩的キリスト教徒であり、麻布に学農社を起こし、「農学雑誌」を発行した。救世軍の機関誌「ときのこえ」にも、救世軍を支援した人物として随所で紹介されている。

佐藤輔子は鹿討豊太郎と一八九五（明治28）年5月29日に結婚式をあげたが、輔子は8月13日に亡くなっている。悪阻《つわり》がひどかったせいと言われるが、結婚後わずか三ヶ月で亡くなった。

巌本善治も、津田仙の弟子であるが、鹿討豊太郎も津田仙の弟子で、『黙移』には「津田仙さんが鹿討さんにお輔さんなき後のさびしさを思いやって、末女のまりこさんを与えたのであります。まりこさんも死者に対していまだに情緒の纏綿する中へ承知して嫁いでいく、内情はさまざまに取り沙汰されましたけれど、表面の事情にしたがえば、これもその時代らしいロマンチックな話であります。でもそのような夢はじきに破れ、まりこさんは離縁になったと聞いております」とある。まりこは明治女学校で黒光の一級下だったという。吉川利一の「津田梅子伝」によると、梅子はまりこと同居していたが、まり子は一九二六（大正15）年に脳出血で半身不随となってしまった。梅子も大正6年に糖尿病を患い入退院をくり返し、大正8年には脳溢血を起こしている。

相馬黒光は『黙移』で以下のように、機恵子を回想している。

あの情熱、あの憧憬、明治女学校の百花爛漫の中を出たものは、よかれあしかれただでは納まらない。何等か情熱的な生き方をせねば止まれない、そういう一つの気質を宿命的に負わされたような形がございます。（略）文学的であると同時に宗教的であった明治女学校の、その宗教的な方に成長して行った人々、第一に思い出すのは故山室機恵子夫人、その頃は佐藤お機恵さんと呼んでおりました。熱情的なやさしい人で、佐藤お輔さんとは同郷のよしみもありましたが、理解のひろい人で、お輔さんの藤村さんに対する純情にも同感し（略）お機恵さんによると、藤村さんは「この学校には女らしい女はいない」と言っておられたそうで、それがお輔さんを見てあいう風になったのでしたから「お輔さんの感慨も深いわけだ」とこんな調子でなかなか面白いところがございました。山室軍平氏と結婚、救世軍の旗印の下にあれだけの働きをのこし、惜しいことに早く世を去られましたが、その生涯は耀いております。

輔子の兄、佐藤昌介は札幌農学校一期生でクラークから学び、のちに北海道大学総長になった。新渡戸稲造が札幌農学校に進んだのは、花巻の先輩、佐藤昌介の影響があった。佐藤昌介の回想によると、昌介の父、佐藤昌造と、稲造の養父、太田敏時が南部藩時代からの同僚で、新渡戸と昌介は明治の初年に東京で知り合いになったという（「新渡戸稲造全集　別巻」）。

機恵子の弟である佐藤政次郎は、一八九二（明治25）年に札幌農学校予科に入学した時、佐藤昌介が校長心得であった。「花巻史談」第29号の「花巻ゆかりの人物」には佐藤政次郎の三女からの聞き書きとして「政次郎は花巻の大先輩である佐藤昌介先生のお家へ、たびたび訪ねて行ったとのことである。先生は『マサンヅロー、よく来た、入れ、入れ』といってかわいがってくれ、食事をご馳走になって帰ったそうである」と書かれている。昌介は生涯、なまりが抜けなかったようだ。

若松賤子《しず》

機恵子は「婦人救済所では『身軽に働くことは女の誇り、タスキと前掛けを離すべからず』ということだけは厳重に実行させています」と述べている。一方、機恵子の前言より十年早い時期に若松賤子は「針と糸が女の仕事の象徴であった時代は去りました」とフェリスの時習会で演説したことが、山口玲子の著書『とくと我を見たまえ』に出ている。

若松賤子は機恵子より十年早い一八六四年に会津藩士の娘として生まれた。四歳の時に戊辰戦争で孤児となり、横浜の大川家の養女となった。七歳でミス・キダーに学びフェリスでようやく安住の地を得た。その後、フェリスの教師をし、二十五歳の時に巌本善治と結婚した。「若松」は故郷の会津若松から取り、「賤子」は神のしもべという意味らしい。藤田美実の「明治女学校の世界」によると賤子は結婚した日の日記に、英語の詩を書いた。この詩はアメリカの詩人、アリス・ケアリー（一八二〇～一八七一）の作品で、後年、乗杉タツによって訳され、昭和52年に『花嫁のベール』と題され公表された。

一、われら結婚せりとひとは云う　またきみはわれを得たりと思う
然らば　この白きベールをとりて　とくとわれを見給え（略）
二、われらは結婚せり　おお　願わくは　われらの愛の冷めぬことを
われにたためる翼あり　ベールの下にかくされて
光の如くさとくして　きみにひろげる力あり
その飛ぶ時は速くして　君は遂い行くことを得ず
またいかに捕えんとしても　しばらんとしても
影の如く　夢の如く　きみの手より抜け出ずる力をわれは持つ（略）

「この詩には長い過去の因習を断ち切って全く新しい精神で行われた結婚の持つ意味、賤子の強烈な意欲と将来への高い理想と希望が歌われている」と藤田は書いているが、なんと躍動感に溢れ、心高まる詩だろう。「賤子」は神のしもべであって、夫のしもべではないのだ。師岡愛子の「理想の佳人—若松賤子」によると、アリスは妹のフィービーとともに、詩人として、女権拡張の運動家として一八五〇年代に活躍し、ニューヨークのケアリー姉妹の家は文壇のサロンであったという。師岡は賤子がディケンズやスコット、エリオットなどの英米小説を愛読するほかにケアリー姉妹の詩集も愛読していたのは、ピューリタニズムの色濃いニューイングランドから来日した宣教師の紹介によるものであろうと指摘している。

若松賤子が一八八八（明治21）年に巌本喜治と結婚した時の証人は、自由民権運動の先駆者、中島信行・とし子（岸田俊子）夫妻である。この結婚招待状の署名は妻のとし子が先で、夫が後になっていて、中島夫妻のリベラルな一面が垣間見られると言われているが、そのレプリカは今もフェリス女学院の資料館に飾られてある。中島夫妻も植村正久から洗礼を受けた一番町教会の会員である。若松賤子や中島とし子が愛情に基づいた結婚、夫婦対等の家庭を築いたのは、師であるキダーからの感化があったはずである。

キダーは一八三四年にアメリカで生まれ、宣教師として来日し、現在のフェリス女学院を創始した。一八七三（明治6）年に長老派教会の宣教師ミラーと結婚した時、賤子はフェリスにはいなかったが、キダーは日本初のキリスト教結婚式を見せるため生徒全員を招待した。「日本の結婚の風習は恐ろしい。早婚で、親の決めた相手と顔も見ないで結婚させられ、夫の意のままに離婚される」と嘆いたキダーが結婚したのは三十九歳の時で、夫は九歳年下であった。教派が違う結婚は、妻が夫の教派に移るのが一般的だったが、夫ミラーは来日一年目、妻のキダーはオランダ改革派から給料を受け学校経営を続けて四年目になるので、夫が妻の教派の改革派に移った。

キダーは一八八八（明治21）年にミラー夫妻として宣教のため、盛岡に赴任した。一八八九（明治22）年、3月19日にキダーは「（盛岡から）東京まではたったの三日ですが、貨物輸送はかなり高価です。二年後には鉄道がここを通るようになり、東京までの旅は二日もかからなくなるでしょう」と記している（「キダー書簡集」フェリス女学院編訳）。

キダーは、花巻から上京した機恵子と入れ替わるように盛岡に赴き、十三年間、伝道生活をしたことになるが、どれほどカルチャーショックを受けたことだろう。

七歳からキダーのもとで学んだ若松賤子は「フェリス・セミナリーの他に私には家庭がありません」と言うほど、キダーを母とも師とも慕った。

一方、機恵子の精神の基本は武士道にあり、夫を立てて陰で支えるという姿勢を生涯崩さなかった。明治女学校といえども佐藤輔子のように親のいいなりで結婚をした女性が圧倒的に多かっただろうが、機恵子は自分で結婚相手を選択する意志的女性であった。さらに矢島楫子や松本荻江など社会の第一線で活躍する女丈夫の感化も受け、救世軍の外国人士官達とも接していたのに、旧態依然の妻の役割に固執した。しかし、武甫は「家には小説の本がなかったが、若松賤子の『小公子』だけはあった」と証言している。機恵子が若松を尊敬していた証拠であろう。

賤子は結核を病んでいて数年、ほとんど病床にあったにも拘わらず、四度目の妊娠で重態になり「私の生命はお産まで」と覚悟していたという。そして一八九六（明治29）年2月5日、明治女学校が火事になった五日後、身重のまま三十二歳の若さで亡くなった。病弱なのに多産した賤子の最期は、出産後亡くなった機恵子の最期と重なる。

巌本善治

羽仁もと子は「巌本先生の講話は時事問題あり文学あり宗教あり、その風采その能弁、才気と敬虔と、覇気と熱涙とを織り交ぜて、本当に華麗なものであった」と述べている。羽仁もと子は明治女学校を卒業しないで教師の道に進むが「明治女学校と巌本先生は私の恩人、また恩ある学校である。私の生涯に劃時代的な進歩を促してくれた。その短かった全盛時代に、そこに置かれたことも感謝すべきことである。私は今も既に滅び去った明治女学校を忘れることが出来ずにいる。しかし、あの爛漫たる才華のなかに理もあり情もありながら、生ける信仰を欠いていた。明治女学校にはキリスト教思想があっても信仰はなかった」と鋭く分析している。

一九〇一（明治34）年には成瀬仁蔵が日本女子大学を創設したが、明治女学校は一九〇八（明治41）年に閉校になった。明治女学校が閉校になった経緯はここでは触れないが、失脚した巌本善治の晩年はわびしいものであったと言われる。

植村正久から受洗

機恵子が雑誌「新女界」（大正元年10月）に執筆した「全く我れに克ちし時」の中の「神を求む」に以下の文がある。

明治24年には日頃の志願が届いて、上京して明治女学校に学ぶ身となりました。もとより自分の不甲斐《ふがい》なさに、自分で自分を嫌っていたので、どうか全知全能なる神を見出したいと一心に勉強し、論語や孟子は暗誦《あんしょう》するまで読み、日曜には植村先生の教会に行って熱心に聖書の講義を聞きました。しかし、理屈っぽい頭とて、なかなか一直線には進まれず、かつ洗礼をさほど力あるものとは思いませんでした。それでも土曜日は午後までにすっかり用事を済ませて、夜は暗い部屋でただ一人、月と星とを友に終宵《しゅうしょう》祈るのをこの上なき楽しみとしており、日曜には勇んで会堂に行きました。時々は自分はこんなに熱心に求めているのに、なぜ神と自分とはかようにかけ離れているのであろうと嘆きました。するとある時、熱き祈りを捧げていると、ふと絵のように神と自分とが、父と子供のように美しく示された。自分は乾いた時の清水のように嬉しく、その絵を失うまいと心に深く深く刻み、その時より頑固《がんこ》な心は砕かれ、神と自分との間に離し難い親しみが成り立ちました。

それで洗礼を志願しますと、聖霊とは何ぞやと問われました。同じ志願者の誰彼はいろいろ学理的にこれをお述べになりましたが、自分の番になって人様のような事は言えない。「ここまで自分を導いて下さった不思議な力が聖霊であろうと思いますが、何とも口には言えません」というと、試験係の長老はもう少し何か言えそうなものだと幾度も尋ね返した。これ以上言えないというと、どうも困る、まだ洗礼を与えまいかと言うと、陰から植村先生が出て来られて、どうも佐藤さん（私の旧姓）の言う所が本当らしい。それで立派に洗礼を受けられるとて、かえって他の学理的に滔々《とうとう》と述べた方々には、理論に長じて信仰の添わないのは、宗教学校などにおった弊ではあるまいかと戒められた事を覚えております。そしていよいよ受洗して神の国に入る喜びを得ましたのが、十八の年でありました。

試験係が機恵子の洗礼を躊躇している時に、植村正久は「佐藤さんの言う所が本当らしい。立派に洗礼を受けられる」と認めてくれたという。植村の千里眼の確かさに驚かずにはいられない。

一方、羽仁もと子は『半生を語る』で「明治女学校の人たちは日曜には一番町教会に通った。植村正久先生のところに洗礼を受けたいといって行くと叱られるとその頃皆言っていた。学校を出て嫁に行くと忘れてしまうような信者はだめだと言われるということであった。私は心に多くの疑問（神についての）を持ち、どうかして植村先生に教えていただきたいと思いながら、あなたはそんなことまでわからないのに、どうして洗礼を受けたのだ（註：もと子は明石町の教会で既に洗礼を受けていた）と言われるのが恥ずかしくもあり恐ろしくもあって出来なかった」と述べている。羽仁もと子でさえ植村への質問をためらったというのが意外である。機恵子と羽仁もと子の証言から、植村が形式だけで洗礼を受けようとする者を厳しく戒めたことが伺える。植村は機恵子の秘めたる素質、ただものではない気迫のようなものを見抜いたのではなかろうか。

女性指導者を育てた植村正久

植村正久は日本初の女性牧師になった高橋久野を育てた牧師で、植村に導かれて牧師になった者、伝道の道に進んだ者も多い。武田清子は「植村正久　その思想的考察」で「植村はこの人と思うと特殊な霊的インパクトを与えてキリストへ導いた」として、植村が育てた女性を「木村鐙子と若松賤子、山室機恵子、羽仁もと子、河井道子、松本荻江、矢島楫子」等と名をあげ、「開拓的な教育者、福祉事業、社会事業に積極的な働きをした女性たち、多様な人材が植村の指導の下から生まれています」と述べている。植村が妻季野《すえの》への手紙を「我が賢妻よ」で始めたこと、娘に「お母さんは本当に偉い人だ」と教えたこと、「我が愚妻が」という弟子たちに「本当に愚妻だと思っているのか」と叱ったことなどの逸話も紹介している。

相馬黒光は『黙移』の中で「植村先生が明治女学校に来て大いに宗教教育に努められたのは、学校が九段にあった時分のことです。植村先生の牽引力は実に大きいものでした」と述べている。ある日、一番町教会に通っている教え子に植村先生が「明治女学校の文学熱にかぶれてはいけないよ」と言ったのを聞き、黒光は「藤村、透谷の文学界系統に対して、植村先生がある苦々しさを抱いておられたということは、さもありそうに考えられる」と回想している。機恵子も植村と同じく文学系統には関心が薄かった。この植村正久も後に軍平と機恵子を繋いだ一人である。

植村正久の妻、季野

植村正久の妻、季野は若松賤子とフェリスの同級生で、一緒に横浜海岸教会でミラーから受洗した。藤田美実の「明治女学校の世界」によると「若松賤子は山内季野（植村）と特に親しく、一緒に日曜学校を開いて子どもを教えたりしていた」という。季野はフェリスの学生時代に和漢の補助教員を務めるほど古典に秀でていた。一時期、明治女学校でも教えたが、結婚後は家庭に埋没した。季野は姑との確執があり実家に戻り、植村が迎えに行った逸話もある。

佐藤敏夫の著書『植村正久』に以下の文がある。

植村正久の母は、封建倫理で教育されてきた。長男正久を掌中の珠と愛育し、一家の将来を彼に託してきた。そこへ迎えた嫁は、書道、絵画、漢詩、和歌も練達の士であり、英書も読めるし、学問もあり、しかも豪家の麗しき令嬢である。しかしこの嫁は基督教に基づく民主国家の倫理を身に付けていた。封建的な倫理を未だ完全に清算し切れない姑と、近代的基督教倫理を教え込まれた嫁とが、同じ屋根の下で、しかも貧しさに耐えて生活する事になった。彼は両者の間に立たされて、万斛の涙をのみ、妻を励まして両親に仕え、基督者の道を貫き通した。

さらに佐藤は「古屋安雄の父君、古屋牧師が植村宅に一泊する。そこでビックリする。植村は奥さんを『おい』と呼び『メシ』とどなったからである。植村は旗本千五百石の家に生まれたが、まるで野武士のような振舞に接して、明治の代表的キリスト者がこんな調子であるから、日本でクリスチャンらしいクリスチャンになるのには、三代位はかかるというのが、古屋牧師の感想であったらしい」と書いている。

植村夫妻の長女である植村環は「伝道者の家はどこも左様であるが、父の思い切って太っ腹な、物質に恬淡な性質から、我が家の経済の遣り繰りは格別困難であったらしい。母はよく大きな荷物を持って質屋に通ったらしい。もっとも子供らはそんなこととは夢にも知らなかった。貧乏の苦痛など感じたことはない」と語っている（植村環「父母とわれら」）。

さらに植村環は「（冬でも）五時頃私が目を醒ますと、火の気もない所で端座聖書を読み祈祷している母の厳かな姿をも、既に家事や父の用事をしている母を見出すこともあった。父は極端に整然たることが好きな人だったが、自分では到底整理の寸暇もないのだから、母にこれを要求するのであった。母の勤め振りには恐れ入った。母は私どもを養うため自分は随分節約して鳥目になり、教会の祈祷会の帰路、道路工事の深い穴に陥って、引き上げるのに大変だったこともある」と述べている（「植村正久と其の時代　新補填」）。

季野の姪にあたる田中米は「季野叔母」で以下のように回想している。

季野叔母は相当の学識と才能を具えていたが、牧師の家庭に入りて後は、教会以外の人にはほとんど知られない程表面に表れて来なかった。貧乏とは随分久しく闘っていた。ある俸給日に諸払いをすべく主人の帰りを待っていた。やっと帰ったのでお金をというと『今日某氏を訪問したら、余り窮乏しているので、みていられなくなったから、袋毎そっくりやって来たよ』とそんな調子であったから、泣くにも泣けない有様であった。

叔母は年中叱られてばかりいたから、私は叔母の意気地なさを歯痒く思っていた。ある日、叔母を訪ね、始めてゆっくり話す機会を得た。その時、季野叔母は老婆であった。「主人は外から帰って来て理由もないのに、いきなり怒るので困ることがあるが、そんな時は訪問先で不快な思いをして堪えて帰ったのであろう。そして鬱憤ばらしに内の者に怒るのであろう。そんなら私は怒られの的になりましょう。そして神の聖名を汚さずに牧師の務めを無事に果たせられたと思えば、私は感謝して怒られていますよ」と聞かされた時は、季野叔母の顔に後光が射しているような偉大さを感じた。叔母は自分の所有物（嫁入り衣装を含め、学識、才能等）すべてを無きものとして、夫に神の御用をまっとうせしめた隠れた奉仕者であった

（佐波亘「植村正久夫人　季野がことども」）。

季野は幼少時から闊達で、男装して儒学の塾で学んだと言われる。指導的女性を育てた植村正久ではあるが、男勝りの季野ですら夫を支えるため自己を犠牲にしている。雨宮栄一も「牧師植村正久」で、植村が家庭ではワンマンぶりを発揮したらしいと記している。

梅森豪勇《うめもりごうゆう》の南洋開拓伝道

植村に南洋開拓伝道を求められ挺身した牧師に梅森豪勇がいる。梅森は明治22年に岩手県和賀

郡（現、奥州市）で生まれた。梅森は山室軍平を尊敬し、一九一一（明治44）年に救世軍士官学校を出て廃娼運動でも挺身した。タンバリンの名手で、路傍伝導で大声を出し続け、声帯麻痺になり異様なキイキイ声しか出せなくなった。過労と栄養不足で肺を冒され、救世軍を退き、二年間の転地療養の後、ホーリネスを経、二転三転して植村正久に師事した。

植村にシンガポール伝道を求められた梅森は、一九一七（大正6）年に植村の司式で徳永幾美と結婚し、南洋伝道に赴いた。南洋伝道の困難さを知っていた植村は「一年のつもりで行きなさい。一年続けばたいしたものだ、続けることができなかったらいつでも帰って来なさい」と言って送り出した。梅森は愛も信仰も強すぎる人で、失敗も多かった。

一九二三（大正12）年に妻幾美は帰国し、植村を訪ね、夫の欠点と不評判を全て話し、ともかく梅森を内地に引き戻して下さいと懇願した。植村は、長い幾美の訴えを聞いた後「奥さん、梅森さんには愛があるでしょう」と言った。「はい、それはもう。愛と親切過剰のために人に誤解され、嫌がられ、憎まれます」というと「それでいい。愛さえあれば主のご用が果たせます。帰って行って働いてください」と言って祈ってくれたという（藤原藤男「梅森豪勇と南洋開拓伝」）。

山室軍平の大正14年7月16日の日記には「新嘉波（シンガポール）に入港す、梅森豪勇君、その他三、四名迎え来らる　梅森君は元士官たりし人、余の来たりしを父の来たりし如く感ずと言えり、余も言い難き感を催したり」とあり、翌17日の日記には「梅森君が最初から自給で教会を経営した苦心、植村正久氏の信任及び指導の事、醜業婦問題に対する悪戦、浮田総領事の努力等を聞く」とある。

結局、梅森は一九四一（昭和16）年12月に大東亜戦争勃発で捕虜になるまで二十五年間伝道し、五年間の抑留生活をして帰国した。幾美は戦争勃発前の昭和16年11月に帰国していたが、自身ワンマン亭主でもある植村は、幾美の話をどういう思いで聞いたのだろうか。

施設訪問、奉仕活動

機恵子は在学中から社会事業に関心があり、暇を見つけては施設を訪問している。寄宿舎で同室の人たちとおやつ代を節約しては孤女学院（現在の滝乃川学園）へ送金もした。

石井亮一は一八九二年の濃尾大震災で、孤児が女郎屋に売られるのを知り、孤児を東京に連れ帰って孤女学院を始めた。孤児の中に知的障害者がいたことがきっかけで、亮一は日本で初めての知的障害者教育を決意した。亮一は小鹿島筆子が知的障害の子を二人抱えているのを知り、筆子の子を学園で預かり教育する。のちに筆子の夫が死亡した後、筆子は亮一と再婚し、亮一亡き後も滝乃川学園の障害児のために一生を捧げた。

女学雑誌には孤女学院へ寄付した人の名前が掲載されている。「明治女学校有志」による物品寄付、明治女学校愛の睦による寄付が多くの号に載っているが、機恵子もその中に入っていたわけである。驚くのは一八九二（明治25）年11月12日発行の女学雑誌に、常連の明治女学校有志の寄付に加えて、「金十銭寄附　山室軍兵」の名があることだ。明治25年の軍平といえば苦学中で一銭の余裕もないはずだが、そうした時期でも貧者の一灯をしている。

機恵子という名前

軍平は「聖書に『この故に我等憐恤を受け、機に合う助となる恵を受けん為に、憚らずして恩寵の座に来るべし』という句があり。偶然の事ではあれど、彼女の『機恵』という名前が、妙にこの一句に因む所ある様にも思われる。彼女は日本救世軍の創業時代に、所謂『機に合う恵』即ち時代の要求に応ずる一人物として、神より遣わされ、其の置かれた立場から、与えられた職分を忠実に尽くしつつ、生き又死んだものとすれば、少なくとも日本救世軍の限られた範囲に於いては、彼女の事もまた、末代まで語り伝えらるる価値がないとも限らない」と書いている。

前述文がベースにあっての事と思われるが、三吉明は著書『山室軍平』の中で「キエは明治二十八年七月、（明治女学校）高等文科を卒業し、明治女学校の隣にある『女学雑誌』を手伝った。その頃から彼女は、自分の名を「機恵」と書くようになった。その頃の知識階級の女性が名前に漢字を当てているのを真似て命名した」と記している。聖書からの命名とはいえ「機」を選んだところに、機恵子の決意、男性的な意志力の強さ、独自性が垣間見られる。前述の句は一九八七年版新共同訳の聖書では「憐れみを受け、恵みにあずかって、時宜にかなった助けをいただくために、大胆に恵みの座に近づこうではありませんか」となっている。「恵みの座」というのは神と出会う所とされ、神のみ前に跪き祈ることをいうが、救世軍で用いられている礼拝スタイルである。三吉がいうように明治28年頃からキエ子が機恵子を用いるようになったとすれば、この年は軍平が救世軍に入隊した年になる。機恵子は既にこの時から救世軍、軍平に傾倒していたのではなかろうか。

同時代に廃娼運動で活躍した久布白落実《くぶしろおちみ》も「一粒の麦、もし地に落ちなば」からの当て字かと思いがちだが、こちらは本名である。久布白の父の生活が落ち目の時に生まれたので落実とつけられたという。「のちに同志社の新島襄先生に『こどもにそんなことをしてはいけない』と父親が怒られたのを覚えている」と久布白は「廃娼ひとすじ」で暴露している。もっとも落実の四歳下の妹の名は「起実《おきみ》」だが、七歳の時に亡くなっている。久布白落実によると機恵子は「いつも天の一角を見つめ、一心不乱に顔を赤く力ませて神のために歩いてゆくのに夢中だった人」という。

学校ストライキに参加せず

機恵子は明治26年7月に明治女学校の普通科を卒業し、明治28年7月に高等文科を卒業した。機恵子の親友、青柳春代は相馬黒光の仙台時代の先輩で、黒光は春代の話を聞いて明治女学校に入学したと『黙移』で述べている。その青柳春代によると、明治26年の卒業前に同級生十人で学校の施策を批判してストライキをし、ある家に立て籠もり巌本校長に建白書を提出した。春代もこの中に入ったが、機恵子は入らずに学校と十人との仲介者として冷静に立派に行動した。機恵子は常識に富み、すべてにしっかりした信念と意見を持っていた。後で考えればストライキは若気の至りと思われるふしもあり、さすがはお機恵さんと感嘆したという（山室武甫『機恵子』）。青山なをは「明治女学校の研究」で以下のように述べている。

（明治女学校を）明治26年に卒業した第六回卒業生十人が結束して、卒業前にストライキをした。首謀者と目されている鈴木げんによると、原因は簡単ではないが、その一つに「巌本先生が債鬼に責められておられるのを見るに忍びず、いわば君側の奸をのぞかれるよう訴えた」ということがあった。（略）鈴木げんがあげたストライキの目標は、男子教員が学校内に寄宿することは、とかく問題の種となる故とりやめられたいこと、頻々とした学科の新設変更は慎重に考慮されたいことであった。ストライキは円満解決、一同無事卒業していったが、その後学科新設の記事が「女学雑誌」誌上に現れなくなったのは事実である。

青柳春代は、機恵子が学校と十人との仲介者として行動したと証言しているので、円満解決は機恵子の功かと思われるが、首謀者側だけの一方的話を聞けば、ストライキの理由はもっともで、なぜ機恵子がストライキに加わらなかったのかとさえ思われる。

青柳春代は機恵子のことを次のように回想している。

私心というものを一点も挿まず、赤誠（飾り気のない真心）という二字が、すべてに向かっての発足点でございましたから、何事においても少しもやましい処なく、実に堂々たるものでした。しかも沈毅寡黙、事にあたって狼狽せず、まず一服といった様な余裕を存しておられました。一旦友として交われば、その人の短所を棄て、ただ長所をとり、温かき情をもって、その人と共に進むことに努められました。「人間は神様じゃありませんからね」とは、他の弱点を見いだした時に、いつも言われる宏量の言葉でございました（山室武甫『機恵子』）。

第三章
社会に尽くす道を模索して

ウイリアム・ブース大将

軍人慰藉計画

一八九五（明治28）年に機恵子は明治女学校を卒業し、大日本婦人教育会が設立した女紅学校で教師をしながら、「女学雑誌」社で事務をとり、自活する道を選んだ。機恵子の両親が、娘の結婚を強要せず東京での自活を許容したリベラルさは注目に値する。

機恵子が雑誌「新女界」（大正元年10月）に執筆した『全く我れに克ちし時』の中の「国家に一身を捧げんの願い」には以下の記載がある。

二十歳の春、学校も卒業しました。自分の好みとしては、静かに書物を読み、心理学、社会学をやりたいと思いましたが、時は丁度日清戦争の頃で、男子ならば兵士に出て、弾丸飛《ひ》雨《う》の間に奮闘しなければならない時であるのに、女なればこそ安閑《あんかん》と机に向かって居ることも出来るのである。どうか国のために何かお役に立ちたいものであると、庭に出ては三時間位祈りました。丁度その時、兵士等の間に慰藉《いしゃ》がないので、兵士に出たために無垢《むく》の良民として終るべきものが酒色《しゅしょく》に溺れ、終には恐るべき病にかかって国の厄介者となり終る者が少なくないと聞き、国の最も中堅となるべき多くの荘丁《そうてい》が左様な有様であっては国家の一大事である。どうかしてその救済の道が講ぜられぬものであろうかと。当時、自分は母校で教え、傍ら雑誌の事務をとりつつ自分を支え、半日位は右の突飛《とっぴ》な考えのために腐心し、或《あるい》は図書館に行き、或は名士の門を叩きました。まだ学校を出たばかりの若い身で、名士を訪ねる事は大抵の困難ではありませんでした。それにあまり突飛な事とて紹介状をくれる者もありませんので、ひたすら祈っては参る覚悟をしました。まずかの中将で亡くなられた大倉兵蔵《おおくらへいぞう》氏を訪ねて、自分のこの考えが適当であろうか、また軍隊ではどういう風な事を求めるかという事を尋ねると、私はあなたと主義が違うからと、一言の下に断られた。次に長岡外史《ながおかがいし》氏を訪うと、こんな計画に就いて下田歌子とか棚橋絢子《たなはしあやこ》とかいう人ならば別だが、あなたの様な人には話すだけも無駄だと取合ってくれず、村田順氏に行くと始めて懇切丁寧《こんせつていねい》に、若いのに感心な奮発をなされた、志は誠に頼もしいが、あなたの年頃では結婚という事もあろうし、殊に女子であれば兵士の間に働かなくとも、なお相応に国のために尽くす道もありましょうからと諄々《じゅんじゅん》と諭された。しかし自分の決心はこんな事でひるむどころか、賛成者がなければ自分一人でもやろうと決心して、趣意書の起草に取りかかりました。しかし生命を賭《と》してする仕事に独力でコツコツ営むのも甲斐無く思うし、事を大きくすれば精神を減らされるというので、実に苦心し、ついには力及ばずして、この事は成立しませんでした。

一旦決心したら、断固やり通す機恵子の性格が出ているが、のちに結核療養所建設資金集めのために千名の名士録を作り訪ね回る機恵子の姿に繋がる。

機恵子は軍人慰藉を考えている時、松本荻江と知り合い意気投合した。松本は東京女子師範、秋田師範などで教鞭をとり、教え子の下田歌子と婦人会の礎を築き、大日本婦人教育会のためにも尽力した。機恵子は松本と同居してこの軍人慰藉計画を進めた。

「女学雑誌」(明治28年5月25日)に「軍人慰藉会」の記事が出ている。「慰藉とは倶楽部のような休息所を設けて、親切な老婦人が兵士を孫のように世話をし、話し相手となる。新聞雑誌、読本などを備え、淡泊で無邪気な遊び道具を用意し、気楽に来て無料で遊楽できるようにする。更に望ましいのは有志の音楽会などである」とあり「かくの如き計画にして、有志婦人の発起に成り、たとえ婦人諸君は、直接に兵士に会せざるも（むしろ会合せざるを可とす）」「この計画は（兵士を）慰藉し、純潔を維持し、武力を伸張するに甚大な功あらんとす。有志の人、なんぞ奮ってこの美なる計画に従事せざる。この計画の発起は、実に今日を以て最良機会となるなり」とある。この記事は松本と機恵子の軍人慰藉を指していると思われる。現代から眺めると首を傾げざるを得ないが、機恵子は敬愛する兄皐蔵が海軍軍人だったため、皐蔵の影響を大きく受けている。

松本荻江の急死

松本荻江（一八四五～一八九九）は十九歳で結婚し男児をもうけたが、子は七歳で夭逝し、荻江は離縁した。一説では婚家先で毎日読書にひたり離縁されたとも言われている。日本初の女医、荻野吟子と一緒に、松本荻江の父、松本万年から漢学を学んだ。一八七五（明治8）年に東京女子師範学校が開設されたので、松本荻江は入学しようとしたが、あまりに学力が優れていたため、生徒ではなく教師（訓導）として採用されたという。植村季野（正久の妻）もフェリス・セミナリーの学生時代に、和漢の補助教員を勤めている。教育制度が整わない時代なればこその逸話である。

松本荻江は一八九九（明治32）年6月6日の軍平と機恵子の結婚式で介添え役を務めたが、その三ヶ月後の9月に急逝した。松本は機恵子以外に國學院の学生や中学生も含め、七、八名を住まわせていた。機恵子の嫁入り道具が松本の住居に運ばれてきたことを、当時松本家で同居していた六角譲が証言している。六角によると、松本は下田歌子が実践女学校を新設するために、下田歌子とともに信州に遊説方々資金募集に一ヶ月ほど出かけ、帰るとまもなく病床について一ヶ月位で逝去したという（山室武甫『機恵子』）。

明治32年9月の「女学雑誌」には「松本荻江女史逝く」と題して、下田歌子の追悼文が掲載されていて、以下の文がある。

（女史は）八月の始め、吾等と共に信越地方に遊説した。帰る数日前の夕、女史は胸痛を感じて非常に困難な状態であったので、同行の人が諫めて静養するように請うたが、女史は蹴って床を立ち「およそ人一事業をなして其の衝に当たる（註：大事な点を受け持つ）のは、まさに士の戦場に赴くがごとくで、傷ついて倒れればおわりである、どうしてこの程度の微疾で、無為に貴重な時日を臥床に費やすことができようか」と、この日なお演壇に立って女子教育の必要を説くこと長時間であったが、聞く者は女史が病んでいるのを気づかなかった。女史は八月三十一日から胃のけいれんを憂えられ、九月七日に東京に帰り、病重くなり同月十五日に胃腸病院で永眠された。女史が旅行中口にするのは大日本女子教育会及び帝国婦人協会に関する談のみだった。

激痛をかかえながら遊説を続け、入院後すぐ亡くなったことから、病状は末期になっていたと思われる。病をおして事業を成すために強靭な精神力で奮闘する松本荻江のすさまじさには圧倒されるが、それは、機恵子の最期とも重なる。

明治32年12月25日発行の「婦人新報」には、文学者で牧師でもある戸川安宅の松本荻江追悼文があり、「故松本荻江氏は元気旺盛で、髭のある男性でも及び難いほどでした。かつて面会した時、朝から三十軒ほど訪問した後と聞き、驚きました。松本氏の車夫は一日で疲労するので、毎日車夫を代えますと語っておられました。また豪放磊落なため、父である万年翁から、水滸伝などの猛々しいものは読むのを禁じられていたそうです。人に寄付金を勧めるのは、誰しも厭がることですが、松本氏は人に善きことを成させるのだから、臆することはないと話されました」と書かれている。機恵子はのちに救世軍のために寄付金を募って東奔西走するが、松本荻江の「人に寄付金を勧めるのは、善きことをさせるのだから臆することはない」という信念と行動にも共鳴し、影響を受けたと思われる。二人が世代を超えて意気投合したのは、まさにこういう認識の一致が大きいといえよう。

「女学雑誌」社の事務

前述の機恵子の文書にもあるように、機恵子は明治女学校を卒業後、専任ではないが、女学雑誌社で事務をとっていた。「女学雑誌」は日本初の本格的女性誌で、一八八五（明治18）年に近藤賢三によって刊行されたが、近藤が急逝した後、巌本善治が長く編集人を務め、日露戦争勃発の一九〇四（明治37）年2月に廃刊になるまで五四八冊刊行している。

「女学雑誌」第9号（明治18年11月）には「諸君の姉妹は娼妓なり、諸君はこれを見て、憂うる所なきか。諸君の姉妹は男子の玩弄物となって公然とその恥辱を万国に耀かせり、諸君は婦女改革の念に激せられて真正に人権を愛する人にあらざる也」とある。これを高道基は「真正の人権の旗を掲げた巌本善治の主張は、日本人権史上の大文章である」と述べている。（神戸女学院大学「論集」第18巻第3号「日本人権史上の婦人像」）

「女学雑誌」の執筆者には内村鑑三、植村正久、津田梅子などが揃い、キリスト教的ヒューマニズムに基づき女性の人格向上、社会的責任への啓蒙をうながした。巌本と結婚した若松賤子《しず》は「小公子」を翻訳して掲載した。

いち早く救世軍を紹介した「女学雑誌」

「女学雑誌」は一八九一（明治24）年には、イギリスの救世軍を紹介している。ブースが出版した「最暗黒の英国と其の出路」の紹介、「救世軍の母ブース夫人」という記事で一八九〇年に亡くなったキャサリン・ブースの良妻賢母ぶりも紹介している。

当時、女学雑誌社にいた川合信水は、山室軍平追憶集に以下のように書いている。

私が女学雑誌社に勤めていた明治25年1月10日の日曜日、麹町一番町の日本基督教会で植村正久牧師の説教の後、山室君が立って、岡山孤児院のために寄付金募集の演説をされた。わずか十数分だったが、その熱心、弁舌は人の心を感動させた。私は集いが済んでから山室氏の前にいき初対面の挨拶をし、山室氏に女学雑誌社まで立ち寄ってもらった。

一方の軍平は「植村正久先生の思い出」に以下のように記している。

私は明治25年の正月、初めて先生にお目にかかった。その前年に、濃尾大震災があり、岡山孤児院の石井十次君が孤児の収容を試みたが、当時は孤児院の事業を知る者が少なく「こどもを米国に売る、肝を抜いて薬にする」という噂を生んだため、米国に売りもしなければ肝も抜かないことを実地にみせるため、現地の名古屋で震災孤児院を作ることになった。そのための資金二百円を作るため、私は京都から東京に出てきた。明治25年の正月第一の日曜日に、私は一番町教会を訪い、植村先生に面会して、その朝説教が済んだ後で十五分間だけ孤児救済について訴えることを許され、よくは憶えないけれども、多分二、三十円のお金を

得たと記憶している（傍線、筆者）

軍平が一番町教会に初めて行った日は、川合と軍平では明治25年1月3日か、10日かで一週間ずれるが、軍平が初めて植村に会い、寄付金集めの演説をしたことは確かだ。さらに川合の回想によると、山室が演説をした後、「女学雑誌社長、明治女学校校長の巌本善治は『山室君の短い演説は、炎の舌ともいうべき力をもっている』と評した」という。巌本は一番町教会の会員である。

一八九二（明治25）年6月11日発行の「女学雑誌」には「同志社病院における石井十次君」という軍平の寄稿記事があるが、これは軍平が1月に女学雑誌編集者の川合や社長の巌本と知り合いになった後の記事である。この年の夏、川合は石井十次、山室と三人で、横浜本牧で転地休養している巌本善治を訪ねている。

川合は「山室君がまだ伊藤為吉氏の所に居られた頃、巌本先生は山室君に『君は天性の救世軍人であるのに、なぜ今すぐ身を挺して救世軍に入らないのですか？』といい、その入軍した後は『適材が適所に入った』と喜んでおられた」と回想している。山室が伊藤為吉の所に居たのは、一八九五（明治28）年10月から四十日間程である。

軍平は「明治28年の秋、救世軍に身を投ずるかどうかについて、植村先生にご相談に出かけた。その後、救世軍に投じたことを先生に報告した時『僕も救世軍に親類が出来たようなものだ』と（先生に言われた）」と回想している。植村は亡くなる数年前に、軍平と初対面の印象に話が及び「あの時、君は羽織を着ていなかったね」と言った。軍平は貧乏書生で寒中にも拘わらず羽織も着ず、素足で一番町教会に行き、演説していた。

早くから軍平を知っていた機恵子

機恵子は一八九一(明治24)年に植村正久から洗礼を受け、日曜には一番町教会に通っていた。機恵子の「全くわれに克ちし時」にも「日曜には植村先生の教会に行って熱心に聖書の講義を聞きました」「日曜には勇んで会堂に行きました」とあるように、真面目な機恵子は万難を排して教会に通った。ゆえに、軍平が一番町教会に初めて行ったのが1月3日か10日だとすれば、機恵子はこの時点で真冬に素足の軍平を見、演説を聴いた可能性が高いのである。機恵子の母、安子は「機恵子は暑中休暇には、大概帰省しておりました」と述べている。1月3日だとすればお正月で帰省したとも考えられるが、交通事情の悪い当時は短い正月休みには帰省しなかったのではなかろうか。

軍平と機恵子が初めて会ったのは、一八九六(明治29)年の春、救世軍外国婦人士官宅でというのが定説だが、それより四年も前の一八九二(明治25)年に、機恵子は軍平の演説を聞いていた可能性が高いのである。たとえ、一番町教会での演説を機恵子が聞いていないとしても、一八九二年の段階で、機恵子が敬愛している植村正久や巌本善治までもが一目置く軍平の存在を、機恵子が知らないわけがない。軍平は社交的だが、機恵子は内気で無口で、余計なことはいっさい言わなかったと誰もが証言している。軍平が機恵子を知る以前から、機恵子は軍平の文章を読み、演説を聴き、軍平のことを知っていたと推測される。

石井十次、山室軍平らの貧者の一灯

明治女学校は一八九六（明治29）年2月5日に全焼し、校舎新築費用の募集が行われた。3月15日の「女学雑誌」には新築費寄付者一覧が掲載されているが、驚くことに「特別広告」として「岡山孤児院より『金八円十二銭六厘』を寄附せらる。これ実に汗血断食の余滴たり。之を受けて感激禁ずる能わず。特にこれを別途の積み立てとし本校基本金の基礎となす」と大きく紹介されている。六厘というのが実に重みを持っている。一人が一厘、また一人が一厘とひもじい中から集めた尊いお金であろう。さらに驚くべきは寄付者一覧の中に「金十円八十銭　東京救世軍山室軍兵・」とも掲載されていることだ。軍平は明治28年12月に、救世軍の士官候補生兼下足番として月給八円で採用されたが、「八円もいらない、六円でやっていけるから」と減給を申し出ている。寄付はその二、三ヶ月後ということになる。明治女学校寄付者一覧には「金十八円五十銭東京鐘ヶ淵紡績会社工女夜学校生徒二百二十六名」というのもある。

岡山孤児院の石井十次にせよ、山室軍平にせよ、どこを振っても、一厘の余裕もあるはずがない。鐘紡の夜学校に通う工女たちにとって、月謝が五円もかかる明治女学校は、自分たちには手の届かない別世界ではなかろうか。明治女学校の関係者が、鐘紡の夜学校に寄付をしていたなどという物語があるのであろうか。貨幣単位でいうと、一厘は千分の一円、一銭は百分の一円、つまり百銭が一円、十厘が一銭であり、まさに貧者の一灯である。古びた図書館の片隅で古びた雑誌を紐解いて、こういう名も無き人々や先人の尊い志を知ることができた時、筆者はしばし感涙にむせんでしまう。

この時期、機恵子は明治女学校を卒業し、女学雑誌社で事務を取っていたので、前述の寄付者も目にしていたはずである。そして「女学雑誌」を通して「救世軍　山室軍平」という人物をじっと見つめていたのではなかろうか。

女紅学校での日記教育

女紅学校は女子教育の普及のため大日本婦人教育会によって一八九二（明治25）年に設立された。大日本婦人教育会は、日本の女子教育の普及を目的に、華族女学校の教授だった小鹿島筆子（のちの石井筆子）、下田歌子などが中心になって一八八七（明治20）年に組織された。低所得者の子女を対象に、安い授業料で裁縫、刺繍、読書、算術のような日常生活に必要なことを習得させるのが目的の学校である。

ここで機恵子は生徒たちに毎日の出来事をありのままに日記に書く宿題をだした。この実践活動は、教育界の注目をあび、「女学雑誌」にも紹介され、後に軍平が書いた「平民の福音」にも生徒たちの作文が多々引用されている。作文に表れる家庭の様子から、家庭教育の大切さを説く事例研究のようなものである。

一八九七（明治30）年9月の「女学雑誌」に「某学校女生徒の家庭日記」が紹介されている。「学費に乏しき家庭の女児を教育する学校にて、一教師試みに、其の生徒らをして日記帳を作らしめ、毎日家庭の所作を正直に記さしめたるものを見るに、家庭における状態、その生い立ちを窺うことを得べく、教育家ないし主婦等の心掛けともなり、戒めともなるふし少なからず。今、所々を摘みて録す」と前書きがあり、六人の女児の日記がその家庭環境とともに掲載されている。

一八九八（明治31）年2月の「女学雑誌」にも「子供の日記」の欄があり「本誌は先に某小学校女生徒の家庭日記なるものを示したが、また同じ生徒らが正月休暇中、日記をしるした中より、取り出でて掲げる。毎日つけ通しにせよと命ぜられれば、飽きをきたすゆえ、一週間か十日位に限りて日記せしむるに利あり。またこの家庭日記を、学校の教師にも示せば、家庭と学校を連絡せしむるよき助けとなるべし」とあり、「某小学校女生徒の正月日記」が紹介されている。

一八九七（明治30）年2月の「女学雑誌」には「作文の教授」という記事がある。

ある人の作文教授法は学科時間内に作文の時間と言うは置かず。「この時間筆談の外、言語を禁ず」の札を作りおき、時を見計らい、突然これを教場に掲げる。子等いずれも石版石筆を携え、質問にも応対にも些細な用事にも、一々これを文字に認め、教師に見せ、一言も語を発せぬこととなす。実際の必要より文を作り、文の字も自ずから実際に近づき、時としてその文字を知らず、やむを得ずかな文字にて認めるを、教師よりその字を教えらるることあり。すべてかくのごとき、必要より出て、熱意の末に成れる文章ゆえ一字一句の教授も強く脳中に感染し、その真実の意味を諒解するとともに、その記憶を長久にし、尋常教授法によりて得たる知識とは趣を異にするものあり。

これは機恵子の教授法を紹介している文だと思われる。実にユニークで有効的な方法ではないだろうか。8月の「女学雑誌」には「子供の有りの儘の答」という欄がある。「近頃、ある教師が十二、三歳の女子供に対し、三つの問いを出して答えを書かせたるに、様々な答あり」と前書きがあり、問いは⑴「常に自分をいじめる児、雨降る時に傘なく濡れるを見る時は、傘を貸すべきや否や。貸すも貸さぬも詳しくわけを書くべし」。⑵「家貧しくて衣服なく、食物なき時、もし一度嘘をいえばたくさんのお金をやると言われた時、嘘を言うべきや否や。詳しくわけも書くべし」（略）で、こどもそれぞれの答えが載っている。「ある教師」とは機恵子のことであろう。

山室軍平、「女学雑誌」に投稿

先述の「女学雑誌」に機恵子とおぼしき教師が、子供達の作文を掲載している同時期に、軍平の記事も紹介されている。明治30年3月発行の「女学雑誌」には「美なる実行の活例（其の二）」という欄があり「一救世軍人」の名で「恩人　吉田清太郎氏」という文が掲載されている。その紹介として最初に以下の文がある。

「女学雑誌」第393号（明治二七年八月十八日）の『逸事』欄を読みたる人は、「美なる実行の活例」と題せし希有の道話《どうわ》を承知せられたるなるべし。当時その結尾に左の如く言えり、

『此の記の筆者は実名を公にする日のあることを望む』しかるに、近頃の「鬨《とき》の声」に一救世軍人の署名を持って下の如き文章掲載せられたり。正にこれ、前年余が感嘆して読者と見したると同一の人につきて、記るせるなり。今や初めて其の名の公にせらるるに会う、すなわち欣然としてここに転載す。

「女学雑誌」第393号には、某という者の善行を記し「学資に困する人に、己が学資を給し、己は早朝牛乳配達を為しつつあるが、学資を得くる人は二三ヶ月此事を知らざりしとぞ」とある。これは山室軍平が同志社に入学した時に、吉田清太郎が学資を出してくれた逸話であり、「一救世軍人」とは山室軍平のことになる。このように、軍平は早くから「女学雑誌」に寄稿しているので、機恵子も当然、知っていたと思われるのだ。

矢島楫子の紹介で婦人矯風会へ

日本基督教婦人矯風会は、キリストの信仰に基づき、一夫一婦の平和な家庭を作り、酒害を排除する運動を目的とした日本最初の女性団体である。一八八六（明治19）年に矢島楫子、潮田千勢子らが東京婦人矯風会を設立し、一八九三年に全国組織となった。月刊で「婦人新報」を刊行している。白リボンをマークに純潔・平和・排酒を活動目標に掲げている。一八八〇～九〇年代には特に廃娼運動で積極的な役割を果たした。

婦人新報から機恵子の形跡を拾うと、明治29年3月1日の新報に「矯風会1月中入会者　佐藤きゑ子・紹介者　矢島かぢ子」とある。機恵子の入会は明治29年1月で、矢島楫子が紹介者であることがわかる。明治30年4月3日開催の「婦人矯風会年会」では矢島かぢ子が会頭に再選され、やむを得ず承諾したが、「会頭にのみ責任を負わせず、委員一同会頭の手足となりて補助すべし」と語り、「特別補助員」を置くことを決め、佐藤きゑ子も選ばれている。楫子はこの時六十三歳で「老いて会頭は堪えられない」と言いながら、一九二〇（大正9）年に八十八歳で欧米訪問し、矯風会万国大会に「会頭」として出席した。「東京婦人矯風会設立第十年紀念会大会」は明治30年12月4日に開催され、佐藤きゑ子は書記に選出されている。「婦人矯風会年会報告」（明治31年11月20日）にも「書記　佐藤きゑ子」とあり、「婦人矯風会委員会」（明治30年4月23日）には「軍人風俗の部受持　佐藤きゑ子」とある。「婦人矯風会中央部第6回紀念会」（明治32年4月20日）には「分担者の報告　軍人慰問課として佐藤きゑ子」の記載があるので、機恵子は矯風会で、軍人慰問の奉仕活動を続けていたことがわかる。

明治32年6月20日には「東京会員　佐藤きゑ子姉は本月6日、救世軍将校山室軍平氏と九段美以教会においてめでたく結婚の式を挙げられたり」の記事もある。明治33年10月25日発行では「会員　山室機恵子は先月中、女子分娩ありたるよし、目出たし」とあり、この後は機恵子の名は見あたらないが、矯風会の奉仕活動を通して、当時第一線で活躍していた先輩女性達を知る機会を得たことになる。久布白落実《くぶしろおちみ》は民子に「矯風会時代の機恵子さんの目は、何か遠大なものを追うがごとく、その足はいつも忙しく走っていました」と語ったという。

八十九歳で渡米した矢島楫子

矢島楫子は逸話に事欠かないが、八十八歳の時にロンドンで開かれた矯風会世界大会に出席するため、訪米・訪欧した。リューマチを患って歩行も手の上げ下げも困難だったが、付添世話役のガントレット恒子と渡瀬かめ子が船酔いしたのに、矢島は船酔いもせず世話役の二人を引き連れて食堂に現れたという。愛用の袴で大きなパーティに参加した時、矢島の袴の前襞《ひだ》の山一筋が、裾まで裂けて開いていた。恒子とかめ子は冷や汗を出しながら、矢島に「お動きにならず、布を合わせて立ってらしてください」とお願いする。物にひっかかったわけでもなく、古い袴は寿命がきて折り目で裂けたのだという。こんなものを持参した矢島に憤慨しながら、恒子はホテルで一晩がかりで裂け目を繕うのだが「袴は何十年も経て寿命がきている。こんなに身を詰め、古いお召しを手入れで持たせて着て、出来た一万円（渡航費）なんだ。世のため、人のために働く者はこれでなくては」と気持ちを立直すのである（『明治の女性たち』島本久恵）。

「ときのこえ」（大正9年10月15日）には「八十八歳の高齢で英国まで行って帰られた矢島楫子先生歓迎会での土産話」として以下のように書かれている。

ロンドンにおる間に救世軍の社会事業本部を観に行きました。受付の人が「今日はお目にかけるに都合の悪い日です」と言われる。「私は山室大佐の友達ですが、折角ロンドンに来て、救世軍を見て帰らなかったとあっては、ご挨拶ができないから特別に都合して下さい」

と言ったら親切に見せてくれた。そこには千二百人の無宿者を泊める寝床があり、就職の途をも講じてやるのだそうである。蒲団にシーツ、掛け蒲団、便器もあり、掃除が行き届き、光線も行き渡り、洗濯場、乾燥室あり。よく行き届いた事業であると感心しました。

さらに矢島は八十九歳でワシントン軍縮会議に参加している。万一のことがあっては困るので周囲は制止しようとしたが「天国は日本からでもアメリカからでも距離は同じ」と言い放った。

矢島は女子学院を創設したが、お金がなくて授業料を払えない学生には、空の授業料袋を提出させ、これに受領印を押して勉強を続けさせたという。

矢島楫子は、徳富蘇峰、蘆花兄弟を甥に持つ。女子学院院長時代の楫子が蘆花に講演させた時、あまりに長時間な上、その話が楫子の意に添わない点があると「もういい、ばか、やめい」と一喝して演壇から引きずりおろしたと吉屋信子の著書『ときの声』に書かれている。

機恵子は肝の据わった男性的性格を持ち合わせていて松本荻江、矢島楫子などの女傑ともいうべき先輩から感化を受けている。おべっかを言えず、信じた道を邁進する真摯さは共通項である。

しかし、機恵子は後述するが、実に細やかでしとやかで女性的優しさにもあふれているのである。

第四章

軍平、そして救世軍との出会い

吉田清太郎と軍平の同志社時代

軍平のおいたち

山室軍平の著『私の青年時代』から軍平のおいたちを辿ってみよう。

軍平は一八七二（明治5）年、岡山県哲多《てった》郡則安《のりやす》村（現新見市）で、山室佐八と登毛《とも》の三男として生まれた。明治5年は明治新政府による大改革で太陽暦が採用された年で、12月2日を大晦日として、翌3日は明治6年1月1日と定められた。そのため軍平の誕生日は旧暦の7月29日、新暦では9月1日となっている。山室家は赤貧洗うがごとくで、八人兄弟の三人が夭逝し、軍平も栄養不足で虚弱だった。

軍平の祖父、利作は世話好きで天保の飢饉の時に近在の困窮民を助けるために奔走し、ついに過労で死に「利作さんは飢饉に殺されたのだ」と言われたという。天明、天保の飢饉で困窮者を助けて財を失った機恵子の祖先と通底している。

父佐八は律義で昔かたぎの一刻者で、明治34年に七十九歳で亡くなるまでちょんまげをとらなかったという。母登毛《とも》は気立てのやさしい親切な人で、困った人が来ると、自分は食べたふりをして食物を与えるような人だった。四十歳過ぎて生んだ軍平が無事に成人することを願い、当時唯一の滋養源だった卵断ちを決心し、夫と同じ明治34年に七十一歳で亡くなるまで一個の卵も食べないで祈り続けた。この卵の話は軍平の説教の十八番で、聞く者は、またかと思いつつ、毎度涙を流して聞いたと言われている。

軍平の長兄は三十歳で亡くなり、軍平より四歳上の次兄峯三郎が家を継いだ。峯三郎は鈍重な性格だったが、貧しい山室家を再興し、独学で尋常小学校の校長にまでなった。軍平の二人の姉と峯三郎のこどもはそれぞれ二人ずつ、計六人が救世軍人になっている。

峯三郎の孫、山室伸子は「祖父の追憶」の中で「軍平は生まれつき極めて敏捷で、用事をいいつけると言葉の終わらない間に片付け、峯三郎が言いつけられて躊躇していると軍平が片付けるので、十六年上の善太郎兄さんが『峯はつまらん、軍にもできる事が』と叱ると、母はいつも『そういうものではない、大儀でしないのなら叱ってもいいが、見当がつかんのだから、用事を言いつける人が気をつけなさい』と言った」と書いている。愚図な子に立腹せず、その理由を考え対処する、稀有で素晴らしい母、登毛には脱帽である。

峯三郎によると、軍平は明治10年に四歳九ヶ月で小学校に入学した。算数が得意で先生が板書し終わる頃に大声で答えをいうので、先生も当惑し「軍さん、別題を出しておくから大声は止めてくれ」と言った。軍平は十歳年上の者とも喧嘩をしたが、同年以下の者とはしなかったという。

質屋の養子になる

一八八一(明治14)年、軍平は学問を続けるため吉備郡《きびぐん》足守町(現岡山市)に住む叔父、杉本弥太郎の養子になった。養家は質屋で、軍平は質流れの近い家々を回り、催促する役をさせられ、下層生活者の窮迫した状況を見かね、涙した。やはり質屋の家業を嫌った宮沢賢治と共通する青年時代を経験している。軍平は養父から論語や孟子などの素読を教えてもらい、漢学者の松浦黙《まつうらしずか》から朱子学を学んだ。

機恵子は前述したように「全く我に克ちし時」で「昔の人は十三になれば大人になると言ったもので、自分も大層頼んでいたが、一向に変わりがない。何かにならなければならないと考え、自分の不甲斐なさに自害しようと思った事さえありました」と回想している。驚くことに軍平も「私は十三歳のころから、しきりに善人になりたいという心が起こった。手帳に良い事をしたと思う時には白丸をつけ、悪い事をした時には黒丸をつけて、善行を奨励しようとしたが、黒丸ばかりが多かった。私のような意志薄弱の人間に、悪を改めて善に移るなどできないと自分のいくじのなさに愛想をつかした。数年後、新訳聖書を読んで、『われ願うところの善はこれを行わず、かえって願わざる悪はこれを行えり。我を救わん者はだれぞや。これ主イエスキリストなるがゆえに神に感謝す』(旧約ロマ7・19、24、25)を見てキリストに対する信仰の念を深くした」と書いている。軍平は岡山、機恵子は岩手と遠く離れた地で生まれ育った二人だが、善行を施す祖先、十三歳頃の強い自省心と求道心、など共通点があり、のちに出会った時に互いに惹かれ合う要因がここにあることが窺える。

伊藤博文邸で門前払い

一八八六（明治19）年、高等小学校を終えた軍平は、東京での勉学を希望したが、養父は質屋を継ぐように希望し「遊学させれば、こんな田舎には帰って来ない恐れがある」と許さなかった。小学校卒業後は東京か岡山に出て勉強するという養子時の約束が反古にされたので、軍平は家出をし二度とも連れ戻され、三度目の家出でやっと成功して上京した。

峯三郎は「家出を思い立った軍平は、時の総理大臣伊藤博文と外山外務大臣に『吉備の学生近日上京す、よろしく頼む』という依頼状を出した。上京後、伊藤博文邸に行ったが門前払いを食い、外務大臣の英語の口頭試問にも落第したが、金五円の暇金を頂いた。これは築地活版所に雇われる以前のことだ」と『山室軍平回想集』に正直に書いている。軍平も正直な人だが、さすがに恥ずかしかったのか、総理大臣に手紙を書いた件までは記していない。恐れを知らない若き日の軍平の微笑ましいエピソードである。

軍平によると、明治19年8月半ば、新橋駅に着いた後、人力車に乗って二松学舎の塾長、松浦鳳之進の家を訪ねて、身の振り方を相談した。同町出身というだけで一面識もない軍平を、松浦は一ヶ月も泊めた上、築地活版製造所の仕事を紹介してくれた。この松浦の家に行く前に、伊藤博文邸を訪ねたのであろう。

活版所で働くことが決まり、軍平は活版所の宿泊所に移った。朝の7時から夕方の5時まで正味9時間半働き日給は八銭、弁当は自分持ちで八銭八厘かかり軍平は心配した。後年、軍平と同じ境遇だった人から「朝の弁当は安いから二個買い、晩に三銭の弁当を食べ、ちょうど八銭で済ませた」と聞き、軍平は「当時の私にはそれだけの智恵がなかった」と言い二人で笑いあった。軍平は賢く立ち回るばかりでなく、時にこのようなおかしさを合わせ持ち、それが軍平の魅力でもある。

活版製造所の支配人は軍平に目をかけてくれ、最初の日給八銭が、翌月は十二銭と昇給し二十七銭まで上がった。仕事内容も単なる小僧ではなく、文選、検字課、欧文課と移行した。高度な部門を担当できる能力が軍平にあったから昇給したのであろう。

軍平は働きながら、英語夜学会に通い、東京専門学校（現早稲田大学の前身）と、イギリス法律学校（現中央大学の前身）との講義録をとって政治・法律・経済などの勉強を始めた。

軍平は杉本家を離縁され、山室姓に戻ったが、後年、杉本家の義父母と和解している。

向学心に燃える軍平だが、活版所で働く男女二百人ほどの同僚は、身持ちが悪く卑猥で低俗で軍平も酒やタバコを試し感化されそうになった。活版所の寄宿舎を出て間借りした家は売春宿だった。悪い環境にいた軍平を危機一髪で救ってくれたのがキリスト教であった。

キリスト教に出会い、雨で受洗

一八八七（明治20）年の晩秋、三十分の昼休み時に軍平は、キリスト教の路傍演説に出会い好奇心を刺激された。そして「福音会」というキリスト教青年会の土曜集会に参加するようになり、新約聖書を買って読み始めた。一、二ヶ月集会に出席し、わからない所は聞いて聖書を読む間に、ほぼキリスト教の教えを理解したように思い、福音教会に出入りするようになった。

福音教会の牧師はクリスチャンになるには洗礼を受けることが大切だというので、洗礼を願い出たが、他の人々に受けさせても、なぜか軍平には受けろと言ってくれず、軍平はかなり悩んだ。これは日本のキリスト教が知的エリート層から普及したせいもあろう。植村正久でさえ「私の教会には印半纏《ばんてん》やはっぴを着た者はいらない」と言った話は有名だ。

仕事が休みのある日、部屋にいると夕立が降ってきた。軍平は急に思いついて着物を脱ぎ捨て屋根の上にはい出し、頭から雨を浴びながら「神様、教会では洗礼が大切だと言いながら、私にはしてくれません。ですから私はこれで洗礼をすましたことにしておきます。どうかあなたもそうお認めください」と祈った。当時のキリスト教の排他性、それでもキリスト教を棄てない軍平の一途さに胸が打たれる。

軍平は「当時の私は鉛や油のついた古着を着て、靴も買えず竹草履をはいて犬にもほえられるような奇妙なえたいが知れない青年だったから、洗礼志願を受けかねたのも無理はない。教会の当事者をとがめるつもりはない」と、どこまでも人柄がいい。雨の洗礼を受けてから数ヶ月後の明治21年夏に、軍平は洗礼を受けて築地福音教会の一員となる。

軍平は石を投げられたり、国賊扱いされながらも路傍伝道を始めた。適当な印刷物がないので、聖書を買い、綴じ目を切ってバラし、一枚ずつ聴衆に配った。「後で考えると何が何だかわからない部分を渡され当惑されたことかと思う」と述べている。賢いかと思うと、こういうこともしでかす軍平である。

軍平は一緒に働いている職工達をキリスト教の集会に誘うが「働いて疲れた後に、誰がわざわざ肩の凝るような話など聞きに行くか」と拒否される。「そんなにキリストの話は肩が凝るのかと、今一度聞いてみると、あながち肩が凝らないでもない」と軍平は素直だ。キリスト教の講壇の言葉も態度も、一般民衆とかけ離れたところがあるように思われた。職工仲間にキリスト教のトラクト（小冊子）などを配っても、読んでもわからないと捨てられた。

そこで「神様、私は弱い愚かな足りない者です。しかし身も霊魂もすべてあなたに差しあげますから、どうか受け入れて清め、できることなら職工、労働者、その他一般平民の救いのために働かせたまえ。どんな無学な人でも、聞いてわかるように福音を伝え、どんな無知な人でも読んでわかるように真理を書き記す者とならせたまえ」と神に祈った。

山中の支援で伝道学校へ

そんな軍平を見ていた福音教会の山中孝之助は「活版所をやめて、将来、宗教家として立つ準備をしてはどうか。少なくとも一年間、毎月二円ずつ差し上げたい」と申し出た。軍平は山中の厚意を感謝して受け、二年間働いた活版所をやめ、福音教会の伝道学校に通い、将来伝道者となる準備をすることになった。

「山室軍平追憶集」で添田義三救世軍少佐は「山室先生は、月々二円ずつ一年間援助した山中某氏の恩義を深く心に銘じ、山中某の未亡人が世を去るまで貧しき生活の中より月々十五円づつ送っておられ、時に私共をその見舞いに使わされました」と証言している。

山中孝之助から受けた支援は総額二十四円であるのに対し、軍平は山中氏の死後も、未亡人が亡くなるまで毎月十五円ずつ送金したというのだ。後述する吉田清太郎の恩に対しても、軍平は印税で何倍もお返しをしている。これらはたまたま証言する人がいて、表に出た軍平の姿で、氷山の一角に過ぎないのだと思う。

軍平は明治21年9月から約十ヶ月、築地にある伝道学校に通ったが、聖書と英語の授業が毎日45分間ずつあるだけで暇だったので、毎日路傍伝道を試みた。

一八八九（明治22）年に軍平は徳富猪一郎（蘇峰）を訪ね、福音教会での講演を依頼し快諾された。徳富は同志社を退学して明治20年に民友社を創立し「国民之友」や「新日本之青年」を出版し、平民主義者として知られていた。徳富蘇峰の講演は「品行」という演題で「信仰ではない、品行である。敬けん、忠誠、勤苦、忍耐、親切、慈愛等の徳を身に備えることを言う。京都に新島襄という先生がおられ三十分ほどもお話して帰ると、あと一週間くらいは何となく気がすがすがしたように感じる」という趣旨だった。軍平は何としても新島先生の高貴な品行の感化を受けたいと切望するが、山中氏の援助もあと数ヶ月で終わる貧乏学生が京都に行くことは不可能だった。軍平が徳富蘇峰と出会った二年後には、機恵子が明治女学校に入学し、徳富蘇峰の伯母にあたる矢島楫子と巡りあい、深い師弟関係で結ばれることになる。

軍平はジョージ・ミューラーの「信仰の生涯」という小冊子と出会った。ミューラーはイギリスで孤児院を経営した慈善家だが、年中、数千人の孤児を救護しているのに、誰にも金銭上の援助を求めず、ただ神に祈っていると、神は入り用なものを与えてくれた。ミューラーは祈りによる不思議な経験を伝えるため世界巡遊を計画し、明治19年に来日した。この時、同志社でも講演し、その説教にミューラーの小伝と新島襄の序文を添えて出版したのが「信仰の生涯」である。軍平は二十銭のこの小冊子を買うお金がなかったので、借りて手写し、毎日数回読んでは神に祈り、百五十回ほども繰り返し祈っているうちに「ミューラーの神に頼って京都に行こう」との強い信仰が沸いてくるようになった。

新島襄を慕い同志社へ

一八八九（明治22）年6月、同志社で第一回夏期学校が催され、軍平は無理して旅費を作り参加した。校長、新島襄の人柄を慕い、全国から二百余名参加した。新島は健康を害し、発言する機会は僅かだったが、軍平は新島の謦咳《けいがい》に接し深い感動を受けた。

この時、夏期学校の受付をしていたのが牧野虎次《まきのとらじ》だった。後に同志社総長になった牧野は軍平より一歳上で、この出会い以来、二人は生涯の友となった。牧野は「山室軍平追憶集」で「青白い顔の青年が大きな声で『山室軍平であります』と言ったので『名前はどう書きますか。いくさ、へいたいですか』と尋ねますと『そうではありません。いくさ、たいらぐと書きます』と大真面目で言ったので、私始めそばにいた者も思わず笑い出したのであります」と語っている。平和な世にするという青年の真摯な使命感が伝わるが、のちに「救世軍の軍平」というゴロ合わせをしたような役割を担うことになる。

山室武甫が書いた「父を語る—イエス様の兵隊さんと呼ばれ」（社会教育協会「国民」一九五三年5月）」には「父の健康法は徒歩で、壮年時代には銀座の本部から千駄ヶ谷の自宅まで片道徒歩した事もあった。四谷鮫ヶ橋の辺りで子どもが父を見て『イエス様の兵隊さん』と呼んだ。これには父も満足げに微笑した。ある時『〇〇さんはお父様を神様のように尊敬しているんだってさ』と話すと、父は聞き咎めて、神と人との差を教え、『軽率な言葉を吐くな』と厳しく戒めた」とある。軍平の真摯な性格が如実に表れている。

吉田清太郎、石井十次との出会い

軍平は同志社の夏期学校で生涯の恩人、吉田清太郎と知り合う。軍平は最初、給費制度のある同志社別科神学校に入るつもりでいた。しかし、吉田は軍平の説教を聞いて、その将来に大いなる期待をし、予備科一年、普通科五年、神学科三年の本科をすすめた。軍平の説教は人の心を捉え聴衆が増えていくのに、引き継いで吉田が説教すると人々は去って行ったと吉田は述べている。山室は学資がないので別科を選んだと知り、吉田は「意志のあるところ、必ず道は開かれる」と、本科を勧めた。予備学校の試験を受けると、軍平は二百人中、首席で合格した。しかし、入学金も授業料も食費も払うことができない軍平のために、吉田は同志社校長の金森通倫や他の大学関係者に直訴したが、学資がないのに本科に入るのは無謀だと受け入れて貰えなかった。そこで吉田はまず自分の学資を軍平の分として出すことを決意した。そして寮の賄い責任者と交渉し、軍平が賄いを手伝うならば食費はいらない条件で入寮できることにした。さらに一学期の授業料も大学当局者と交渉し分納にしてもらい、自分の書物を売って軍平の一回目の授業料を納めた。さらに吉田は毎日牛乳配達をし、何日も絶食に耐え、その善行を軍平にも知らせず支え続けた。吉田は不言実行の人であったので、そのことを軍平が知ったのは二、三ヶ月後のことだった。

軍平は新島襄を慕い、同志社を志したのだが、新島は多忙な上、体調も崩し、一八九〇（明治23）年1月23日に四十八歳で亡くなった。しかし吉田清太郎が新島を訪問した際に、山室軍平のことを話したところ、新島から「どうかその青年にまだ若いからしっかりやれと伝言してください」と言われた。軍平はそれを新島から受けた金言として生涯、胸に秘めて生き抜くのである。

吉田は明治23年に卒業し郷里、松山の女学校教師として赴任したが、その前に軍平の授業料が篤志家から支給されるように計らってくれた。後に吉田清太郎の事を軍平はあちこちで感謝を込めて話し、記している。一九一三（大正2）年11月19日の軍平の日記には「『キリスト教講話』警醒社より発行　定価一円三十銭、印税一割は吉田清太郎君の為に貯え置き、再販以後は本営の収入とすべき筈なり」とある。印税を吉田に捧げたのだ。

軍平は一八八九（明治22）年9月に、同志社第一回夏期学校に出席した後、吉田清太郎の伝道を手伝い、その後創立してまもない岡山孤児院を訪ね、石井十次と出会った。後に「近代社会事業の父」と呼ばれた石井は医学生であったが、孤児を引きとり、孤児のために尽くす決意をして、四年間学んだ医学書を焼き捨てた。「誰も二人の主人に仕えることはできない」というマタイの教えに従い、孤児の救済と教育に専念することにしたのだが、「妻は泣き、友は悲しみ、世人は発狂したと評した」と石井は日記に記した。強烈な個性と意志力の持ち主である。

軍平は同志社に入学してからも、学生から古着などを集めて石井へ送り、支援を続けた。

一八九一（明治24）年10月に岐阜・名古屋方面に大地震が起こり、濃尾大震災とよばれた。軍平も現地に行き孤児救済に尽力した。震災孤児を岡山孤児院に送ったのだが、「連れて行った子はアメリカ人に売る」とか「生き胆《ぎも》を抜き薬にする」という噂を立てられ、石井は名古屋に震災孤児院を開設した。軍平は上京し、一番町教会に植村正久を訪ね、孤児院のための寄付集めをしたが、ここで前述したように機恵子は軍平を見ていたと思えるのだ。

一八九二（明治25）年の春、石井は痔の手術で同志社病院に入院した。その時、アメリカにいる友人から欧米で評判になっている本だとしてウイリアム・ブースの「最暗黒の英国とその出路」を贈られた。石井は同志社の友人から訳してもらい、軍平がそれを筆記した。これは軍平が救世軍について学んだ最初の機会で、軍平が救世軍に入る伏線となった。

救世軍、日本上陸

救世軍は一八六五年に、ロンドンのスラム街で貧民救済のためにウイリアム・ブース夫妻によって創設された。ブースは「救霊事業でない社会事業はなく、社会事業でない救霊事業はない」として、伝道と社会事業を世界に広めた。教会で信者を待つのではなく、教会とは縁のない貧困者たちのところへ出向き、虐げられている人々、酒害で苦しんでいる人たちの物心両面の救済支援をした。マイクのない時代に群衆を集めるため、ラッパを吹いて伝道をした。ブースがロンドンの貧困者の生活実態調査をし、その解決策を書いた「最暗黒の英国とその出路」は、一八九〇年に発売され爆発的に売れ、救世軍の社会事業が全世界に発展する基礎となったが、前述したように軍平は一八九二（明治25）年に石井十次とともに同志社の友人から訳してもらい、この本を読んでいる。

一八九五（明治28）年9月、救世軍が横浜に上陸した。浴衣を着て細帯で結んだイギリス人十四名の異様な姿を見て、腹を抱えて笑わない者はいなかったという。彼らは神の前に人種・国籍の差別のないことを信じ、その国の風俗・習慣に同化して奉仕する救世軍の方針に基づき、香港で着物を買って上陸した。だが旅館で浴衣を出されて初めて自分たちの着ている物が寝間着であることを知った。救世軍士官たちは家も着物も食事も日本人と同様にして、貧民を救済するため働いたが、「野戦」と称してタンバリンや太鼓をたたき、ラッパを鳴らして布教活動をするので「風変わりなドンドコ宗」「西洋法華」などと嘲笑された。

「救世軍公報」(二〇一一年8月1日)によると、イギリス救世軍の創立当初は歌を多用し、神の愛や信仰生活の喜びなどをアピールしていたが、救世軍に反対する人々の妨害が激しく、騒ぎのために集会が中断されることもしばしばだった。そこでチャールズ・フライという人が家族四人でラッパを吹いて集会を助けたところ、その大きな美しい音色は騒ぎを圧倒し、より多くの人々を引きつけた。それ以来、救世軍ではラッパや太鼓を用いて伝道活動をするようになったという。立ってでも歩きながらでも演奏でき、移動も可能なブラスバンドは、どこにでも行き神の愛を伝える救世軍のやり方にあうものだった。

軍平と機恵子の出会い

機恵子は新橋にあった救世軍会堂の様子を見に行き、外国人士官たちの熱心さに敬服しつつも、彼らが日本の風俗、習慣を知らず不作法なのが気の毒で見ていられなかった。

軍平の『山室機恵子』によると、概要は以下の通りである。

その頃、機恵子は芝区愛宕下町の桜井勉氏方で、ちょっとの間、家庭教師をしていたが、二、三軒隣に救世軍の外国婦人が数人居住したのを幸い、自ら進んで日本の風俗習慣、礼儀作法等を教授することを申し入れた。桜井氏は彼女がそんな団体に関係することを好まず、『あんな西洋法華などには寄りつかぬがよかろう』と注意された。これは当時としては至極親切なる忠告であったかもしれない。しかし彼女の義侠心は、強いて女士官達を援助することを思い立たしめた。多分明治29年の春頃のことであったと思う。私はその頃唯一の日本人士官として、用事があり女士官達を訪問すると、年若き婦人がいて『これは佐藤さんといって義侠的に手伝って下さるお方です』と通訳者から紹介された。彼女は軍人慰藉事業を計画していたので、救世軍に加わる考えは毛頭なかった。機恵子の行儀作法を教えるという奉仕も、受けるイギリス士官側では必要性を自覚していなかったので、あまり歓迎もされず自然消滅したように見えた。その後、一年半程後、ペリー大佐の家で彼女と再会し、研究中だった救世軍の母、ブース夫人について熱心に機恵子に話しをした。この時、機恵子は松本荻江氏と同居し軍人慰藉事業計画を続けていたが、松本氏と一緒に救世軍の集会に出席するようになった。これが相知るに至った因縁である。

軍平の記述では、明治29年春頃に初めて出会ったが、お互いに紹介されただけで、一年半後の明治30年秋頃から、二人は親しくなったことになる。ところが吉屋信子の『ときの声』によると、「一八九七（明治30）年1月下旬、皇太后の崩御で音曲停止期間に、軍平は伝通院門前で街頭説教に立った。太鼓もタンバリンも用いず救世軍軍歌を歌ったところ、不謹慎ということで小石川署に三日間勾留された。放免された軍平が本営に行くと、そこにはからずも佐藤機恵子の姿があった。機恵子は軍平たちの受難を知って、成り行きを案じて、救世軍本営に問い合わせに来たのだった」とある。このことからも、軍平の認識よりも早くに、機恵子は軍平の人となりを尊敬していたことがわかる。

女紅学校退職の理由

機恵子が女紅学校に勤務していた頃、母安子が病気になり、機恵子は母の看病をするために、両親の住む北海道に数ヶ月帰省した。その間、軍平と文通した手紙類は一九一一（明治44）年の火事で消失したが、軍平が送った手紙一通が機恵子の遺品から発見された。

その後母君のご病気はいかがですか。（略）女紅学校の件に付いては、君が何時までも此の学校に献身すべきと思わないので、さほど驚きませんが、唯この際辞職なさることが可か否かについては、いささか惑います。只今は母君の御病気もあり北海道へ御滞在なさる必要があります。（略）女紅学校の生徒は君を慕うこと母のごとく、姉のごとく、学校はようやく好都合に成長し初めた時、一、二小人のつまらぬ陰口のために簡単に身を退く事は、当を得た策でしょうか。（略）今年中でも君が続けてかの学校を教え、地位を棄てることも厭わぬ覚悟で十分主張を立て、その後、機をみて潔く職を辞すれば学校に対し、また知己朋友に対し、立派な辞職の仕方ではないでしょうか。（略）どうか上京して尚も義戦を戦い続けてほしいものです。このたびの事が君の生涯に最も貴重なる、誹謗に堪える性情を鍛錬する好機会と愚考しております。

山室生

この手紙の一月程後に軍平は機恵子に求婚し、結婚が決まったのは一八九八（明治31）年5月初旬である。軍平は『山室機恵子』の著書で、上記手紙の「一、二小人のつまらぬ陰口」に関し

「その頃、女紅学校に如何なる面倒があったものか、私は全く忘れて少しも思い出すことが出来ない」と附言している。武甫は「機恵子は生徒達からは非常に敬慕された。しかし教職員の間では意見を異にするものがあった。どんな問題かははっきりしない」と述べている。

高道基は前述書簡を「機恵子が救世軍への接近のゆえ何かのそしりに合い、苦しんでいたころに、慰謝するために書かれたものと思える。いかにも山室らしい文面」と述べている。しかし、救世軍への批判をされただけで辞職したとするならば、その後、救世軍であらゆる困難に立ち向かっていく機恵子の姿と矛盾する。機恵子が女紅学校を辞職した理由を、軍平が思い出せないと書いたのは不自然だ。機恵子への思いが募ってプロポーズする寸前の、一番相手への関心が強い時期の事件だからだ。機恵子が上京し、辞職する段取りも二人で相談したはずである。当時の関係者が存命していたため明言するのを差し控えたのかもしれない。責任感が強くまじめな機恵子が、いかに親の病気の世話とはいえ、生徒たちを残して北海道に滞在し、結局辞職したとは考え難く、それ相当の理由があるはずだ。教職員からの誹謗中傷が、生徒に日記を書かせ「女学雑誌」に掲載したことと関係しているのか、高道基が言う救世軍への偏見のせいなのか、別の理由なのか、不明である。

明治31年9月20日発行の「婦人新報」には「書記　佐藤きゑ子姉には慈母の病を見舞わんがため、久しく北海の地に赴かれ居しが、昨今帰郷せられしよし、矯風会も書記のなき不便を感じ居りしかど、以後同姉の尽力によりて会務を上ぐるると喜び居れり」とある。

第五章

救世軍初の結婚式

明治32年山室軍平・機恵子結婚記念写真

五十歳まで着られる地味な着物を

一八九八（明治31）年春、軍平から求婚された機恵子は、北海道の両親に打ち明けた。両親は、機恵子の兄皐蔵と、親戚の代議士に、軍平と会って報告と意見を送るよう頼んだところ、二人とも、軍平が優れた有望な青年だと太鼓判を押した。さらに両親は、北海道に講演に来た明治女学校校長の巌本善治に会った。巌本は救世軍や軍平のことを丁寧に説明し、結婚に賛意を表したので、機恵子の両親も結婚に同意した（山室武甫『機恵子』）。

大正5年8月発行の「人道」には「故山室機恵子女史」という追悼文があるが、そこには「女史が山室氏に嫁ぐべく、其媒酌人は許可を故郷の両親に乞いしに、直ちに快諾を与えて曰く『我が佐藤の家は古来仁人を出せし事少なからず、今此の方面に於いて前途見込みある人を発見し、行きて意義ある一生を送らんとす。これ誠に父母の意に適えり』と。世間一般の事を考えれば、片田舎に在住せる老人の口よりは、寧ろ反対の事を予期すべかりしなり。しかも救世軍は当時ただ嘲笑冷罵の標的たりし」とある。この記事は「救世軍山田弥十郎氏の好意になれる材料に拠る」とあるが、媒酌人とは巌本善治のことである。

両親の理解を得た機恵子は「君ならでたれにか見せん梅の花、色をも香をもしる人ぞしる」の古歌に託して求婚を承諾した。若松賤子が結婚式で「われは君のものにならず」という「花嫁のベール」の詩で答えたのと対照的である。

一九三二（昭和7）年10月25日発行の「新岩手人」には「日本救世軍の母　山室夫人を語る佐藤安子刀自」という機恵子の母への取材記事が載っている。この時、安子は東京の中野区で長男阜蔵と同居していて、八十一歳だが耳も目もすこぶる達者だとある。

機恵子はほんとに内気でおとなしい娘で、滅多なことは口に出して言わないほうでした。これは一生涯そうだったようです。そのおとなしい娘がヤソといってさえ人の爪弾きになるような時勢に、しかも救世軍のことを西洋法華といって、誰も彼も気が違った人扱いしている時代に、内気な娘がどうしてそんなものに近づいたか、しかもその士官と結婚さえしようとしているのには、昔気質の父も私も一時は当惑したものでしたが、長男阜蔵が大賛成だ、山室はきっと大成する人物だと言ってくれましたので、私達もようやく安心してこの結婚を承諾したものでした。娘の嫁入りについては相当な地位の軍人、金持ち、実業家など随分たくさんありましたが、それらの話には見向きもしないで、貧乏なヤソの士官に、娘が自分で進んでいくのですから、多少の心配もないではありませんでしたが、娘は親の眼でさえしっかり者だと感心していた位なので、何もかも娘の一存にまかせたのです。嫁入りの時は「五十位まで着られる地味な柄を選んで下さい」といって、少しも派手な物には見向きもしませんでした。ある時、訪ねますと、娘が小さい時に着た寝巻を綿入れにして着ていますので、「なんぼなんでもあまりに無精だよ」というと、娘は笑ってばかりで何も言いませんでした。後で聞いたことですが、自廃してきた娼妓たちに自分の着物を着せているうちに、自分のがなくなって寝巻を仕立て直したとのことでした。娘はこんなにも苦労していながら、生活上の不平なんか私に一度も漏らしたことがございませんでした。亡くなってからああもしてやりたかった、こうもしてやりたかったと愚痴ばかり出て困ったものです。山室に話したら「そんな不平をいうような人だったら値打ちがありませんよ」と笑われたことがありました。

「五十歳まで着られる着物を」と言われた事を、安子は後年、孫の民子に「娘の意志にできるだけ添うように努めたが、つらい気がした」と語ったという。一人娘の嫁入り支度なのに、華やかな着物を用意できないのは切なかったのだろう。

崇高な精神と決死の覚悟で結婚しても、年数が経つにつれ、若気の至りだったと挫折する例が多いが、機恵子は着物一枚作らず、神一筋の生き方を貫いた。しかし、その機恵子が五十歳どころか、たったの四十一歳七ヶ月の若さで亡くなってしまうのである。良縁には見むきもせず、苦労が目に見えている結婚を選んだ娘に、安子は母親として相当な抵抗があったはずである。

「新岩手人」で安子は「機恵子が花巻に帰省する機会は一度もなく、初め明治女学校に入るため上京したきり、遂に一生涯花巻に帰らずにしまいました」と語っている。しかし、機恵子が明治女学校時代の夏休みに帰省したことは、佐藤輔子日記を始め、友人や民子の証言もあるので、安子の記憶違いと思われる。それでも結婚後の機恵子が花巻に帰省しなかったことは確かであろう。両親が花巻の自宅を売却し、兄弟達も皆、花巻を離れた時期はもちろん、両親が再度花巻に住んだ時期にしても、結婚後の機恵子に帰郷するゆとりなどあろうはずもない。

救世軍初の結婚式

二人は一八九九（明治32）年6月6日に、九段坂上のメソジスト教会堂を借りて、日本の救世軍初の結婚式をあげた。「ときのこえ」（明治32年6月1日）には結婚式の案内があり「なるべく多くの友人、同情者方に来ていただきたいが、席に限りがあるので切符を作り、無料で欲しい方に差し上げます」とある。司式はベリー大佐で、介添役は巌本善治と松本荻江だった。婦人矯風会の潮田千津子が祝辞を述べた。

ベリー大佐は「結婚式には二五〇名以上の会衆があり、佐藤キエ子はいかにも落ち着いて気高く見えた。我が輩は彼女を救世軍中に歓迎し、同人が血と火の精神に満ちた日本の婦人士官たるべきことを信じて喜ぶものであります」と「ときのこえ」に記している。

式後は原胤昭《たねあき》（註：キリスト者の実業家、出獄人保護に尽力した）宅で懇話会が開かれ、百三、四十人が集まった。片山潜、留岡幸助、伊藤為吉などが挨拶をした。懇話会の茶菓はワッフルと塩せんべいに番茶だった。軍平二十七歳、機恵子二十五歳、この若き二人の結婚式は質素だったが多くの人々に祝福された。

機恵子の親友、青柳春代は、上京してまもない弟を同伴して懇話会に出席したが、帰宅後に弟が「気分が悪い。お菓子の餡が酸っぱく、腐っていたからだ」と言った。「あれは東京で近頃流行のワッフルという洋風のお菓子です。中は小豆の餡ではなくて、果物で作ったジャムというもので、腐敗していたのではない」と説明したら、弟の不調は治った。春代の弟は初めてワッフルとジャムを食べたのであったという（山室民子「白牡丹」第4回）。

列席した婦人矯風会の久布白落実は「機恵子夫人とご結婚の時、私は女子学院の学生であった。今日は山室軍平という人が佐藤機恵子と九段教会堂で結婚式を挙げるという。花婿も花嫁も二人とも講壇の両側に立ち、挙式後二人とも説教した。偉いものだと驚いた。その後で矢島かじ子老女史が娘達に向かって『機恵子さんは一生懸命な人だから、矯風会のようにのろのろした会では間に合わない。山室さんと結婚してよかった』と告げた（久布白落実「山室軍平選集　追憶集」）」と回想している。

田川大吉郎（衆議院議員）は松本荻江から「花婿が壇上より説教をし、そしてつかつかと壇を下って花嫁さんの手を握られた。こんな結婚式に臨んだことは初めてであった。本当に稀らしい結婚式、稀らしい夫婦である」と聞いたと回想している。婦人矯風会の守屋東は「機恵子さんの結婚式は、日本と救世軍との結婚のような感さえ持ちました。当時最高の女子教育を受けた人が、山室先生の真価をまだ知らない、ただ路傍で伝道する青年と結婚することは、大きな話題でした」

と述懐している（山室武甫『機恵子』）。

「日本一の花嫁」

久布白落実も松本荻江も花婿は結婚式で説教をした、偉いものだ、稀らしい結婚式、夫婦だと言っている。しかし説教の内容については今まで不明だったし、軍平も書き残していない。ところがイーストレーキ・ナヲミが著した『憶い出の博言博士』に「山室軍平氏のこと」として載っていたのを偶然見つけた。イーストレーキ・ナヲミは旧姓太田なおみといい明治2年に生まれ明治17年にF・Wイーストレーキと知り合い、翌年結婚している。イーストレーキの父親は、日本の歯科医術の発展に貢献した人物で、一家は日本に住んでいた。息子のイーストレーキは博言博士、今でいう文学博士の称号を持つ学者であった。当時、外人は居留地にしか住めなかったので、ナオミ達は福沢諭吉の名義を借りて、番町の家に住んでいたという。ナヲミは以下のように書いている。

山室さんは九段の教会で機恵子さんと結婚したのですが、その結婚式も山室さんらしい風格のよく現れた面白いものでした。参列者を前に山室さんは一場の所感を述べたのです。

私は日本一の花嫁をみつけました。この花嫁は、あらゆる点に於いて完全な女であると思います。この花嫁は単に人間として女として、私という者の配偶たるべく、この式場へ現れたのではありません。神が、私の大事業をよくなし遂げさせるために、この女をわざわざ天から私に降し与えたもうた、私はこれを信じて些かも疑いません。しかもこのような聖なる使命を担って、私と偕にあらゆる苦難の道、荊の道を切り拓こうとする女は、ほかにはあり得ない、ですから、私はこれを日本一の花嫁であると断言して憚らないのです。

この言葉が、会堂に詰めかけた多くの参会者から、急霰《きゅうさん》のような拍手をもって迎えられたことは言うまでもありません。集まった人たちは、ことごとく山室さんの熱火のような言葉に打たれたのです。これは山室さんだから言えることで、しかも山室さんは、平素あまり冗談も言わぬ方で、それだけにこの自然な諧謔を湛えた、明朗掬《きく》すべき言葉は、人々に多大の好感を与えました。山室さんがそれほどまでに信頼し、熱愛された機恵子さんは、確かに日本一の名を恥しめない立派な人でした。もしも山室さんが機恵子さんを得られなかったとすれば、日本救世軍の総師《そうすい》として、いまや内外に重きをなす山室軍平も、一宗教人として終わっているのかも知れません。それほど機恵子さんは妻として、母として間然するところなき女性であったと思います。山室さんとは、イーストレーキも私も古くからのおつきあいでした。救世軍の創業当初から親しく往来し、事業について相談しあったりしたものです。以来、ずっとこの関係はつづいて、及ばずながら私も山室さんのお仕事のために働いたり、出来るだけの声援をおくっております（『博言博士の憶い出』信正社）。

軍平は機恵子を「神が私に与えてくれた日本一の花嫁」と断言したのだから、画期的な結婚式に違いない。

結婚式の朝、弟と柔道

機恵子の実弟である佐藤健三は「ときのこえ」（昭和11年4月1日）で回想している。

五人兄弟の中で、姉と私は顔も性質もよく似ているといわれました。姉と最も永くいたのは私で親しかった。姉が結婚する時、私は中学生で、姉と牛込に家を借りて住んでおりました。姉は結婚問題を当時の私に話し、非常なる決心を顔に顕しておりました。貧乏は勿論のこと、救世軍を理解しない人々の迫害を受ける事は覚悟の事、ただ今まで自分が考えていた理想を実行するには、山室の如き人物と結婚する事であると、諄々と涙ぐみながら話したのであります。私はその決心に子供ながら感激し、大学を卒業して金が出来たら、救世軍に百円を寄附するという事を書いて、山室に渡しました。

姉は学校でなぎなたを習い、私は柔道を習っておりました。女のなぎなたなどほうきを動かすようなものだと悪口をいうと、姉は負けておりませんでした。結婚式の朝、口論した私は、腕でこいと冗談交じりに姉をつかまえて腰投げで倒したのであります。姉は畳に頭をつき、それから鼻水が出るのです。結婚式場でもハンカチで鼻を拭った。列席者は興奮のためと思ったらしいが、本当を知っている私は煩悶しました。

結婚式当日に、弟ととっくみあいで柔道をしたという機恵子の意外な側面である。武士道が身につき喜怒哀楽を出さなかったといわれる機恵子だが、結婚後の貧乏生活、迫害などを覚悟し、弟健三の前でも結婚式でも泣いたというのだ。結婚と同時に機恵子は植村の教会を離れて、救世軍に所属した。植村は山室夫妻の結婚祝いに、「福音新報」を二年間無料で寄贈した。

当時の副官で、結婚前の軍平と同居して、結婚後は三人で同居することになった山田弥十郎は、機恵子の葬儀で、結婚式の時を回想し「然るべく家庭の愛嬢として、最も高等なる教育を受け、兄弟の中には多望なる海軍の軍籍にあるもの、大学教育を受けつつあるもの等あり、親戚には代議士や大学教授もある身にて、いわゆる深窓に育った淑女が、今や家賃三円五十銭、畳十一畳半の割長屋に投じて、その頃いっこう世に認められない救世軍の一士官の妻として救いの軍を戦おうというのであるから、気の毒でもあり、また嬉しくもあって、つい不覚の涙にむせんだのである（『山室軍平選集』第8巻）」と述べている。

機恵子の母、安子がのちに孫の武甫に語ったことによると、娘の婚約にあたって、秘かに占い師にみて貰ったところ「これは非常によい組み合わせである。夫人のほうは先に他界されるが、夫は世界的に有名な人物になる」と告げられたそうだ。娘が先に他界すると予言され、安子は躊躇しなかったのだろうか。夫婦が老後に亡くなる順番として受け止めたのだろうか。まさか結婚十七年後に機恵子が四十一歳の若さで他界し、安子が九十歳まで生きることになるとは、さすがに想像できなかったのであろう。

岩波茂雄の救世軍支援

山室武甫は「車田敏子女史（旧姓有賀）が十二歳の時に、祖父母と一緒に山室夫妻の結婚式に出席した。花嫁が式の最中に涙を拭いていたのが、子ども心にも忘れられない印象だったそうだ。車田女史は神田小隊の日曜学校に出席し、夜、提灯をもって街頭行進に加わり『ときのこえ』の宣伝をして石を投げられたこともあったそうだ。山室夫妻を敬慕し、共に過ごした日々を名誉に思っていると述懐された。女史が寄寓していた祖父母の家は三崎町にあり、救世軍の野戦があると、帰途立ち寄らせて冷たい飲物などをふるまっていた。祖父母は岩波姓で、植村正久に指導を受けた人である」と述べている（山室武甫『機恵子』）。

この敏子の祖父とは岩波書店の創始者岩波茂雄と思われる。太田愛人《あいと》は著書『簡素に生きる』の中で「近所にいて救世軍の働きを見聞きしていた岩波茂雄は、軍平と機恵子を心から信じ、尊敬していた。夫の働きを支えるだけでなく、廃娼運動や結核追放の資金集めに奔走する機恵子の苦労を知っていたので、岩波は献金して助けた」と述べている。

山室武甫は「神田の元救世軍本営に、岩波書店本社が近接している。両者は疎遠で没交渉であった。ところが山室没後まもない、昭和15年5月頃、同書店主岩波茂雄が突然来訪。姉民子と私が応対した。入り口階段上での短い会話のみ、『これは文化に貢献した人にあげるのだ』とて、金一封を残し、急いで辞去。それは当時としてはかなり大きい金額にて、非常に感激した（『愛の使徒　山室軍平』）」と記している。

結婚式欠席の両親

軍平は結婚直後、式に参加できなかった機恵子の両親に以下の手紙を書いている。

まだお目にかかれずにおりますが、このたび御息女と結婚致しました不肖の私がお二人を父上、母上とお呼びできることは光栄なことでございます。なにとぞご教導をお願い致します。私は貧農の子でありまして、十五歳で上京後、学資に窮して労働致し、十七歳にてキリスト信者となり、我が事業は悪人を善人にかえて、悲痛困苦に悩む者を幸福平和の人とする事にあると確信致しております。いかにしてこの大事を果たし得るかと暫時京都同志社に参り門番、まかないの手伝いをして学問をしたその後は伝道者、あるいは百姓、職工の仕事の労働をしつつ、彼らに神の道を説こうと致したのでございます。三、四年前、始めて日本に渡来した救世軍を知り、私の求めている理想と一致しましたので、身を投じその士官となり、ただ今は神田三崎町の割長屋の一部、六畳のみすぼらしい家で労働者のような生活をしながら、伝道の小隊で二十人の兵士（信者）がおります。ますますこの方針で進む意志でございます。ご息女がこの生活をよく理解され私と共に貧苦多難の事業に従うご決心をして下さり、御両親御兄弟直ちにこれをお許し下された事をどのようにお礼申し上げたらいいのか、この上はただ社会へ献身する事実を示してご恩に報いるほかないと存じます。

機恵子結婚の半年後には母安子が北海道から上京し、東京で学ぶ息子二人と同居している。一人娘の結婚式に出なかったのはなぜか。安子が病気だったとしても、父庄五郎も欠席したのはなぜだろうか。北海道での開拓事業で庄五郎は苦闘し、経済的にも逼迫していたのではと推測されるのである。軍平の両親もやはり結婚式には出られなかった。

機恵子結婚時に、父庄五郎は「桑の葉食用試験」

機恵子の結婚式に欠席した両親は、どれほど無念であっただろう。筆者は一八九九（明治32）年11月10日発行の「女学雑誌」で、佐藤庄五郎の『桑の葉食用の実地試験』という記事を見つけた。まさに機恵子が結婚した年に、庄五郎は桑の葉食用の実験をしたことになる。

機恵子が山室軍平からプロポーズされた時、機恵子の両親は北海道に講演に来た巌本善治に会って相談したが、たぶんこの時に、巌本は庄五郎と親しくなり、巌本の計らいで「女学雑誌」に掲載されたと思われる。「桑の葉食用の実地試験」の前書きには「救荒の策は豊年においてすべし、在北海道の知人佐藤氏、凶荒飢餓を避ける一方を案じ、自ら実地の試験を為せり、その報告なり」とあるが、これは巌本自身が書いたものと思われる。以下が庄五郎の文である。

「桑の葉食用の実地試験」

『凶荒飢餓を避ける法』発見者石狩空知郡奈井江村　佐藤庄五郎

備荒貯蓄は一国経済上大いに注目すべきだが、未だこれを実行したものがないことは、慨嘆の至りなり。もし天明天保年度のような大凶歳に際会したら、何をして救済の策を講ずるのか、実に憂慮に堪えない。余は多年蚕業に従事した結果、桑葉を副食として害なきことを発見し、救荒の食料となることを研究した。全国に散在する桑葉を採収して貯蔵すれば天明天保年度のごとき凶歳といえども海外より米穀を輸入する必要なく、無用視された残葉で全国四千有余万の同胞の飢餓を免れる事ができる。この試験をして誤りがあるときは空しく一命を失うか、または終世病《びょう》痾《あ》の身となるかすこぶる危険の業といえども、余は我が国の利益を計るために一身を犠牲に供する念慮に急なるをもって決然この試験を断行することとなった。本年九月より飯中に混和し、また副菜として食した後、医師の診察を受けたが一つの害もなかったので、なお多量に食して隔日に診察すること二十一日間に及んだが、体は常と異なることなく、家の者にも十日間食させたが余と同一だったので、余は成功の喜びにたえず、なお日々調理法を改良しつつある。医師松江氏によれば、かつて桑葉を茶に製して飲用した人があり、持病の頭痛を治し、便通にも功があったという。

桑葉調理法（略）

附言として「前条試験は全国四千万同胞の飢餓を避るため、祖先の志を継ぎ、一身を犠牲として実行せしものなり　もし不完全の事あらば尚進んで山野を探索し　飢餓を救う草木葉を発見しあくまで素志を達せんと欲す　よって有志諸君において、速やかに試験せられ　その可否を報告せられんこと希望にたえず」とある。

さらに医師、松江安江の診査状には「佐藤庄五郎　四十六歳三ヶ月。右は体質強実で疾病に罹りしことなし　明治三十二年九月六日、桑葉を常食に混和試食せんとするにあたり、身体上の異状をきたすや否や今より隔日に診察を乞うといい、同日身体を診査すること左のごとし」として、「身体測定の数値、全身の発達及び栄養の佳良、呼吸器並神経系統に異状を認めず、わずかに胃部膨張を呈す、皮膚の状態並　爪、歯牙尋常　毛髪は稍々稀薄の方、糞便は日に一回　排尿日に数回、煙草は常に好まず。以上は桑葉の試食以前の調査にして、隔日に診察をなし二十一日間経ても異変を認めず。明治三十二年九月二十七日」とある。

試験に付き合った医師も、大まじめに庄五郎の身体状況を記録している。毛髪の薄さまで報告された庄五郎が気の毒である。庄五郎の長男、皐蔵が「父は非常に変わった人」と回想したように、庄五郎の桑葉食用試験は不発に終わったようだが、動物実験からではなく、身体を張って実験したのだ。もっとも動物実験をしたら、「犬も食わない桑の葉」で終わったであろう。

娘の結婚に大いなる意義を感じながら、庄五郎にできることと言えば、桑の葉試験だったのではなかろうか。「試験で一命を失うか、終世病気の身となるか非常に危険な事といえども、国益のため一身を犠牲にしても断行する」という一徹さは機恵子を彷彿とさせる。

第六章

百年間売れ続けた『平民の福音』

新居は畳六枚の長屋

救世軍はイギリス本営の軍律に従って運営された。教会にあたるのが小隊で、隊長と副官は必ず小隊の建物に住む。未婚者ならば同性の隊長と副官が住むことになっていた。

軍平は一八九八（明治31）年9月に、副官の山田弥十郎と二人で神田三崎町の長屋を借り、救世軍の一小隊を開いた。経済的に自立した模範小隊を作るのが軍平の希望だったため、軍平が本営に勤務して「ときのこえ」の編集や他の仕事をすることで受ける一ヶ月七円の手当が収入だった。伝道所と住まいを兼ねた長屋の家賃は三円五十銭、広さは十一畳半で、ふすまで三部屋に仕切られていた。軍平が機恵子の両親に宛てた手紙では六畳が自分たちの部屋とある。集会の時は仕切りのふすまを外したが、百名ほどの人が集まるので床板が外れ、軍平が修理をした。

昭和44年8月15日平民の福音500版

この当時、機恵子の実家が決して豊かだったわけではないが、「女学雑誌」(明治27年8月)によると、明治女学校の月謝が一円二十銭くらい、寄宿舎費用が三円八十銭、図書費およそ一、二円程である。これから考えると、軍平の手当七円というのが、いかに低いかがわかる。

自炊生活は近所を掃除して集めた木屑や竹を燃料にして煮炊きした。窮状を見かねた近所の人から差し入れがあったり、篤志家からのカンパで凌ぐ生活だった。

明治女学校時代の友達が、結婚した機恵子の新家庭を訪問するため、人力車で三度も家の前を通ったが、見つけられなかった。表札のある立派な門構えの家を探したからで、まさか貧乏長屋に住んでいるとは予想もしなかったらしいと軍平は述べている。

民子によると、家には二棹の桐の箪笥や長持があり、それらは機恵子の嫁入り道具だったという。結婚当初の長屋には入りきらないので、母や弟が住む家に預けていたのではないかと民子はいう。機恵子の親や親戚からお祝いで戴いた着物も相当あったようだ。

一九〇〇(明治33)年1月1日の「ときのこえ」には、「山室少校が神田軍営の裏の家に移転しました。この家は鬨《とき》の声の編集局女士官養成所に当てる筈です。女士官候補生戸杉すぎ子は少校とともに住まう様になりました。山田中尉は高野候補生夫婦とともに神田軍営に住まう事となりました」とある。救世軍の財政事情でやむを得ないことだが、機恵子は結婚当初の山田中尉との三人暮らしから、女士官候補生との三人暮らしに変わったが、そこは鬨の声編集局と士官養成所を兼ねた家だというのである。

山室軍平選集『追憶集』には「機恵子夫人と結婚された頃、救世軍の本営は奥が六畳位の畳の間で其に続いた小さな土間にベンチが五、六脚おいてあって、此処が集会所であった。奥の間で私も先生と一緒に『ときのこえ』を折ってお手伝いした。夕食は半斤の食パンに砂糖ですまされ、『ときのこえ』を持って野戦に出て行かれるのが常であった」という証言が載っている。

『平民の福音』

一八九九（明治32）年、軍平と機恵子は結婚後まもなく二週間の夏季休暇をもらい、横浜市根岸に一間を借りた。結婚して初めて二人だけで過ごすいわば新婚旅行であったが、ここで二人は『平民の福音』を書き上げた。機恵子の的確な助言を得て軍平が書き、機恵子が清書した。機恵子が女紅学校で生徒に書かせた日記も取り入れた。同志社時代に極貧の軍平のために、自分を犠牲にして尽くした吉田清太郎が、のちに「平民の福音は読むたびに感激するが、あれは祈りつつ書いたのだろう」と聞くと、軍平は「泣きながら書いた」と答えたという。

『植村正久先生の思い出』で軍平は「はじめて『平民の福音』を出版した時、（植村先生は）数回無料でその広告を福音新報に揚げて世に紹介してくれた。『君、著書の版権だけは自分のものにしておいたほうが、後のためによかろうよ」と忠告してくれたにも拘わらず、私は自分の著訳書の版権を救世軍財団に寄附し、その収入は私の手にも、子孫の手にも渡らないで、あくまで救世軍の収入となるように取り計らっておる。しかも私はかくなし得ることを大なる特権と感謝しておる」と書いている（『山室軍平選集』第9巻）。

十九世紀の末に、誰にもわかりやすい言文一致体で書かれた『平民の福音』は大ベストセラーとなり、七十年後の一九六九（昭和44）年には五百版が発行され、五十万部売れた。

武甫は「『平民の福音』は、機恵子の信仰、体験、教養等による高い鑑識眼で山室の草稿を評価し、助言し、補正し、洗練して初めてこの不朽の名著が生まれたに相違ない。これは彼女の最大の内助の功と言っても過言ではない。婦人救済や結核療養所等の事業も尊い貢献ではあるが、それらは売春防止法や結核予防法の施行、公衆衛生の改善等によって先駆的使命は達成した。しかし『平民の福音』は今後も人々に引き継がれて永久に生き続けることだろう」と記している。

しかし『平民の福音』を読むと現代では差別用語とされる言葉もある。救世軍出版部によると、内容も現代にそぐわないため、一九九五（平成7）年で絶版にしたそうだ。キリスト教の地味な本が約百年間売れ続けたとは驚愕だ。『平民の福音』は『山室軍平全集』に採録されている。

印税は全て救世軍に

『平民の福音』を始め、こののち百冊を超える著書の版権を軍平はすべて救世軍にしたため、後年、武甫が山室軍平の全集を出版する時には、その許諾を求めるのに苦労することになった。武甫は一九五六（昭和31）年発行の山室軍平全集の「終刊の辞」に「山室は著作権を正式に救世軍財団に寄附し、法的登記もすませてある。そこで本選集の刊行についても、救世軍日本本営を経て、ロンドンの救世軍万国本営に申請し、その諒解のもとに短く期限を切り、厳重な条件の下に刊行が認められたのである。故に普通の商業的採算のとれる企業対象とはなり難い実情下にあった」と書いている。救世軍では副職や軍以外からの収入を禁じているが、軍平は講演料や原稿料も相当多かったがすべて救世軍に還元した。

大阪毎日新聞記者だった村島帰之は、山室軍平追憶集に以下のように書いている。

昭和の初め、毎日新聞学芸欄に、宗教欄を設け、山室先生も文章を送って下さった。ところがわずかであるが稿料をお送りすると、決まったように救世軍会計から寄付金の領収書が私の許に届いた。先生は私のお送りした稿料を、私の名で軍へ寄附されたのであろう。おかげで私は何等労することなく、幾度も救世軍から「篤志家」として感謝されたのであった。

山室軍平は一九四〇（昭和15）年に亡くなったが、武甫は「（軍平は）遺族に精神的遺産以外に、何らの物的遺産を残さなかった。妻子の少額の貯金も好まず、生命保険には一つも加入しなかった。晩年に救世軍大将が病気見舞に、私用に充てよと贈られた金のみは貯金したが、その残金が百余円あった。これも同志社六十年記念事業への予約寄付金その他を支弁するとほとんど残らなかった」と記している（『人道の戦士　山室軍平』）。

二大教理「救い」と「聖潔《きよめ》」

救世軍は「救い」と「聖潔《きよめ》」を二大教理としていた。機恵子はキリストを信じる前も、真面目で道徳を重んじる生活をしてきた。悪を行わず善を行おうと心がけた。しかしそれは他人から尊敬されるため、成功するため、世間の評判のためというように不純な動機も含まれていた。十八歳でキリストを信じてからは動機が一変した。悪を拒んだために出世ができず、善を行うために迫害や困難に陥っても、悪は悪であるからしない、善は善であるからするという気持ちに変わった。そこで機恵子は誰の前でも臆せず「私はキリストに救われた者です」と公言でき、第一の「救い」は立証できるようになっていた。

第二の「聖潔《きよめ》」は機恵子が洗礼を受けた植村正久の一番町教会では説かなかった。軍平が救世軍に入った当初、「軍中の約束」を翻訳する自信がなかったので、植村に口訳して貰ったが、ホーリネスという字に至った時、植村は「これは君のほうで大事なことなのだよ。覚えておきたまえ」と言われた。軍平は「聖潔《きよめ》」という字を初めて植村から教えられたという。「聖潔《きよめ》」はメソジスト系の宗派が力説していることで、機恵子も救世軍ではじめて直面した。ウイリアム・ブースによれば「『聖潔《きよめ》』とはその霊魂が罪より離れ、ただ神のみむねとその奉仕のために一切を献げることと」だという。

野戦でタンバリンを叩く

救世軍に入り、神への奉仕にすべてを献げる決意で結婚した機恵子だが、野戦と言って軍歌を歌い、タンバリンや太鼓をたたいて伝道することだけはできなかった。婦人矯風会の守屋東は

「救世軍の服装は、若い者に『あの服装をするだけでも大決心がいる』と言われたものでした」と述べている。軍平は以下のように述べている。

明治32年頃、機恵子の母、安子が北海道から上京し、近所の猿楽町に住むことになった。母と弟たちの前でタンバリンを叩いて伝道することが機恵子にはどうしてもできなかった。チンドン屋のように太鼓やタンバリンを叩き、皆から嘲笑され西洋法華と言われる娘の姿を母が見たらどんなに嘆き悲しむだろう。そんな馬鹿げたことをさせるために、東京まで送り出して、勉強をさせたわけではないだろう。どうかそれだけは赦して欲しいと機恵子は胸が張り裂ける思いであった。しかし、キリストが母マリアの前で裸にされ、罪人と一緒に十字架ではり付けにされたことを思えば、母の前でタンバリンを叩くくらい、何でもないではないか。それから数日後の明治33年正月はじめ、機恵子は日本橋での野戦に参加した。タンバリンなど叩いて歩くのはいやだという気がするほど、それを打ち消すかのように余計力を込めて叩き、ついに指から血を流して楽器を赤く染めた。

機恵子が雑誌「新女界」（大正元年10月）に執筆した「全く我れに克ちし時―心霊の世界に入る」には以下の文がある。

救世軍の事を知り、山室に嫁しましてからは、救世軍の士官として働く事となりました。ここでは団体に加わると共に、聖潔《きよめ》の恵みを受けなければなりませんでした。それには一つも自分を残してはならぬと言う事ですが、私はただ一つ、かの辻説教をする時、人を集めるために叩くタンバリンというものをどうしても叩く勇気がない。この我に勝とうと正月三日、日本橋坂本公園の野戦の時、最も繁華な場所柄、人の大勢いる町々をタンバリンを持って嫌だという念に打ち勝ち叩いて歩いて、余り強く打ったので、本営に帰った頃は、そのタンバリンに手の血を塗っておりました。この時から全く私というものを去りました為か、神と自分というものが極く近くなり、祈りが直接に聞かれる様になり、真に世の中の喜びを知る事が出来るようになりました。真の自覚と申せば、この時以来であろうと思われます。そして救世軍のために全く自分の身を捧げる様な境遇に置かれた事は、自分がかつて神様に何か有益な事業に自分を用いて下さる様にとお願いした祈りが聞かれたのであろうと喜びに絶えません。

一九〇〇（明治33）年7月1日の「ときのこえ」には、「6月15日に神田小隊を去る山室夫妻と、新任の矢吹士官の歓送迎会が行われたが、この時の神田小隊は五十三名の所帯になっている」とある。軍平も「神田小隊での一年半ほどの活動期間に、五十名ほどの信頼すべき信徒を得ることができた。その中には後に救世軍の中心になって活躍する人材も多数含まれていた」と述べている。

第七章

命がけの廃娼《はいしょう》運動

最初の担当は少年係

軍平の著『山室機恵子』では、結婚した機恵子が最初に担当したのは婦人救済所の仕事となっている。しかし一九〇〇（明治33）年6月15日の「ときのこえ」には「少年係に補す　中校山室機恵子」という公報が出ている。軍平は中校になり、本営専属となったため、神田小隊から移動した。同じ誌面に「山室中校夫人は少年の教育には経験もある上に、少年軍の働きは殊に大切であるゆえ、この任命があった」と出ている。

さらに7月1日の「ときのこえ」には「山室中校夫人は少年軍係として既にその働き方万端を申し渡された。主に少年軍の進歩と、少年候補生の教育に関係致しておる。夫人は時々、各小隊を巡回してその務めを尽くす筈です」という記事と「醜業婦救済事業を営む必要と、その時機と

明治33年東京婦人ホーム玄関前（前列右から三人目が機恵子）、その左二人は助手

は迫っております。大佐（ブラード）はこの働きを東京に始めたい計画である」という記事が並んで書かれている。そして8月1日の「ときのこえ」には「補臨時醜業婦救済所長　中校山室機恵子」という辞令が出ている。「女郎衆に寄せる文」という題で「廃業届けを出せば借銭の有無に拘わらず、女郎を止めることができるので、救世軍本営に相談においでなされ」とある。しかし、8月20日の「ときのこえ」には「9月1日発行の鬨《とき》の声は少年兵号として発行します」とあるので、救世軍では機恵子をあくまで臨時の醜業婦救済所長と考えていて、少年係にもこだわっていたことがわかる。同じ誌面には前号の醜業婦救済号を九千部発行した事、矢吹大尉らが乱暴され殴打された事、山室中校が草鞋がけで茨城県に行き、親の承諾書もないのに、無理に酌婦にさせられている一婦人を救い出し、これが日本において救世軍が救った手始めである事、山室夫人が吉原の遊郭に一人の婦人を訪ねたが、間違いがないようにと三人の巡査が保護し車で送ってくれた事などの記事が出ている。このように救世軍の中で婦人救済事業が大きなうねりとなって行った前段階として、軍平らは6月に名古屋のモルフィを訪ねている。

マリア・ルス号事件と「娼妓《しょうぎ》解放令」

日本の公娼制度は江戸時代初期、吉原に遊郭が開設許可された時から始まる。軍平が生まれたのは一八七二（明治5）年9月だが、くしくも同年10月に「娼妓解放令」が発布されている。廃娼運動によるものではもちろんなく、マリア・ルス号事件の副産物だった。

マリア・ルス号事件とは、一八七二（明治5）年6月にペルーのマリア・ルス号が修理のため横浜港に寄港したことに端を発する。この船から一人の中国人が海に飛び込み、近くのイギリス軍艦に助けを求めた。マリア・ルス号には中国人二三一名が拘禁され虐待を受けていて、移民とは名ばかりの奴隷船だったことが判明した。この事件はイギリス代理公使を通して外務省に託され、神奈川県の副知事であった大江卓は、奴隷を船底から救出し、マリア・ルス号を出航停止させた。これに関して日本政府の僭越行為だとドイツ・ポルトガルなどからも抗議され、国際裁判にまで発展した。日本側は「国際公法で禁じている奴隷売買の契約は無効」と主張したが、ペルー側に「日本は数万人の女奴隷を公然と売買しているではないか」と抗議され、日本は公娼制度を廃止せざるを得なくなった。

「娼妓解放令」はマリア・ルス号事件の置きみやげ、しかも食べられない「絵に描いた餅」であった。娼妓は前借金という身代金で、貸座敷業者の元で売春を強いられた。たとえ廃業したくても楼主と三業組合長の同意捺印がなければ警察で受け付けない。楼主も三業組合長も、不利な印など押すはずもなく、たとえ廃業できたとしても、娼妓たちが更生するための受け皿もなく、泣き寝入りするしかなかったのである。

宣教師モルフィの娼妓廃業訴訟

名古屋在住のアメリカ人宣教師モルフィは、日本の遊郭や売春婦の綿密な調査をし、一八九九

（明治32）年に「社会道徳に関する統計表」を刊行した。それによると一八九八（明治31）年には娼妓、密売婦が全国に五万人以上いて、娼妓の三分の一は私生児と養女であった。東京遊郭地の月平均客数は二十五万人だが、一月は正月のせいか三十万人を越している。

一九〇〇（明治33）年3月、モルフィは、ある娼妓の父親から娘の廃業の相談を受けたことが発端になり、キリスト信徒の弁護士岩崎義憲の協力を得て娼妓の「自由廃業」訴訟を名古屋地裁に提訴した。一、二審とも敗訴したが、大審院で勝訴し、画期的な判決と話題になった。この年の6月に救世軍本営専属となった軍平は、7月に、司令官ブラード、書記官デュースと三人で名古屋のモルフィを訪ねた。モルフィは訴訟の経過を伝えた。今後の緊急課題は廃業した婦人の処遇で、「隠れ家」が必要だと聞き、救世軍が引き受けることになった。救世軍は日本で活動を始めて五年目、士官はまだ三十八人しかいない時であった。

臨月の身で婦人救済所開設

こうした背景があり、救世軍では娼婦たちに自由廃業を呼びかけることと、廃業した婦人たちを収容し更生させる施設を作ることが決まり、その責任者に機恵子が抜擢された。

婦人救済所を開設するため、築地本願寺裏門近くの民家を借り、山室夫妻はここに住むことになった。婦人救済所といっても、いわゆるシェルターである。山室徳子の『遁《のが》れの家にて』によると、標札は目立たぬよう「やまむろ」と小さなひらがな書きにしたという。

「婦人救済所」という施設があり、「婦人救済所主任」は勤務時間だけそこに滞在し、交代で自宅に帰ったわけではないのである。この家は普通の二階建ての民家だった。機恵子は自分の家族と、救済されてきた婦人たちと二十四時間一緒に暮らしたのである。この一点だけみても、機恵子は日本の社会事業史に燦然と明記されるべきだといえる。

この時既に、救世軍社会事業部では神田の「出獄人救済所」と横浜の「水夫館」を運営していたが、さらに「婦人救済所」が加わることになる。救世軍では「ときのこえ」第一号から「社会事業」という言葉が使われていて、それは日本の社会事業史上でも注目に値するとはよく言われることである。当時一般的に使われていた「慈善」や「感化」ではなく、「社会事業」という言葉で、開明的かつ組織的な事業をめざしたといえる。

前述したように一九〇〇（明治33）年8月1日発行の「ときのこえ」は「婦人救済号」の特集をくみ、婦人ホームの存在を伝えた。ところが驚くべきことに婦人救済所の主任になった機恵子は臨月に近い体であった。10月1日の「ときのこえ」には「山室中校夫婦に先だって女の子が生まれました」という記事とともに「醜業婦救済事業は私共のたくさんの時間と勤労を要しています。新聞の切り抜きも束になるほど世の中でもこの問題に注意しております。救世軍はただ自由廃業、廃娼論と言って騒ぐ者ではなく、実際に醜業をやめて堅気になりたいと望む婦人を引き取り、これを感化して正業に復させることを務める者であります」とある（傍線筆者）。この傍線部分にこそ救世軍の廃娼運動の真価がある。

こうして現代ならば産休に入り、それまでの仕事すら休むべき時期に、機恵子は前人未踏の危険で困難な社会事業のリーダーとなったのである。長女民子が生まれたのは、9月18日である。

命がけの救済活動

救世軍は「ときのこえ」を配布するために、太鼓を鳴らしラッパを吹きタンバリンを叩いて果敢に遊郭に進撃した。救世軍の活動は、遊郭側の反発をかい、暴力団を使って殴る、蹴るの暴行を加えられた。

8月5日、吉原遊郭で矢吹大尉の一隊が暴徒に襲われ、負傷した事件が新聞で報道され、ほとんど全紙が救世軍の行動を称賛した。おかげで「ときのこえ」特集号は九千部も発行され、救世軍の名が全国に知れ渡った。

明治33年8月7日の「東京朝日新聞」には「吉原の大格闘」という題で、機恵子が派出所に廃業を求めてきた娼妓救済のために、単身で吉原遊郭に行き、暴徒に包囲され、警察官に送られて帰った記事が載っていて機恵子の肩書きは「臨時救済部長」となっている。出産前一ヵ月の体で、一人で遊郭へ行ったことに驚く。民子によると、この時の娼妓はやがて更生して入信し、機恵子を助けて後から婦人救済所に来る女性たちの世話をしたという。

さらに9月4日、軍平はイギリス人のデュース少佐と、救済を頼まれていた娼妓を救うため州崎遊郭に赴いたが、暴漢に襲われた。暴徒は次々に増え大騒動となり、警官四十余名が出動してデュース少佐と軍平を救出した。デュース少佐が重傷を負ったこの事件は、日英同盟の締結を願っていた政府に衝撃を与えた。イギリス人への暴行は国際問題に進展しかねない。政府は世論に押された形で10月に「娼妓取締規則」を公布し自由廃業を法的に裏付けた。「娼妓取締規則」により、娼妓になれる年齢は十六歳以上から十八歳以上に引き上げられた。自由廃業は本人が所轄警察に出頭して名簿削除の申請をすれば、前借金の有る無しに関係なく廃業出来ることになり、これを妨害する者は処罰されることになった。これによって全国で娼妓の自由廃業が起こり、一八九九（明治32）年には全国に五万二千人以上いた娼妓が、一九〇一（明治34）年には一万二千人も減ったが、デュースはこの時の負傷が原因で目を患い、のちに失明した。

婦人矯風会の守屋東は「婦人新報」（一九四二年4月号）に以下の文を書いている。

自由廃業盛んな頃、救世軍の山室先生が言われた。「一人の娼妓を自由廃業させたいために、救世軍の軍人は命がけで働く、討ち叩かれてあぶない所を病院に担ぎ込まれ、『何も自由廃業させて下さいと頼みもしないものを、廃業手続きなんか始めるから怪我するんだよ』とたしなめられる。『おさまっているものを自由廃業だなんかと言って波を立たせる』。こういう事を聞けば聞くだけ、なお自由廃業させてやらなければと祈り続けて本気に働く気持ちは、とてもわかってもらえるものじゃない。感謝を受けるどころでない、余計な事をするなと言われ、殺されるような目にあってもなお突き進んでやっていくという根本は信仰があればこそである。不思議な力である、十字架の信仰は力である」というような事を伺った。偉いものである。

キリストのための流血は光栄

時代が飛ぶが、山室武甫によると、一九二八年（昭和3）年にデュースが死亡し、武甫はロンドンでの葬儀に参列した。この時、イギリス人の医師が、州崎遊郭で脳髄に受けた痛打がデュースの失明の原因だと診断した事を知った。軍平も前頭部に骨にまで達する傷痕が亡くなるまで残っていたという。山室民子の「白牡丹」によると、昭和三、四年に民子はロンドンの救世軍士官学校にいたので、デュース少佐の葬儀に参加した。その時の弔辞に故人がかつて日本で暴力によって負傷し、晩年は盲目になったことが語られた。民子は「数百の会葬者中唯一の日本女性として、恥ずかしいやら申しわけないやらで誰にも顔を向けられなかった」という。葬儀の数ヶ月後に、民子はデュース夫人を訪問し、夫人から洲崎事件について聞いている。夫人はデュースと山室軍平が負傷して帰ってきた時は衝撃を受けた。そして軍平が頭も手足も包帯で覆われ重傷で本営に担ぎこまれたことを、機恵子に告げるのを夫人は躊躇した。なぜなら機恵子は婦人救済所の運営に心労している上に、臨月に入っていたからだ。電話がなかったので、夫人は手伝いの女性に、機恵子を脅さぬよう穏やかに事態を知らせるよう言い含めて送り出した。使いの女性は戻ってきて「大丈夫です。山室の奥さんは落ち着いていました。『夫がキリストのため、血を流すことは光栄ですと伝えてください』とのことでした」と言った。その報告を受け、デュース夫人はこれが日本のキリスト者婦人の典型かと感心し、機会あるごとに機恵子の逸話を語ったという。

二十五歳の新妻が「夫がキリストのため、血を流すことは光栄です」と言ったとは驚きである。

まさに武士道の精神と、キリスト教精神の合致といえる。しかし、生半可な思想では言えない言葉であり、機恵子が日々、いかに深く祈り、死を覚悟して救済活動を行っていたかが推察される。

ニコライと救世軍

一九〇〇（明治33）年10月3日のニコライ日記には「救世軍のバラード大佐が、総会への招待状を送ってきた。六十人の士官が参加し、山室副官のこどもの叙聖式、そのほか興味深いことがたくさん行われるという。しかし、土曜の晩で、われわれの徹夜禱と重なるから行くことができない。今回で五回目の救世軍年次総会とのこと。短い期間でよくこれほどの大成功を収めたものだ。なにしろ士官の数は六十名を数えるのだ」とある。9月18日に生まれた民子の叙聖式の招待のようだ。一九〇〇（明治33）年11月の「ときのこえ」には10月27日に「救世軍第五年大会」が神田の青年会館で行われ、「山室中校の嬰児タミ子の献身式も行われた」と記載されているので、ニコライ日記と符合する。

一九〇一（明治34）年10月29日には「先日、救世軍のデュース少佐から手紙があり、バラード大佐が私との面会を希望しているので、何時なら都合がいいかと問い合わせてきた。午後三時から五時にと返答した。ただ出獄者支援などの救世軍の慈善事業には心から共感するものの、宣教団も援助に依存しているので、多くは支援できないとあらかじめ断っておいた。今日三時、バラード大佐とデュース少佐がそろって現れた。私は十円を取り出し、これは私個人の乏しい手当からで、これ以上は出せませんと言って、出獄者のために寄附した。救世軍はすでに四百人を数え、日本人男女の将校も七十人いる、彼らの教義はおもにプロテスタントだ」とある。一九〇一（明治34）年6月の「ときのこえ」には「正教会の主教ニコライ氏は救世軍の社会事業を賛成する旨を書き記した手紙に金五円を添えて本営へ寄附されました」という報告が載っている。ニコライは乏しい手当の中から五円寄付し、10月にはさらに十円寄付していたことになる。

ニコライ堂に通った相馬黒光

相馬黒光は、一八九五（明治28）年の夏休みまでフェリスに通い、二学期から明治女学校に移っている。フェリス時代の音楽教師ミス・モルトンから、神田のニコライ会堂の礼拝では、器楽なしのコーラスが、他の宗教的荘厳と相俟って非常な効果をあげている話を聞いていたのを思い出し、黒光はニコライ堂に通った。

はじめてニコライ会堂に入って観ましたものは荘厳この上もない礼拝の姿、息も詰まるような宗教の絶対境、それが知らず識らず大芸術に合致して恐ろしい程の魅力をあらわし、一度足を踏み入れたものはもうもとの気持ちでは外に出ることを許されないのでございました。信者は十字を切る、ニコライ大司教は紫の衣で現れ、六尺ゆたかな体格で堂々としており、役僧達もみな光るものを着て、つり香炉を持ち、ニコライの前を浄めて歩く。金の十字架、十二使徒の絵、大司教の祈り、そこへニコライ神学校の生徒のコーラスでした。金の十字架のある壇上にあがって祈る、その祈りの声に天上の声をきく思いがしました。ひたすらに有難くて涙が流れました（『默移』「ニコライ会堂に通う」）。

黒光は「いまから思うと、ニコライの宗教的幻惑にとらえられて随喜の涙を流したにすぎないと思われます」と回想している。明治女学校は明治29年に火災で全焼し、四谷に避難し、明治30年には巣鴨の庚申塚に移転しているが、黒光がニコライ堂に通ったのは麹町時代のことではなかろうか。明治28年は機恵子が明治女学校高等文科を卒業し、「女学雑誌」の事務を始めた年でもあり、救世軍が日本に上陸した年でもある。明治26年には花巻の機恵子の実家にニコライが住んでおり、機恵子の家族とも親交があったわけだから、機恵子もニコライ堂の礼拝を見に行ったこともあったのではなかろうか。ニコライ堂の器楽なしの荘厳なコーラスに対し、救世軍の太鼓やラッパ、ニコライ大司教の礼拝のきらびやかさと荘厳さに対し「風変わりなドンドコ宗」と揶揄された救世軍。そうした中でも機恵子の心は、救世軍へと向かって行ったことになる。かつて機恵子の花巻の実家に起居したニコライと、機恵子は神田の目と鼻の先にいたわけだが、直接の交流があったかどうかは不明である。

宮沢賢治が上京して「霧雨のニコライ堂の屋根ばかり　なつかしきものはまたとあらざり」と詠んだのは、機恵子が亡くなった一九一六（大正5）年の夏である。

第八章

婦人救済所の運営

子育てしながらの婦人救済

婦人救済所は軍平と機恵子の住まいでもあったので、昼夜を問わず元娼妓、芸妓、酌婦などの婦人が必死の思いで保護を求めて訪れ、その自立更生のために機恵子は祈り涙を流しながら、先例のない事業を開拓していった。機恵子は一九〇〇（明治33）年9月に長女民子を出産したが、以下は友人の回想である。

（機恵子さんが）初めての御子をもうけた時、張るお乳を私の家で絞り「これからまた働きに出ます」と言われるので、清き乳をふくませる事の出来ない母子の境遇があわれで、「せめて乳飲ませる間は親のため、子のために、外の働きをゆるめて家庭のために時間を割いてはいかがか」と勧めたこともありました（山室軍平『山室機恵子』）。

婦人救済所主任時代
明治33年頃、左が民子を抱いた機恵子

一九〇一（明治34）年6月1日の「ときのこえ」の「醜業婦救済所報告」には「感謝祭りには赤ん坊に乳を飲ませて置いては飛び出すようなわけにて、実際三、四日間大急ぎで友人、同情者の処を廻りたるばかりなれども、合計七十余円の集金を成し得たるは全く篤志なる寄附者の多かったためであります。寄附せられたる方々の名前は一々報告することができませんが、某夫人は金十円を与えられました。また大隈伯爵には月二円ずつ寄附して長く賛助員たることを約束せられました」という記載がある。

軍平は「機恵子は毎月、補助金を寄附する月定補助者も募った。大隈重信に面会し毎月二円の補助を約束させたのも機恵子だった。近衛篤磨《あつまろ》貴族院議員からも寄附を受けている」と述べている。前述の救済所報告に署名はないが機恵子によって書かれたこと、そして大隈からの寄付が始まったのはこの時期だということがわかる。当時は政治家で、やがて早稲田大学の創始者になった大隈重信は救世軍の大いなる支援者であり続けた。

婦人救済所を支援した人々

救済所に駆け込む婦人は裸同然の者も多く、着物から帯、寝間着、履き物まで用意してやらなければならなかった。機恵子が嫁入りの時に持参した着物類も婦人たちに与えられた。津田梅子、海老名弾正夫人、島田三郎夫人、平野浜子、河本博士夫人などからの衣類の寄付は、救済された婦人たちが結婚する時の晴れ着にした。

平野浜子はフェリス和英女学校の教師だったが、明治34年に日本女子大学が開校された時に、成瀬学長に懇望されて女子大の教授になった。宮沢賢治の妹トシは大正4年に日本女子大学に入学し、積善寮に入ったが、トシの手紙に平野寮監の名前が出てくる。これについては後述する。

一九〇一（明治34）年12月15日の「ときのこえ」には、「女子英学塾の津田梅子氏、静修女学校の渡邊筆子氏、華族女学校の野口ユカ子氏、高等女子師範学校の安井テツ子氏、瓜生シゲ子氏など、多くの貴婦人は自ら献金し、また己が預かる女生徒から集金して克己週間のために送ってくれました」とある。渡邊筆子はのちに石井亮一と再婚し、滝乃川学園で知的障害者教育を始めた石井筆子のことである。野口ユカ子は学習院教授であり、日本で初めての母子寮、二葉保育園を開いた。安井テツ子は、海老名弾正主幹の基督教雑誌「婦女界」で主筆を務めたこともあり、のちに新渡戸稲造が初代学長を務めた東京女子大学の二代目学長となる。瓜生シゲ子は明治4年に津田梅子とともに、アメリカに留学した五人の女子の一人で、海軍大将の瓜生外吉と結婚したが、津田の女子英学塾でも教鞭を執った。

一九〇四（明治37）年1月の「ときのこえ」には「安井哲子女史は婦人救済所の補助者ですが、この度シャム（現タイ）に行かれるので、これまでのように月々送金して事業を助けることは出来なくなるけれども、折々まとめて寄付金を成すと申してよこされた」との記載がある。海外に滞在することになっても、救済所の支援をするという安井の熱意に打たれる。

前述した女性たちの多くが、一九一四（大正3）年に機恵子が始めた結核療養所建設資金募集の趣意書で発起人となっている。機恵子が婦人救済所の主任になった時から、亡くなるまで支援を続けた女性たちといえる。しかし、「ときのこえ」誌上で紹介されているのは、いわゆるリーダー的著名人に限られているわけで、その陰に多くの名も無き一般人の支援があったことを忘れてはいけない。

津田梅子の支援

津田梅子が華族女学校の教授という地位を投げ捨て、女子英学塾の設立を申請したのは一九〇〇（明治33）年7月である。そして同年9月に麹町一番町で十名の生徒を集めて開校した。くしくも機恵子が婦人救済所の主任になったのと、同時期ということになる。女子英学塾の家賃は一ヶ月五十円で、梅子は義兄上野栄三郎から五百円を借り入れてのスタートだった（吉川利一『津田梅子』）。経済的に大変な時だったにもかかわらず、梅子は前述のように救世軍、機恵子の婦人救済所を支援していたとは驚きである。

梅子の父、津田仙は農学社農学校の創設者で、青山女学院、フレンド女学校などの創立にも参画したので、私立の学校経営がいかに困難かを熟知していたが、華族女学校の教授の椅子を投げ打ってまで女子教育の道を進もうとする娘の決心を聞くと、賛成しないではいられなかった。

梅子は一九〇二（明治35）年には、麹町五番町の英国大使館裏にあった静修女学校の建物を買い取った。静修女学校は小鹿島筆子（のちの石井筆子）が開いた私塾だが、廃校になっていた。費用の大部分は、ボストンの篤志家婦人の寄付によるものであった。

創立五年が過ぎても梅子が心を痛めていたのは経済上の問題であった。生徒の授業料は講師への手薄い謝礼に消え、寄付金は土地の購入費、校舎新築費、器具購入費などに充てた。協力者のミス・ベーコンもミス・ハーツホンも無報酬で働いたばかりか、時々経常費の不足を補ってさえくれた。梅子も塾からは一文の手当も受けず、自分の生活費は女子高等師範学校での講師や、家庭教師をしてまかなった。一九〇四（明治37）年に専門学校の認可を受けてから、梅子は初めて月二十五円の手当を受けた。しかし、その基礎が出来ると梅子は塾の資産をすべて法人の手にゆだねた。梅子は小鹿島筆子が静修女学校を運営していた明治三十年に、アメリカの篤志家婦人に補助を依頼する手紙を書き、筆子をも支援している。

婦人救済所の資金調達

「ときのこえ」には「醜業婦救済所報告」が掲載されているが、一九〇一（明治34）年6月の「ときのこえ」からは「婦人救済所報告」に変わっていて「醜業婦救済所と言うと意味はよくわかれども、余り露骨であるので、今後は婦人救済所と呼ぶことに致しましょう」と書かれている。婦人救済所報告、近況、彙報と統一されていないが、婦人救済所の現況が毎号掲載されていて、山室機恵子の署名入りの時もある。署名がなくても機恵子が書いたものが多いはずだ。「天下の娼妓に告ぐ」という娼妓へのメッセージも毎号掲載されている。

明治34年8月の「ときのこえ」は「婦人救済所が設けられて一年になり、ここで保護した婦人の数は四十人、年齢は二十三歳が一番多く、十七歳から二十五歳までいる」と書かれている。今では考えられないことだが、「婦人救済所の写真」として、当事者の婦人達と機恵子の写真が、堂々と載っている。機恵子はこの時、二十七歳で、救済された婦人達と区別がつかないほど若い。こうして写真を「ときのこえ」に載せるのは、婦人救済所が信頼のおける安全な所であることを、まだ廃業していない婦人達にアピールする意味合いもあるのかもしれない。「写真の婦人たちの中に、胸に（救世軍）兵士の印をつけている者が数人あります。神様がこの人々の肉体のみか霊魂までも救ってくれたことを感謝します」ともある。救済された婦人が救世軍人になったのだ。

同誌面には「救済所では裁縫、洗濯、ミシンなどを使う者もあり、ある家の印半纏を縫わせたところ、印の字と字がよく合わなくてお叱りを受けたこともありましたが、今では上手になったと賞めていただくようになりました」とある。字を知らない女性も多かったので、印半纏の字を背中の中央で縫い合わせる時に、ずれたのであろう。

機恵子は婦人救済所の運営が救世軍本営の負担にならないよう、婦人たちができる仕事を考案した。「洗濯物お安く引き受けます」という広告を作ったが、これは今でいうクリーニング屋である。婦人に裁縫を教え、寄付された古布で小物を作り売った。毛糸で編んだソックスにズックの裏をつけた幼児の靴や、蝶々の形をしたペン拭きなども売った。

一九〇二（明治35）年7月の「ときのこえ」には「婦人救済所の製品を方々に売りさばき、ペン拭きの蝶は諸官署、学校、教会等に飛び回り、子供用の草履は非常な成功であった。学校にて婦人救済所のペン拭き売りさばきなどに尽力されたのは津田梅子氏、安井テツ子氏、野口ユカ子氏、斉藤ミチ子氏（略）など」という記載もある。婦人救済所での小物制作・販売は、現在、施設や作業所でグッズを販売している先駆けといえる。

長男も婦人救済所で出産

機恵子は婦人救済所で長女民子を産んだが、二年後にやはり救済所で長男を出産した。一九〇二（明治35）年10月の「ときのこえ」には「山室大校は男子を授かりました。『武甫』という名前でブース大将の『ブ』と、ホックスの『ホ』にちなんだもの」と出ている。出産したのは機恵子であり、しかも現役の婦人救済所主任であるのに、機恵子の名前はどこにもなく、軍平に男児が授かったという扱いである。救世軍は男女平等を謳っていて、結婚相手は救世軍人でなければならない軍律があるというが、結婚後の女性は夫の役職名に夫人をつけて呼ばれる。機恵子も明治33年に少年係に辞令が出た時だけ「中校　山室機恵子」と出ているが、それから後は、軍平の役職に夫人がついただけで、フルネームで出ているのは数えるほどしかない。

民子は「寄生木の歌」に「『もうじき赤ちゃんがいらっしゃる』と聞かされて、満二歳にならなかった私は不思議でならなかった。『赤ちゃんはどちらの方からいらっしゃるのでしょう?』『どういう着物を着て来るのでしょう?』と毎日幾度となく家の人々に尋ねた」と書いている。身も心もむしばまれて婦人救済所に保護された婦人たちにとって、こうした愛らしいこどもの存在は、心を癒したのではないだろうか。しかし、保護された婦人たちの多くは体を蝕まれて、その後たとえ結婚できても出産した例は少なかったようだ。

物もらいになれと勉強には出さぬ

一九〇一（明治34）年12月15日の「ときのこえ」には、機恵子が築地の新栄教会で京浜婦人祈祷会が開かれた時、集金に出かけた事が書かれている。機恵子の出で立ちは、胸に克己週間の広告を貼った張り籠をかけ、克己週間のビラを竹の先に結びつけたのを手に持っていた。委員の人から感話を勧められた機恵子は「私の父が、私を勉強に出す時、将来、人に物を乞う者になれと言って出しは致しませんでした。しかしながら、私はその後神様の召しを受け、神様のご命令により、我が同胞兄弟の救いのために今はこうして乞食の如く立っております」と語り、多くの婦人は感涙にむせび寄付をしたとある。この出来事は、一年後の明治35年11月1日の「ときのこえ」でも「乞食に成れとて勉強には出さぬ」と題して紹介されていて、婦人達の前で話している機恵子の挿絵が入っている。「ときのこえ」では、同じ逸話が時を隔てて紹介されていることが多々あり、これもその一つである。この当時、人様の前に出てお金をもらうのは、もの乞いと救世軍くらいだった。花巻から東京の明治女学校に進学させた父母のことを思いながら、寄付金集めをしている機恵子の心情が切なく胸を打つ。

津田仙、梅子父子の救世軍支援

救世軍には「克己週間」というのがある。普段でさえ何一つ贅沢をせず、清貧というより赤貧で暮らして世のために尽くしている救世軍人であるが、克己週間にはさらなる努力をして献金をつのる。年に一度、世界中の救世軍で行われている行事である。

一九〇二（明治35）年10月、11月の「ときのこえ」には「死に金を活かして使え」と題して、どのような無駄遣いがあるかを逐一あげ、それが有効に使われた場合、どのようなことができるかを明記している。たとえば「待合いで芸者をあげれば祝儀、席料、酒食料などで、どんなケチな遊び方をしても一度に五円はいるという。しかし、その五円だけあれば婦人救済所では、一人の婦人をすくい上げ、一月の間養って感化することができます」「晩酌に一晩十一銭使えば一月で三円余り三十銭。なぜその十分の一を慈善に出すことができませんか」「世には贅沢なこと、やめた方がいいことのために年中金を使いながら、慈善のためには月に数十銭の献金さえ大儀がる人が多いのはどういうわけであるか」と言ったような具合である。そしてビール、煙草の値段などが銘柄別に列記され、その代金を克己に回そうとする人を求めている。これは機恵子が書いた文ではないかと思われる。

同誌面には「津田仙翁、車代を克己す」という題で、津田梅子の父親である津田仙が人力車に乗ることを克己し、重い荷物のある時も元気をだしてテクテク歩き、それで倹約したお金を救世軍に寄付したことが書かれている。津田仙は早い時期から救世軍を支援していた。娘の津田梅子も機恵子を支援し、機恵子亡き後の記念館設立も梅子の尽力によるものであった。梅子にとって機恵子は明治女学校の教え子でもある。梅子だけでなく、津田仙の息子も救世軍を支援している。明治33年10月の「ときのこえ」には「麻布本村の津田次郎氏はその父仙氏の著作した『酒の害』という本百部を寄附されたので、これを売ってその代を克己週間に納めた」という記事が出ている。明治34年10月の「ときのこえ」には「イギリスの教育家ヒュース嬢は、女子英学塾の津田梅子氏に導かれ、婦人救済所を訪ね、最初からの様子を聞き取って帰りました」という記載もでている。梅子は多忙な中、海外から来日した客人にまで婦人救済所を紹介しているのである。

機恵子の救済所報告演説

機恵子が婦人救済所の様子を報告した演説を山室軍平著『山室機恵子』から要約してみる。

娼妓が嫌で二階から帯を使って廓を出て警察に行ったが、楼主が来て身につけている値打ちのある物を残らず取り上げられた人、寒い嵐の日に薄着に裸足で逃げてきた人、身をはかなんで鉄道自殺を企て見つけられた人、刃物で追われ命からがら逃げ出して来た人もいます。中には良家の娘で品行が修まらない者、夫がありながら不義をしたため、頭を坊主にされ、小指を切られ、夫から引き立てられて来た者もあり。教師までした婦人で七、八人の書生と関係ができ、その後ある教育家が監督したけれども危険でたまらず救済所が依頼された者もあります。救済所に来るとすぐに帯、半襟、寝巻と心配せねばなりません。自由の身になったことを喜び、裁縫を教えて下さい、台所をさせて下さいと殊勝な人もいれば、救済所では朝寝も昼寝もできず地獄より辛い、娼妓に戻ったほうがいいだろうかという者もいます。炊事当番に当たるたび腹痛を起こしたり、昼寝をしたい時に頭痛をいいわけにするような人も毎度、出てきます。しかしながら、いかなる人も主の恵みによって必ず更生することを信じ、またその人の今日までの境遇がその人を作ったのだから、立て直すまで温かい感化の下に置いてみたいと思い、ある頃合いまでは大目に見ておき、病気だというなら「お大事になさい。そのかわり、達者になったら一生懸命働くのですよ」というふうにしております。そして「神よ、あの人のああした心を直したまえ」と必死に祈ります。救済所に来て十日位までは逃亡を企てる者もいるので、内鍵をかけ、夜中も耳を澄まして気をつけております。日中は手仕事をさせ、夜は宗教道徳の話を聞かせたり勉強させます。そのうちに仕事の楽しさがわかり、文字や計算を覚え、羽織くらいまで仕立てられるようになった者もあります。借金してでも着飾りたがった者が、古足袋一足でも感謝して受けますから、かわいくて涙のこぼれることもあります。救済所では規則は設けませんが、「身軽に働くことは女の誇りなので、タスキと、前掛けを離すべからず」ということだけは厳重に実行させております。こうして二ヶ月、長くて一年も保護し、大丈夫と思われる者は、職業につかせ、あるいは結婚させます。看護婦になって信仰を持った者、結婚して家族でキリスト教に救われた者もいます。救済所から逃亡したある者が、その後、「東京の婦人救済所にいた感心な女」と近所でも評判なくらい働き者になっていて、本人も救済所の恩を感じているとの伝言を聞き感涙にむせびました。このような事業を受け持つと、預かった者をよくするため過分な望みを持ちますが、後から彼らがいかに変わったかを思うと、神様の恵みを感謝せずにはいられません。そして一層奮発して、他の幾万の不幸なる姉妹の為にも尽くすようになりたいと思うのです。

機恵子がいかに婦人たちのために尽力したかがわかるが、一方で限界も見えてくる。婦人救済所にはありとあらゆる種類の問題を抱えた女性が送られてきたが、民子も『白牡丹』に「救済所に不義をしたために夫から丸坊主にされ、小指を切られ『改心せよ』と送られてきた女性がいた。その女性がある日発狂し、硝子戸や食器を割り、形相を変えて暴れた。この時、お守りの奉仕をしていた三千代さんという女性は、民子を背負い、交番に急報するために走ったが、怖いやら心せくやらで、途中で思わず下駄を二間（約四メートル）も飛ばしたという」と書いている。

山室武甫にも「収容した女性の中から発狂者を生じ、暴れて屋外に飛び出したことがあったが、機恵子は沈着に事態を処理した」という記載がある。それが前述と同一の事件かどうかは不明だが、機恵子が冷静であっても、周囲は三千代のようにあわてふためくのが普通であろう。婦人救済所で生まれ育った民子と武甫は、このような危険と背中あわせであったことがわかる。この女性についても、夫側にも非があったのかも知れず、不義をした背景も顧みられず、一方的に丸坊主にされ小指まで切られ、婦人救済所に送り込まれたならば、発狂するほかにすべはなかったのではなかろうか。婦人救済所側にしても、そうした女性たちの心の叫びや訴えをじっくりと聞くノウハウもマンパワーもなかったわけである。機恵子がいかに心身共にぎりぎりのところで奉仕していたかがわかる。

機恵子の元で規則正しい生活をし、行儀作法や家事、読み書き、そろばんなどを教わり、多くの元娼妓たちが巣立って行った。音信不通になる者もいたが、長く機恵子を慕う者が多かった。民子は「機恵子は救済所で心労し、しばしば神のみ前に涙を流しつつ働きましたが、その生涯で、少なくても婦人救済所の事業に関しては、かなりの喜びの収穫を得ることができたのは幸いでした」と回想している。機恵子は救済所を頼って来た女性たちに、まず休息を与え、傷ついた心身の疲労を回復させ、それから社会復帰の訓練を与え、退所後も連絡をとり、面倒をみたので、機恵子の手元には女性たちからのお礼の手紙が山積していたという。機恵子の臨終の時は、救済所を出て結婚した女性が、病室に十日あまり泊まりこんで看病した。民子はその女性のきびきびした立居振舞、熱心な看護の姿を忘れることができないと回想している。

健康をそこね担当を降りる

機恵子は9月に長男武甫を出産したが、無理がたたり健康をそこねていた。一九〇三（明治36）年6月の「ときのこえ」には「もっか士官の中に病人が多くて難儀しております。山室夫人も暫く不快なのを養生しながら働き続けておる」とあり、8月の「ときのこえ」には「今年は士官に病人が多く閉口致した。山室夫人は医者の忠告によりしばらく職をなげうって、休養」と出ている。救済所創立から三年間に婦人救済所で収容した人数は八十七名（娼妓・芸妓六十名、酌婦十一名、淫売婦五名、その他十一名）で、その消息は親兄弟に渡す又は就職した者が三十四名、結婚した者が二十九名、不明が十四名、残りは現在保護中の者十名であった（山室軍平『山室機恵子』）。

廃娼運動に尽力した先人はたくさんいる。遊郭で廃娼論を書いたといわれる植木枝盛は論外で、『植木枝盛選集』に歴史学者の家永三郎は「当時の民権運動家たちは、遊里での放蕩を日常茶飯事にしていたから、枝盛のみが特別、好色だったわけではない。それにしても蕩児枝盛が自己の行為に何の自己批判もなく廃娼論を高唱した事実は、矢張り素直に理解しがたい」といみじくも述べている。枝盛は別格として、さまざまな個人、団体が、女性解放運動の担い手として悪戦苦闘した。だが、皆、自分の家と活動の場は別で、安堵できる家庭に戻れたのではないだろうか。それに反して機恵子はプライバシーのない、しかもヤクザや暴漢にいつ襲撃されるかもしれない危険の中、二十四時間女性たちの世話をし、緊張の抜けない生活を続けたのだ。

民子は「寄生木の歌」に「自由廃業運動に伴う危険を顧慮して、父は警察官から『危ないですからね、銭湯に行く時も、床屋に行く時もちょっと断っておいて下さい』と注意を受けていた。父はそれを聞き流し、毎日、築地本願寺前の婦人救済所から新橋駅の本営に通っていた。「ときのこえ」の原稿書き、校正、発送、販売までやり、伝道、社会事業、事務、人手が足りないので一切合切引き受けて忙しく、夜も遅かった。婦人達の救済所における保護は主任に任ぜられていた母に任せて、赤ん坊を見る暇もあまりなかった」と書いている。

婦人矯風会の守屋東は『山室軍平追憶集』に「細心の愛」として以下の文を書いている。

吉原遊郭が丸焼けになった時のことであった。矯風会では矢島会頭を先頭に、吉原再建反対に全力をあげた。吉原再建反対運動の演説会には、島田三郎先生、益富政助氏、安部磯雄先生、山室軍平先生、林うた子女史などがかかさず並んだ。津田梅子先生が『この運動にジット出来ません』といい非常な協力をされた。女子英学塾の講堂へ内外人を集め、人権運動ですと、あの独特な日本語で演説された。

山室先生はいつやられるかしれませんよ！と新聞記者に注意された事など、一度や二度ではなかった。いつも演説会が終わって帰る頃は十二時を過ぎていた。会場は神田、日本橋、下谷などであった。先生のお家は千駄ヶ谷で、私の家も千駄ヶ谷だった。寂しい道だった。先生はいつも「お気をつけ下さい！」と電車を下りてゆかれる。そのあとをいつも四、五間遅れて行く男の人があった。おかげで私は寂しくもなく家に帰った。

あとで聞いたことであった。この男の人というのは、先生を護って尾行された篤志の人だったと。しかもその名も知らず、誰も顔を知らなかった。が、先生はある日、小さい会合で、いつも自分を護って下さる人があることを知って、ただ有難く、スタスタ帰りましたと話された。黙ってする親切に対して、心から神に感謝されていた先生の細心の愛に、私は深い敬意を表せずにはおられなかった。

このように、軍平も機恵子も、常に身の危険に晒されていた。子を持つ親であれば、できるだけよい環境で育てたいと願うはずだが、機恵子は「孟母三遷の教え」とは逆に、虐待を受け教育も受けられずに救済所に来た婦人たちの中で、ヤクザや暴力団からの脅しを受ける環境の中で、二人の子を生み、育てた。年二回の藪入りの日には、救済所を出た婦人達が実家がわりに集まってきた。機恵子は二十七、八歳の若さで、全て手探りで運営するしかない立場にいながら「その人の今日までの境遇がその人を作ったのだから、立て直すまで温かい感化の下に置いてみたい」と、福祉の神髄をつかんでいる。

二十四時間生活を共にする婦人救済所は、婦人ホームへと名を変えたが、婦人士官や奉仕者たちの犠牲の上に成り立っていた。山室徳子は『遁れの家にて』で、「機恵子を含め、開所から十二年間で主任は五人代わったが、いずれも健康を害して交代している」と書いている。

「ときのこえ」を調べると、一九〇五（明治38）年からの十年間で主任は十三人交代していた。創業時代の三年間、主任を務めた機恵子がいかに偉大であるかが実感できる。しかも二人のこどもを育てながらの三年間である。

機恵子の近衛公爵追悼文

一九〇四（明治37）年1月の「ときのこえ」に「故近衛公爵を悼む」という機恵子の署名入りの追悼文がある。

故近衛公爵は救世軍のごとき、民間のしかも露骨なるキリスト教的事業にさえ着目し、少なからぬ同情をもってこれを見ておられたものであります。私が公爵をその貴族院議長の官舎にお訪ね申し上げたのは一昨年の春のことである。「非常に多忙ゆえ、朝の七時に面会致しましょう」とのお約束により、同刻にまかり出でると喜んでお会いくだされ、救世軍の事業につき、また婦人救済所の働きにつき、逐一お聞き取りになった後の御話に「救世軍の善い事業であることはかねがね承知しております。海外におる時にもその働きの様子を見、ことに大将ブースの演説を聞きに行ったこともあります。また先頃、娼妓の自由廃業の起こった時には、その後がどうなるであろうかと心配致しましたが、こういう婦人救済所などの設けられておるということを聞き、誠に喜ばしく思います。及ぶだけはお助け申しましょう。しかし今の私の地位から、殊にいづれの宗教の事業を助けておるということになっては、面白からぬ所もあれば、しばらく名前は出さずに置かれたい」と、かように申され、やがて若干の金を寄附いたさることとなりました。それ以来、事業の経過を見ていただくため、毎号の闕の声だけは欠かさず差し上げておりましたが、まもなく満韓の御旅行となり、御帰朝の後は御病気の由を承り、蔭ながら御快方を祈るのみにて、この度の悲しいおとづれを漏れ聞くこととなりました。謹んで御遺族の上に特別なる神様の御恵を祈るものであります。

「近衛篤麿日記」の明治34年5月7日（火）には「面会　山室機恵子（巌本善治紹介）救世軍女将なり　自由廃業醜業者授産の事」と書かれている。近衛篤麿が亡くなったのは明治37年1月1日だが、機恵子は追悼文で「一昨年の春にお訪ねした」とある。近衛の日記の方が確かであろう。近衛篤麿に機恵子を紹介したのは巌本善治だったとは知られていない事である。

第九章

冷害地子女救護と愛児の犠牲

救世軍を離れ、静養した機恵子

一九〇三（明治36）年8月の「ときのこえ」には「山室夫人は医者の忠告によりしばらく休養することになりました」とあるが、軍平は「明治37年、私の初の渡英に際し、機恵子はちょうど婦人救済所の受持を他の士官に引き渡したばかりであったが、二人のこどもと共に高輪御殿脇の家賃四円五十銭の家に入り、専ら健康の回復をつとめつつ静かに留守をしていた」と述べている。

民子によると、芝高輪の家の部屋数は三つだった。三畳間は軍平の書斎、六畳の寝室兼居間、四畳の玄関兼茶の間に手伝いの娘が寝た。長屋の隣は巡査の家だったという。近くに救世軍の小隊がなかったので、日基（日本基督教団）の教会に通った。機恵子は毎日のように教会堂に行き、オルガンの練習をし、フレンド派の宣教師であるボールス夫人を訪ねたという。

明治40年東京婦人ホーム凶作地よりの女子、前列中央機恵子

山室一家は何度も引っ越しをしているが、今回の引っ越しはなぜ救世軍の小隊のない所に越したのであろうか。軍平と結婚する時に、機恵子は植村正久の教会から除籍して救世軍人になっている。救世軍の山室機恵子が日基の教会に通い、子供達もそこの日曜学校に通ったということは、実は重大なことではないだろうか。あくまで筆者の推測に過ぎないが、機恵子は婦人救済所の運営に疲弊し、今で言うバーンアウト（燃え尽き症候群）に近かったのではないだろうか。婦人救済所から離れた場所でなければ休養にはならないので、あえて遠くに引越したのではなかろうか。それでも小隊のある場所を選ばなかったのは、なぜなのであろうか。

退軍覚悟で渡英した軍平

「ときのこえ」によると、軍平が渡英したのは、一九〇四（明治37）年5月5日、帰国したのが11月3日である。軍平は「ときのこえ」に「別れに臨んで諸君に告ぐ」を載せ「渡英するのはロンドン万国大会に出席するためと同時に、三つほどぜひともなさねばならぬことがある。第一は実地に見て考えたいことで、第二は日本での意見を思い切り申し述べたいこと、第三に決めかねている一切の問題を解決してしまいたいこと」と述べている。そして軍平は尊敬する内村鑑三に相談している。軍平はこの時以来、元旦に内村のところに挨拶に行くことをかかさなかった。軍平の難問題の一つは後述するが軍平の再婚問題である。

武甫は明治37年の渡英について「山室はこの時決心した。信念と抱負を述べ、容れられずば退軍も辞さぬ心組であった。内村鑑三に打ち明けて相談すると、必要なら我々同志で後援しようと励ましてくれた。ブースは日本にもっと人も金も送りたいと告げたが、山室は日本人を用い、その所信を実行させて欲しいと訴えた」と記している（『愛の使徒　山室軍平』）。

軍平の留守中、機恵子が救世軍小隊のない土地に引っ越し、日基の教会に通ったのは、渡英した軍平が、退軍の覚悟を持っていたことと無縁ではないように思える。

ブース大将は、「もっと日本人自身を用い所信のままに実行させて欲しい」という軍平の訴えを、驚きながらも承諾した。ブースは軍平を信頼し、イギリス滞在中に小佐に昇進させ、やがて戦場書記官（伝道部長）に任じた（三吉明『山室軍平』）。

大川端の家で襄次出産

民子によると、軍平が帰国してから、京橋の大川端のささやかな民家に移り、数ヶ月住んだ。家の斜め向こうに外国人居留地があり、ここで襄次が生まれたという。ここに引っ越ししたのは、軍平の通勤に便利だからではないかと民子はいう。

一九〇五（明治38）年9月の「ときのこえ」は「ときの声記者は8月14日、男子を与えられました。神様よりの賜物として大事に育て、御用のために献げる覚悟であります。先師新島先生の名前と、敬慕するジョージ・フォックスの名前にちなみ襄次と名付けました」とある。この襄次がわずか生後七ヶ月で天に召されるとは、誰が予想できたであろうか。

一九〇三（明治36）年8月の「ときのこえ」に「山室夫人、しばらく静養」の記事が載って以来、一九〇五（明治38）年10月に「9月28日夜、婦人救済所の集会に前受持士官山室夫人出席」の記事が出るまでの約二年間は、機恵子に関する記事はない。

機恵子が襄次を出産する時に、機恵子の母である安子が泊まりがけで世話に来た。武甫が父母を「とうや、かあや」と呼ぶのを「お父様、お母様」と改めさせ、両親を敬うよう諭したという。「とうやかあや」と呼ばせたのは軍平だが、安子は息子たちの家庭と同じ言葉遣いを娘の孫にも求めたのであろう。

吉原に行く水兵を諫《いさ》め、救世軍に連行

民子によると、大川端に住んでいた頃、機恵子は近所のこどもたちが集まると、イエス・キリストについて説教を始め、何事かと人垣ができ、近所の主婦たちものぞき込むので、きまりが悪かったという。それで民子は「ヤソ、ミソ」とののしられ、悪口を言われたり、石を投げられたりしたが、軍平が「女の子だから虐めないでください」と抗議を申し込んだという。「近所の人達にとって、私の母はおよそ不可解な存在だったと見えて、大分陰口をされていた」（『寄生木の歌』）「明治37年春から39年秋頃まで二年数ヶ月、機恵子は天与の休息を得て家庭に退き、結婚以来初めての私的な生活を営むことができました。疲れた心身を養い、彼女の中には新しい力がわき上がり、伝道心が堰を切った水のようにほとばしり出ずにはいられなかったのでありましょう。住

居の真ん前で路傍伝道をしたのです」(「白牡丹」第8回)と民子は回想している。

一九〇五(明治38)年11月の「ときのこえ」には10月28日に救世軍第十年大会が中央会堂で開催された事が紹介されているが、「この夜、山室夫人が中央会堂に参る時、電車の中で三人の水兵と乗り合わせ、どこへ行きますかと尋ねると吉原に行く処であるという。そこでこれを諫めて、この集会に連れて来られましたが、そのうちの二人は悔い改めてキリストの救いを求めました」という記事も出ている。

同誌面にはこの夜、士官のこども達六人の献身式が行われた記事もあり、その中に山室武甫(四歳)、山室襄次(一歳)の名が出ている。年齢は数えなので、満年齢で言えば武甫は三歳になったばかり、襄次は生後二ヶ月である。翌月の「ときのこえ」には「八丁堀屯田で、毎日曜夜、山室少佐夫人が出席し、聖書を教え、救いの集会を導いておられます」という記事がでている。この頃から、救世軍で機恵子がまた精力的に活動をはじめたことがわかる。ふだんから無口でおとなしい機恵子であるが、近所の人達にキリスト教を説いたり、果敢にも見知らぬ水兵に話しかけて吉原行きを諫め改心させたりして、驚くほど勇気ある力を発揮している。これは民子のいうように、静養した機恵子が回復し、新たに使命感が湧き出てきた証拠であろう。

機恵子の機転、気配り

機恵子はどの角度から見ても、どの側面で切っても、キリスト者として真摯な生き方をしている。機恵子が救世軍に導いた人は多いが、前述の水兵以外にも、隣家の子、ご用聞きの人、牛乳配達の人など、機恵子の普段の生活を垣間見ていた人が多いのは特筆すべきことだ。

機恵子は実に気配りのできる女性で、鉄道青年会創設者の益富政助は「雪の日に山室家を訪ね、雪溶けの道で泥まみれになった足袋を下駄の上に脱いで上がった。帰る時には足袋も下駄も洗って乾かし破れが繕ってあった。機恵子夫人には恐れ入った」と回想している。

さらに婦人救済所時代の逸話がある。保護した娘を、山室家のお手伝いとして雇っていたが、数ヶ月後、娘と同郷という夫婦が訪ねてきた。娘の母が会いたがって上京したが、疲れて動けず自分たちの家にいるから、娘を連れて行くと言う。娘は喜んで身支度に取りかかったが、病床にいた機恵子が「同郷というからまさかとは思うが、見知らぬ人に娘を渡すわけにはいかない。車代はいくらでも払うから、おかあさんにここに来て戴き、親子の対面をさせたい」と夫婦を帰した。女士官が追跡調査すると、母親が来ているなど嘘で、その夫婦は売春宿を営み、娘を誘惑に来たことが判明したという（山室軍平『山室機恵子』）。

まっ先に冷害地子女救護を提案

一九〇四（明治37）年に始まった日露戦争は一九〇五（明治38）年9月に終結した。しかし9月初旬からの天候不順で特に東北地方はひどい冷害に陥り、暮れから翌春には食料も底をつき、土地を捨てて一家離散するものもあった。人買いが無知な子女を誘拐したり、わずかなお金で連れ去り、劣悪な工場や遊郭に売り飛ばすことが横行した。せめておなか一杯食べさせてやりたいという親心から、子を手放す親もあったという。

山室徳子は著書『遁れの家にて』に「明治39年秋、凶作地子女救護運動を興すことを提案したのは、山室機恵子だった。故郷岩手でつぶさに農村の痛みを見て育った哀しみが、彼女の心を揺さぶったのだろう。『終着点の吉原や洲崎では遅い。人身売買をぜひとも出発点で事前に食い止めるべきだ』との主張は各方面の支持を得て、百五十人の子女を東京に迎えた」と書いている。

民子の「寄生木の歌」によると、軍平は「東北凶作地子女救護運動」を本営に提案したが、当時の日本本営は不時の運動を即時に実行する資力がなく、軍平の上官は資金を軍平自身が調達するよう申し渡した。そこで軍平はまず募金に取り組み、機恵子も蒟蒻版の募金趣意書を作ったが、社会一般の理解も少ない時代だったので、軍平は方々で正面から唾をかけられるような侮辱を受けたという。こうして資金が調い、救護運動が開始された。

一九〇六（明治39）年2月15日の「ときのこえ」には「東北の飢饉、不幸なる婦人を奉公に出す計画　救世軍の凶作地に対する新運動」として以下の記事が出ている。

救世軍においては久しく以前から凶作地の子女救済に思案を凝らしていたが、最後に到着した方法はこれである。凶作地の不幸なる婦人たちが人買いの手に渡らぬ前に、引き取って東京、京浜地方のしかるべき家々に奉公させる事。そのため、㈠信任すべき士官を東北に派遣し、人買いの危険に陥りそうな婦人達を東京に送る。㈡東京に『女中寄宿舎』を開き、婦人達を収容し、仕事にありつくまで留め置き、奉公先へやるよう取り計る。『女中寄宿舎』は山室夫人がこれを監督するはずである。奉公先は既に二、三十件、我が『労働紹介所』に申込がある。日本鉄道会社は婦人の汽車賃をすべて三割引きにしてくれることになった。

「職業紹介部」は、日露戦争の終結によって、戦地から帰ってくる兵士たちの就職斡旋も必要となり、一九〇六（明治39）年1月には、救世軍本営内に「労働紹介所」を開設することになった。日本の職業紹介事業の始まりである。

東京の遊郭にいる娼妓の出身地は東北六県で明治35年には一六八名だったのが、明治四十年には一、一六一名に激増している。特に山形県・福島県・宮城県出身者が多い。しかし救世軍では飢饉の被害が最も過酷な宮城県、福島県、岩手県の子女救出に焦点をあて、仙台に事務所を設けて活動した。救世軍は約五百戸の極貧家庭に営業資材の提供、資金補助などの生業扶助も行った。

我と我が子は、救済者の下に

機恵子は六歳の民子、四歳の武甫、一九〇五（明治38）年8月に生まれたばかりの襄次の母となっていたが、女中寄宿舎の主任に任命され、一家で築地の寄宿舎に移り住んだ。

手も足も真っ黒で、シラミがわき、目やにを溜めて、青い鼻水を垂らした子らの世話をし、行儀作法を教え、奉公先に送り出すのは、機恵子の役目だった。民子の『寄生木の歌』によると、機恵子は毎日、エプロンをかけ、縁側でこどもたちのシラミ取りをした。民子が幼稚園から帰ったことも気づかずシラミ取りをしている機恵子に「お母様」と言って近寄ろうとすると「来るんじゃありません」と退けられる。そんな寂しさに耐えたのに民子の頭にもシラミが移ってしまう。毎日、機恵子が水銀軟膏を塗り、櫛で梳いてくれたがそれでも増殖した。機恵子が「髪を切ったら虫がいなくなるかもしれない」と呟くのを聞き、民子はシラミから逃れたいのと、忙しい母をわずらわせないために「切ってください」と言う。ところが急に頭に寒さを感じ、無惨に切り取られた髪の毛を見て、とんでもないことが起こったことに民子は気づく。鏡で男の子のような自分をみて悲しくなり、何日も幼稚園に行くことをやめ、帽子を被って過ごした。幼稚園にはそのまま行かなくなったが、親にとっては経済的な理由もあったらしいと民子はいう。

「女中寄宿舎」が収容した子女の総数は明治39年上半期だけで一五六名で、宮城県九十七名、福島県三十八名、岩手県二十一名であった。民子は「(収容人数を) 数字にしてみれば造作はないが、事実は生易しい事業ではなかった。着のみ着のままの泥臭く垢だらけの少年少女がぞろぞろ来るのである。しかも彼らは飢えきっていて底なしに食べるものだから、どんなにたくさんご飯を炊いても間に合わぬ程であったらしい。『ご飯が足りなくなったから』と、幼稚園から帰り、おなかが空いているのに、私などはよく後回しにされ、追加のご飯のできるのを待たなければならない事があった」(「寄生木の歌」(26)」) と回想している。

この例を引いて、研究者の牧律は「本来は真っ先に親に守られるべきこどもたちも、他者に与えるために忍従をしいられたのである。情愛に流されず、厳しく自分と家族を救済者の下に位置付け、徹底的に他者に与え尽くす奉仕を成した機恵子の様子がよくわかる」とコメントしている

（牧律『山室機恵子の結婚』「キリスト教史学　第65集」）。実子と分け隔てなくではなく、自分と家族を救済者の下に位置付けたというのだ。

神様は一人じゃなかんべ

機恵子は忙しい合間に少年少女のために夜、聖書を読んで説き聞かせた。ある時、軍平の作った救世軍歌集を紙に書いて掲げ、歌い方を教え、歌詞の説明をした。「一つとや、ひとりのほかに神はなし、これぞ天地の造り主」というのを説き聞かせると、一人の少年が「神様は一人じゃなかんべ。おらほの村に来てみたらよかんべ。不動さん、地蔵さん、そえずのほがにいろいろあるじゃ（そいつの他にいろいろあるぞ）」と言い、他の者も勝手に発言し騒ぎになった。しかし機恵子はいいユーモアをもって、それを制し、皆も納得した（『母を語る』日本基督教団出版部）。これは六十一歳になった民子の回想だが、民子は六歳の頃に一年程、東北のこどもたちと同居しただけなのに、半世紀後に少年の東北弁をみごとに再現できるのは、よほど印象が強かったのだろう。両親をお父様、お母様と呼んでいた山室家のこどもにとって、両親が唯一絶対の神として崇めるキリストを「そえず」と呼ぶこどもの存在は、衝撃的だったに違いない。機恵子が納得させたユーモアの内容がわからず残念だが、機恵子が一つ屋根の下で、いかに実子と預かったこどもたちを分け隔てなく一緒に育てたかの証拠とも言える。

話は飛ぶが、この七年後に東北地方がまた大凶作になり、救世軍は「凶作地子女救済活動」を再開した。この時、現地に派遣されたのは、新婚の山室夫妻と同居した山田弥十郎で、四千人の農民に生業扶助としての麻糸つなぎを奨励し、貧しいこどもたちを安全に東京に届ける難事業を成した。山田は「当地方の方言は、英語より余程難しく、ある場合には通訳なしには用をなさず、渡英の際より心細く感じています」との葉書を救世軍に送っている。現代のようにマスコミが発達していない時代のことである。だからこそ、東北出身の機恵子が、最初にお世話をしたことは、救世軍側にとっても、子供たち側にとっても通訳の役割も果たし幸いなことであったろう。

七年前の機恵子の時は、「女中寄宿舎」に収容したこどもたちを、今度は「婦人ホーム」が迎え入れることになった。機恵子が初代主任だった「婦人救済所」は「婦人ホーム」と改められていたが、一九一三（大正2）年からは元代議士村松愛蔵夫人の村松きみが担当した。着任早々、東北のこどもたちを預かることになった村松きみは、機恵子の助言を聞こうと千駄ヶ谷の機恵子の自宅を訪ねた。機恵子は「飢餓の様子も前とは変わっています。こどもたちも違っているはずです。あなたはあなたで自由におやりなさいまし。新しい道が開けますよう、ご一緒に祈りましょう」と言ったという（『道れの家にて』）。

先輩風を吹かせ、あれこれ指図するのではなく、その時の担当者がやりやすいようにと、不安に思っている後輩を励ました機恵子の賢明さが如実に表れている。

尊い襄次の犠牲

一九〇六（明治39）年3月22日、機恵子が女中寄宿舎の仕事で多忙を極めている最中、生後七ヶ月の襄次が百日咳から肺炎をおこし亡くなった。「ときのこえ」によると襄次は3月4、5日頃から百日咳にかかり、18、9日頃に肺炎にかかわり入院したが22日の夜に逝去している。25日に山室少佐の自宅兼「女中寄宿舎」の二階で行われた葬儀では、留岡幸助がマタイ十八章始めの数節を読み「神が下したもう愛の鞭は時として、その意味の諒解しがたきことあるも、後になりて考えれば一々言うに言われぬ深き聖旨のあることを悟る次第である。神の聖旨を現すものはただ時である。この度のことが必ず将来、幼児の両親、さては救世軍に取って大いなる祝福となるべきことと信じます」と述べた。「山室夫人は己が無智のため、児に苦労させたことを認めるが故に、世の中の無智のために子を精神上、肉体上に害《そこな》う者を助けたい旨、愛児の屍の傍にて誓いたること。また万事を聖旨に任せて之に安んずることを証言せられました」ともある。

襄次が入院してからも軍平夫妻は多忙でなかなか見舞いに行かれず、機恵子の弟の政次郎が大学の春休みを利用して付添っていた。襄次が亡くなった時、病院関係者は政次郎を父親だと勘違いして悔やみを言った。亡くなった襄次は、生まれてから一度も写真を撮っていなかったため、写真屋さんがきて遺影を撮った。民子は「黄八丈のよそ行きの着物を着た襄次は、私がかつて見たどの人形よりも赤ちゃんよりも美しく清浄で幼いながらに神々しくさえ見えた」（「寄生木の歌（30）」）と述べている。

筆者は二〇一二年に救世軍資料館で、この襄次の亡骸の写真を見つけ出したが、無垢で誰もまだ触っていない雛人形のように美しかった。民子の証言は決して身びいきでも、誇張でもなくその通りだった。これほど清らかな子どもを亡くした機恵子の悲しみはどれほどであったろう。

民子によると、機恵子は昼間からしきりに涙を拭っていたが、通夜の弔問客が引き揚げてから、襄次の亡骸の前で慟哭した。「祖母（安子）が慰め励ますのだが、母は諦め兼ね、ますます声をあげて泣いていた。元来、彼女は武士の家の出でもあり、感情を表さない人だったが、この時ばかりは自らを抑えかねたのだと思う。大人でもあれほど泣くのかと驚いた」と民子は述べている。「武甫はふだん構ってもらえないのに、大勢の会葬者から大事にされるので愉快そうに飛んだり跳ねたりしていた。私も嬉しくないこともなかった」と民子は葬式における幼子の心境を正直に回想している。襄次は青山の墓地に土葬された。お墓参りのたびに機恵子は「襄次ちゃん、淋しくはないか。雨の日は寒かったでしょう」などと話しかけ墓標を撫でたという（「寄生木の歌（32）」）。

児の犠牲から一層の献身を誓う

一九〇六（明治39）年4月15日の「ときのこえ」に軍平の「児に別るるの辞」が載っている。

我が児襄次は生まれてわずか七ヶ月で天の父に帰った。正直にいえば一大打撃であった。冷たき我が子の屍の前に、神の御霊を求めつつ、深く反省し以下の覚悟をした。

第一に、私共は今一層犠牲献身の人とならねばならぬ。襄次は犠牲の死を遂げた。彼が病を得てまもなく、救世軍には子女救護事業が起こり、私共は女中寄宿舎に移り住むことになり、子に十二分の手当をなし兼ねた。しかし私共は子にのみ犠牲の死を遂げさせ、安逸をむさぼりはしない。自分らも今に献身の生涯を終え、潔く殉道の死を遂げずにはいないだろう。

第二に、私共は無智のために子を苦しめた咎《とが》を神に懺悔する。

第三に、我が子が瀕死の床で、けいれんの苦痛を訴えることもできずにいる有様をみて、この時ほど切ない思いをした経験はない。その時思ったことは、死ぬほどの苦痛を訴えることのできない者は、決してこの乳飲み子だけではない。貧苦窮乏の中で悲惨な生涯を送っている多数の我が同胞は大概、この種類の人ではないか。自分は一層、窮民、不幸な運命に翻弄され訴えることのできない人々のために尽くさねばならない。

第四に、子の死により天国は特別の意味において、私共に近い処となった。

第五に、私共は人からの同情がいかに貴いかを学び「喜ぶ者と共に喜び、悲しむ者と共に悲しめ」の聖書の真意を理解した。神よ、助けたまえ。私共を聖別して、ただ御心のままに生き、戦い、やがて死ぬることを得しめたまえ。

我が子を失うという犠牲を払って、悶絶する苦しみの中から、なお一層困窮している人々のために尽くそうと立ち上がる軍平と機恵子の姿勢は驚くばかりである。襄次を失ったことは、気丈な機恵子にも大きな痛手で、これ以後、子ども達の健康には特別の注意を払ったという。

救世軍の大観兵式

一九〇六（明治39）年5月の「ときのこえ」には、4月30日の夜、救世軍の大観兵式が中央会堂で開催された記事が出ている。観兵式の主意は日本の救世軍が営んでいる各種の事業、とりわけ社会事業部の現状を社会に紹介することだとある。「出獄人救済所」「婦人救済所」「横浜水夫館」「男学生寄宿舎」「女学生寄宿舎」「東北凶作地仙台出張所」「女中寄宿舎」「木賃宿箱船屋、安料理店、横浜労働寄宿舎」「労働紹介部、めぐみの箱部」の紹介があった。「山室夫人は女中寄宿舎に収容中の凶作地子女数人を伴い出でられ、その保護について沈痛なる話をせられ、聴衆の中にはハンカチで涙を拭う者もあった」とある。この時にやがて機恵子が担当することになる「女学生寄宿舎」の担当者と女学生が楽しい寄宿舎生活について語っている。

6月の「ときのこえ」には「中央新聞に二日ほど『女中寄宿舎』の記事が出ると、寄宿舎を訪ね、また手紙で奉公人を依頼してくる人々が七十余人あった。女中寄宿舎受持士官は、これらの応接に忙しく、ほとんど座る間もなかったそうである」と出ている。

7月15日の「ときのこえ」には「東北の凶作地に四ヶ月出張して子女救護に尽力した矢吹士官は6月30日をもって運動を切り上げ、救護した最終の子女十六人を引き連れて帰京せられた。島田三郎氏は、この度凶作地の救済につき、最も少額の金で最も有効の働きをしたものは、救世軍であると言われた」とある。

藪入りのおみやげ

一九〇六（明治39）年8月1日の「ときのこえ」には、女中寄宿舎の子女達と一緒に機恵子も写っている写真が掲載されている。「女中寄宿舎に引き取りたる者は、百五十人に達しております。かかる多人数の世話に如何に骨の折れたるかは、想像に余ることです。盆の十六日の藪入りには、女中寄宿舎に参った子女、四、五十人あり、見違えるようになって来た者も少なからず、主人が同行し礼に来られたのも数人あった」とある。

民子は「最初の藪入り会が救世軍本営で開かれた。私は皆の新しい着物や帯や下駄や、磨きのかかった顔に気を取られた。二次会でいろんなご馳走が出たが、それより嬉しかったのは、私に千代紙や硝子の瓶に入った金平糖など、おみやげに持って来てくれた者があったことである。小遣いで買ったり、雇い主から託されて持って来たのである。今までに『お子さんに』とお菓子や果物などが届けられたことも稀ではなかったが、母はそれを私共（実子）にだけくれるということはなく、皆（寄宿舎のこども達）に配分するので、私の分け前はいつも極めて僅かであった。又私は未だ贈り物らしい贈り物を受けたクリスマスの経験もなかった。だから私は今でもこの藪入りのおみやげを思い出すのである」と書いている（「寄生木の歌（34）」）。

慰問籠は襄次の香典が元

一九〇六（明治39）年暮れに、救世軍では困窮者に餅や衣類を配布する「慰問籠」を始めた。民子は「寄生木の歌（35）」に以下のように書いている。

襄次の香典から葬儀費用を払ったが、数十円残った。この金を有意義に活かしたいと考えて父が思いついたのは歳末における「慰問籠」の配布であった。これは戦時に行われた慰問袋から考案したもので、人生の戦場において疲労困憊し、正月を迎えることのできない人々を慰めるために、籠にのし餅、手拭い、菓子、聖書等を詰め贈る催しであった。もちろんそれだけの金では足りないので島田三郎氏に相談すると、氏は心から賛意を表し、当時、氏が経営していた東京毎日新聞に12月いっぱい父にそのための記事を書く特権を与えてくださった。それで資金も集まり、慰問籠を配布したが、受け取った人々から喜ばれたのみでなく、これを援助した人々にも大いに満足を与えた。その後、島田氏が東京毎日を辞されたから、他の募金方法を考えねばならぬこととなり、明治41年の暮れから社会鍋（大正の中期までは慈善鍋）を街頭に出すことになった。慈善鍋はいつの間にか歳末の街頭には無くてはならぬものになり、暦にまで載せられるようになった。鍋に籠っているのは、幾多の聖徒の祈りと涙と犠牲の血なのだ。そして小さな襄次の生命も、その何処かに潜んでいるはずである。

民子が「寄生木の歌」を日刊基督教新聞に連載したのは、一九三六（昭和11）年なので、民子は三十六歳、軍平も健在で読んでいるはずだ。従って襄次の香典が社会鍋の元になったというのは、信憑性があると思われる。民子は雑誌「家庭」(昭和9年12月発行)にも「社会鍋の起源」として同様の文章を載せている。慰問籠を、戦時の慰問袋から考案したとすれば、機恵子が発案者なのかもしれない。機恵子は常に夫の後ろに控えて目立たないように善行を成したからである。

民子は初めての藪入りでおみやげを貰って嬉しかったことを書いているが、軍平と機恵子がこれを見て、慰問籠のプレゼントを思いついたのかもしれない。

同時期に子を亡くした羽仁もと子

襄次が亡くなった九日後の3月31日、羽仁もと子夫妻も生後一年七ヶ月の次女涼子をなくしている。しかも襄次と同じ百日咳にかかって命を落とした。もと子は一九〇三(明治36)年に「家庭之友」(後の「婦人之友」)を創刊したが、編集の仕事が忙しく、自分の手抜かりでこどもを亡くしたことを悔いている。そして羽仁もと子は七十八歳の時に、「婦人之友」(一九五一年5月号)に「花三日」という随筆を書いている。

毎年ある三六五日の中で、私の最も忘れかねるのは3月31日である。私たちの幼児を喪った日である。歳月は流れ流れて四十幾年、その間に実に多くの事柄があった。喜びも哀しみも数えきれない中で、私の心に一番鮮やかに印象して最も忘れ得ないのはその日であったと、今日この頃にいたって私はたしかに知ったのである。

二、三年前のことであった。この苦い悲しい日が、長い歳月の間に自然に易《かわ》って行って、一種の名状し難き深いなつかしい安心な記憶となって私の中にあることに心づいた。私はこの日を暗い哀しみの記念でなく、明るい愛情の日として記念したいと思うようになっていた。（略）気がついて見ると、彼こそ私たちにとってより深い信仰への導き手でもあったのだ。

子を亡くして半世紀近く経っても、一番忘れ得ない日である、そして亡くなった子こそが深い信仰への導き手であったというのだ。留岡幸助が嚢次の葬儀で述べたことが思い出される。

機恵子が書いた慰問籠について

一九〇九（明治42）年9月発行の「新家庭」に、「歳末の感想」という機恵子の署名記事があり、機恵子の顔写真も載っている。概要は以下の通りである。

私共は事業本位で、家庭はほんの仮住まいと思っておりますから、世間様とは大層違います。子供は五人、それに親戚の子を一人託されておりますけれど、晴着を新調することもなく平常と変わらず、歳末の贈答品は受けるにしてもやるにしても救世軍のほうにしますため、家庭の上では歳末の感想はありません。夫は家庭にいるのは稀で、私が暮らし向きや子供らの世話で忙殺されるのは年中ですから、いつも歳末のようです。これに反して事業のことは歳末になればクリスマスの失費の事、失業者が多くなる事とか随分苦労があるのです。

救世軍の方針としまして、窮民であってもただ物を与えると言うことはすこぶる弊害があって、却って独立心向上心を傷つけ、依頼心のみ増長し、ますます怠惰になるので、失業者なら最初暫くの間は保護をし、衣食住の世話もしますが、何時までも徒食させず、相当の職業を与えて働いて食べるように、醜業婦達にも同じように独立自活を奨励し（ております。）失業者のために神田、月島、浅草等に労働寄宿舎が設けてあり、仕事が見つかったら望みによっては監督をして寄宿舎から通勤させています。去年、設立した月島の寄宿舎には二百人の収容者があり、広尾に婦人ホームを設け、日露戦争で誘拐された婦人や、私生児のために大連にも婦人ホームを設けました。歳末になると著しく失業者が増加しますので救世軍の方針には反しますけれど、慰問籠を贈ることにしてあります。初めに貧困の程度を詳細に調べ、慰問籠を贈るべき境遇の者にのみ贈ります。慰問籠を山のように荷車に積んで、鮫ヶ橋や萬年町などに配りますが、大学生や女学生が手伝ってくれます。慰問籠の費用は、平素救世軍に寄附されるお金は使用せず、慰問籠のためにと寄附された金、物品を用いるのですが、慈善鍋ということをして同情者の寄附を仰いでおります。最初は通行人に寄附を強いるとか、通行の妨害になるとか、警察のお叱りもあったけれど、もはや一般に認められたのでありま す。十二月になると慰問籠の事、失業者の事のみを心配して、自分は申すまでもなく子供にしましても、お正月には何を見物しようか、何を着せようかと考える余地はないのです。私共は神様のために生き、働き、何事を致すにも救世軍の事業が本位ですから、すべて事業から割り出します。楽しむのも幸福になるのも、世界の同胞と共にという覚悟でおります。

どうか今年の歳末にも出来るだけ多くの慰問籠を贈り、できるだけ失業者の数を少なくしてやりたい、これが私の望みでそれ以外には何もございません。

慰問籠を贈るにあたっての、機恵子の高い見識が示されている。

山川菊栄の批判

山川菊栄は『女二代の記』に以下のように書いている。

一九〇八（明治41）年の暮れ、津田へ入った学期の終わり、私は神田の救世軍本部で、クリスマスプレゼントや宣伝用のパンフレットを大八車につみ、細民街へ行って分ける手伝いをしました。私はキリスト教には縁なき衆生でしたが、当年の救世軍は熱心な伝道ぶりや、暴力にひるまぬ勇敢な自由廃業者の救い出しなどで注意をひき、山室氏の公娼調査資料などに啓発されるところもあったので、社会見学程度の意味でした。クリスマスの朝早く、私は山室軍平と河合道子について、押上の紡績工場に入りました。連続徹夜業をやっていた頃のことで、十二時間の夜業を終えて食事を済ませた少女達が講堂に現れました。筒袖にへこ帯、脛を出して足袋もはかない少女達が青ざめ疲れきった病人のような顔をして入ってきます。冷たい板の間にござを敷いて座った少女達は五、六十人もあったでしょうか。火鉢は壇上の講師のために一つあるきり。骨まで凍るかと思うようでした。少女達はクリスマスの歌をうたい、次に山室氏が話しました。キリストは皆さんと同じ労働者で大工であった。労働は神聖である。皆さんもイエスのごとくよい労働者となり、日々無事で働かせて頂くことを感謝するならば、神はその祈りに答えるであろうというような話。ついで河合道子先生も同じように労働神聖の話をし、長いこと祈り、賛美歌で会は閉じました。私はこの間、壇上にいたたまれないような思いで、恥と憤りに身体のふるえるのを感じました。一晩中睡らずに働き、生血をすわれて青ざめた少女達の奴隷労働が神聖視されていいのか?

作業場や寄宿舎や食事を見、少女達の感想を聞きたいと思っても許されず、こういう伝道さえ会社側では喜ばないのか、職員は姿を見せず、有志の出席を許すのがせめてもだったらしく、会合がすむと山室氏らの一行はすぐ帰りました。私は二度とあの人達の一行に加わる気にはなりませんでした。少女達はあの後で寝たり洗濯をしたり、雑用を果たし、夜は再び一睡もせずに一週間働き続けるのでした。徹夜業を一週間続けた後には体重が減り、体重が次の一週間の間に回復しないままで再び夜業に入り、これを繰り返している間に、一般婦人の三倍にものぼる結核率と高い死亡率とを示していた時代です。

山川菊栄は、この逸話を『山室軍平回想集』にも書いた上「私はキリスト教より社会主義によらなければ労働者は救われないと考える方向に進みました。山室氏の善意、勇気、熱情には敬意を払いつつも、社会問題を解決する道は、もっと客観的、科学的な方法によらなければならないと考える糸口となったのが、氏の労働神聖論でもあったような気がします」と加筆している。このような率直な批判を『山室軍平回想集』に載せたのは、山室武甫である。救世軍では「いかなる場合でも、政治活動に関与してはならない」との戒律があり、軍平は頑なにそれを死守した。

第十章

女学生寄宿舎、身の上相談

女学生寄宿舎

一九〇六（明治39）年4月15日の「ときのこえ」には「本郷区弓町に、救世軍の女学生寄宿舎を設けることとなりました。受持になる田村候補生は、長らくこの事業のために働きたいと夢想していた人で、今、救世軍中にその志を行うことができるようになりました」とある。5月1日には「女学生寄宿舎は、三十人ばかりの女学生が寄宿することが出来る下宿屋である。年の若い女学生を頼んで間違いのない下宿屋はこれです」と宣伝がある。

一九〇六（明治39）年7月の「ときのこえ」には「夏休み以後、救世軍の女学生寄宿舎は、山室少佐夫人機恵子がこれを受持ち、丁寧親切に、女学生諸君のお世話をすることになります。地方より愛嬢を東京に出しておきになる父兄方は、今のうちからお申し込みあるようご案内申し

明治40年ウィリアム・ブース来日時の写真（山室は2列目左から4番目の無帽）

ます」という広告が出ている。10月には「女学生寄宿舎　山室機恵子が受け持っています。まもなく文学士スミス嬢（救世軍大尉）がこの寄宿舎を助け、塾生に英語、西洋料理等を教授することとなりましょう」とある。

軍平は「東北凶作地子女救護活動が首尾よく終わりを告げて後、私共は本郷区弓町にあった女学生寄宿舎内に移り、機恵子はその受持に任ぜられることとなった。この時代に救世軍が『女学生寄宿舎』の事業に手を触れることについては、私共に多少の意見があったが、いつの間にか始まってしまい、しかもその成績が思わしくなく、何とか善後策を講ぜねばならぬ。機恵子はこうした事情の下に、女学生寄宿舎を受け持ったのである。かくして約半年間、数人の女学生を相手に日々を過ごした後、これを解散することとなり、彼女は久しぶりに家庭の人となることができた」と述べている。女学生寄宿舎の募集には三十人ほど収容する旨の記載があるが、軍平は数名しか集まらなかったと書いている。しかし民子は「寄生木の歌」でも「白牡丹」でも「二十人位の女学生がいた」と書いている。軍平はどんな文章であれ、いいわけや責任逃れをしない人だが、女学生寄宿舎に関してだけは、なぜか歯切れが悪い書き方になっている。

女学生への違和感

民子は「寄生木の歌（36）」で以下のように回顧している。

女学生寄宿舎は中古の旅館か何かであった三階建ての広々とした家で、二十人ほどの女子美術学校に通う女学生がいたが、不幸にも私はついにその一人にさえも打ち解けることが出来なかった。ある日、中庭を掃いているとチリの中に赤く光る指輪を見つけた。嬉しくて皆に見せたくなり、女学生さん達の部屋を一つ一つ訪れ、みせると、Sさんという女学生が冷たくきつい目つきをした。その晩、母に指輪をどこから持って来たのかと尋問され、拾った事を報告した。指輪はSさんのもので、なくなったから探していたという。それならお返しするに異存のあるわけもなく、母に渡して返して貰った。それで済んだと思っていたが、私共がいなくなった食堂などで、皆がその話をし、私にありもしない疑いをかけているらしい会話を聞き、私の小さな心は傷ついた。この女学生さんたちは東北の少年少女とは異なり、上品で言葉もきれいで優しかったが、正直に素直にものを言わないで、後になってから陰でいろいろ話すので油断のならない気がするのだった。私は心を開かなくなり、彼女たちの部屋からも遠ざかった。

当時、民子はわずか六歳である。民子の感受性の鋭さもさることながら、他人と同居して世話をすることの困難さが伝わってくる。軍平の残した言葉のひとつに「失敗しないということは、何もしないということである」と言うのがある。いろいろな事業を成せば、失敗に終わることもある。婦人救済所や女中寄宿舎や女学生寄宿舎などで、様々な問題を抱えた他人と同居してきた軍平や機恵子だが、批判的な言葉や悪口は決して言っておらず見事というほかはない。

一九〇八（明治41）年11月の「ときのこえ」に「無駄話の時間」という以下のコラムがある。

書いたのは機恵子ではなかろうかと、筆者には思えるのだが、想像の域を出ない。

この頃、新渡戸博士はある席にて、婦人が最も多く時間を使うのは、人の噂をするためで、一時間の正味五分位用向きの話をするかと思えば、あとの五十五分は人の噂に用いていることを発見したと言われたそうである。概していえば、今の世の人は男も女もおしなべて無駄話や娯楽や物見遊山に使う時間はたくさんあって、自分の霊魂を養い、世の人を救いに導くために働く時間は一向にない。人生五十年、月日の経つのは矢のごとくであるのに、なぜ貴重な時間を大切にし、機さえあったら善事をする心がけがないのであろうか。無駄話をする時間を利用して、人をキリストに導くためにお働きなされ。

民子は女学生寄宿舎に住んでいた当時、「東大赤門近くの中村屋でジャムパンを買い、女主人が愛想よく対応してくれた。女主人とは明治女学校出身で母とも友人の間柄で、才媛の誉れ高かった相馬黒光女史で、現在の新宿中村屋の前身であった」と回想している。

友子の誕生

民子の「寄生木の歌(37)」には「救世軍が初めて配る慰問籠の見本を父が本営から持ってきて見せてくれた。蜜柑籠の中に紅白のお餅とライオン歯磨きや絵本やお菓子、聖書のようなものが入っていた。それが配布される最初の日に、家に女の子が生まれ、父は友子と名付けた。恵まれない人々の友となるという意味であった。また父の母で、末子の父のため、死ぬまで卵断ちをして祈ったという祖母の名がともだったので、これを記念するような心持ちもあったらしい」とある。友子は女学生寄宿舎で生まれたが、それは襄次の昇天からわずか九ヶ月後であった。

武甫は「12月27日、寒風吹きすさぶ夜、友子が生まれた。友子は健康で快活で親切で円満な性格であった。友子が小学生の時、学校から帰宅し、友達の家が全焼したことを告げると、機恵子は友子と一緒に見舞の品を用意した。そして暗くなってから包みを持って、友子と一緒に友達の避難先を訪ねた。機恵子は『人を慰めたり、親切をする場合は、なるだけ目立たないようにするのがよいのですよ』と子供らに諭した。友子は大正8年に女子学院に入学したが、最近、こんな優れた学生はなかったと言われた」と書いている。聖書の「施しをする時は、右の手のすることを左の手に知らせてはならない。あなたの施しを人目につかせないためである」という教えの実行だが、それだけに機恵子の成した善行、業績は、なかなか全容を現さない。知られていない善行がどれほどあったことか、計りしれない。

友子が亡くなったのは一九二二（大正11）年10月12日で、十七歳であった。大正11年10月16日の軍平の日記には「佐藤父（機恵子の父）が友子は無事成人すれば、機恵子の二倍も三倍も働くものになるかもしれないと嘱望したが、夭折したのは残念だったと言われた」と書かれている。

ブース大将来日

民子は、女学生寄宿舎に住んでいた時、軍平の書斎は三階にあり窓の正面に富士山が見えたと述べている。そこで「お父さんはね、ブース大将のことを書いているのだ。大将はもうじき日本にいらっしゃるのだから」と言われた。両親から幾度聞いたか知れないブース大将は、偉いばかりでなくなつかしいような慕わしい存在であったから、民子にとっても大きなニュースだったという。機恵子から「これはお父様がお作りになったのですよ」と海老茶色の厚い書物を見せられたが、それが『ブース大将伝』だったという。

「父の書斎の正面に見える富士が雪の上着を脱ぐ前に、私共一家は本郷から芝の借家に移った。その家は二階と下を合わせて五間ほどで、庭は隣の家に日光を遮られ、何時もじめじめして植木も生気がなかった」と民子はいう。民子の話から推察すると、一九〇七（明治40）年4月以前に、芝に引っ越したことになる。

一九〇七（明治40）年4月、救世軍創立者、ブース大将が七十九歳で来日した。横浜港では横浜市長が出迎え、黒山の群衆が万歳を叫んだ。新橋駅では東京市長の尾崎行雄が迎え、駅前は幾万の人で埋め尽くされ、日比谷公園では歓迎の花火が打ち上げられた。尾崎は新潟日報の記者時代に英国の「The Salvation Army」を訪ね「救世軍」と最初に訳した人物だ。

ブースは四十日間かけて全国各地を講演・説教したが、同時通訳のように、あうんの呼吸で通訳する軍平の力量も人々の目を見張らせた。まさに救世軍の絶頂期である。ブースが帰国した後、軍平と機恵子は緊張と疲れで寝込んだと民子は証言している。

機恵子はいつも夫を陰で支え、人前に出ることはなかったが、ブース大将の人格に傾倒し、信仰も深められ、市内限定であろうけれど、ほとんどの集会に参加したという。民子は小学校に入学したばかりだったが、機恵子に連れられて新橋駅に歓迎に行った。機恵子は日本の宗教家の子どもで、宗教家になることが少ない事を常々嘆き、民子と武甫が救世軍人となることを願っていた。機恵子はこどもの人生にレールを敷いて、そこからはみ出ることを許さない厳格さを持っていたといえる。軍平はブースの滞在している帝国ホテルに、民子と武甫を連れて行き、祈祷して貰っている。民子は帝国ホテルの絨毯の踏み心地のよさに驚き、幼心にもブース大将の崇高さを感じ取っている。今から思うと日本社会のブースの歓迎ぶりも異様だが、貧民の友であるべきブース自身が、帝国ホテルに宿泊し貴賓扱いされているのも異様である。

ブース滞在中、機恵子は不在がちで、こどもたちは留守番をした。民子は小学校に入学して始めて他のこどもたちに比べて物を知らないことに驚いたという。そこで留守番しながら、お手伝いのらくさんから時計の見方や数字を習った。らくさんは凶作地から連れて来られた一人で、動作がのろくて座るとすぐ居眠りする癖があった。ある時、民子たちが外から帰ってみると、らくさんは台所のお膳の前で箸を持ったまま居眠りをしていた。らくさんの小鉢に一匹の子ネズミがいて芋の煮付けをかじり、らくさんの肩に別の子ネズミが載っていた。それでもらくさんは眠り、民子たちの帰宅にも気づかなかった。そのようなので奉公に行っても戻され機恵子が引き取っていた。らくさんの居眠り癖は直らなかったが、言葉遣いも行儀もよく、やさしく正直だったので、機恵子はこどもたちをらくさんに託して外出した。らくさんの居眠りが直るようにと、四歳の武甫までがお祈りをしらくさんは感涙した。彼女は救世軍支援者の家に奉公に出て結婚したという。

書記長官の妻として

ブース帰国後、軍平は三十五歳という異例の若さで書記長官に任命され、日本救世軍全体の責任を負い多忙を極めた。一九〇七（明治40）年9月の「ときのこえ」の「書記長官就任の辞」に、軍平は「私の妻はかつて自分が神田の長屋で十一畳半の所を説教場とし、編集局とし、副官と自分の住宅として、焼き味噌をパンにつけて食い、洗濯石鹸で体を洗っていた頃、私の志に同情して、辛酸を共にすることとなった者である。この度、その立場よりあらん限りの力を尽くして、私をして遺憾なくその本分をまっとうせしめんことを勉めるは申すまでもないことである」の一文も加えている。機恵子は子どもも増え、健康も芳しくなかったので、特定の事業を担うのではなく、家庭にいながら軍の全般について奉仕することになった。

後述するがこの時期、機恵子は様々な雑誌に署名入り文書を載せている。ブース大将が来日し、救世軍が社会的にクローズアップされ、さらに9月に軍平が日本救世軍の最高位である書記長官になったことで、機恵子に取材や執筆要請が多くなったためとおもわれる。

機恵子の講演録

機恵子が書いた文書のうち、「学生諸姉に我が経験の片はしを告ぐ」は、機恵子が小石川区の例会で講演した要旨で「婦人新報」（明治41年10月25日発行）に以下のように掲載されている。

青春の望みに満ちた学生時代に世の中を眺めた時は、花咲き鳥歌う楽しい様に思いました。ところが実社会に立ってみますと、想像の反対、幸福や自由は誠に少なく悲惨と不幸はここかしこに転がっているので、今更驚き恐れたのでございます。

私の同級生は三十人ばかりございました。今日まで文通しているものは五、六人ですが、実に思いもよらぬ不幸や困難に遭遇しているのです。一人は旧家に嫁し、何一つ我が思うようにならず、ほとんど精神的に死んでおります。一人は結婚後ただちに破産にあい、夫婦母子離散の悲運に遭いました。一人は夫が事業に失敗して、行方知れずになりました。一人は寡婦となって三児を養育しております。昔の写真を見ますと、同室のもの十一、二人写っている中に四人は既にこの世のものでないのです。実に人生の変動の計り知られざる事、運命の不可思議なるのにあきれて、我等いついかなる窮困、堕落、罪悪が、我が身の上に来るかも知れないのです。私共は今この幸福な境遇にある間に、深く自ら顧み修養しておかねばなりません。そこで次の四点の御修養を皆様に努めて頂きたいと思います。

一、神に対する確実なる信仰を持つ事

神に対して確固なる信仰さえ置いたならば、いかなる時にも常に平安と満足を得る事ができます。かのヨセフの一生は実にこの好例であります。彼の逆境は実に泣き面に蜂であった。然れど彼は常に信仰に立ち、喜びに満ちて逆境を順境にかえてしまったではありませんか。修養の第一根本はこの神についての信仰を固く持つ事であります。

二、身体を平民的に慣れしむべし

人は境遇に制せられていては、到底何一つ成し得る事はありません。昔から志を立てて道を行った義人改革者で、貧乏の厄に遭わない者はほとんどありません。しかも皆、かかる境遇に拘泥せず、超然として志操を貫いたのであります。パウロは「我、富に居るの道を知りまた貧しさに居るの道を知る」といっております。すべての人の堕落の基は、虚栄に走る所から起こるのです。毎月幾十円という小遣いを使って、それでも不満足に考えている人もおります。私共は常に生活の予算を低く立てておく事が必要です。陸奥宗光は一ヶ月の生活を十五円でする方法を知っているから、いつでも志をまげず、主義を押し通し得ると言われたそうです。どうか私共は女の弱点なるこの虚栄を捨てたいと思います。常に平民的な習慣を身に養いたいと思うのであります。

三、勤勉ならざるべからず

「アダムとエバが労働に生きし間は罪なかりし」という古き物語に私は非常に真理があると思うのです。勤勉な人に不平はない、勤勉な家庭に不和はありません。私共は死ぬまで与えられた時間を勤勉に用いなければなりません。キリストご自身でさえ「我は葡萄の木、我が父は農夫なり」と仰せられました。勤勉の修養も実に大切な事であります。

四、あわれなる人に同情を表する事

同情の眼をもって世態を見る時、我等の働くべき土地は至る所に充満しているのを覚えます。そして一人の救いが数人の家族の救いになる事は少なくありません。同情にはいろいろの方法がある、しかし最も大で有効な同情はキリストのごとく、あわれなる人々のために身を捧ぐ事にあるのです。私共が学問をするのも修養をするのも皆身を捧げんがためです。しかし捧げつくした時、かえって私共には満足が来ます。キリストの「受くるより与うるものは幸いなり」といわれた真実を私共は味わって、どうかお互いにまことの幸いなる人になりたいと存じます。

年二回恒例の藪入り

明治39年に、凶作地子女が奉公先から集まる藪入りを救世軍で始めたことは前述したが、明治41年2月の「ときのこえ」には1月16日に、藪入りが開催された記事が出ている。「一昨年の春頃、救世軍の手で凶作地より救助され、東京付近で奉公している者の内、四十人ほどが午後一時（開催）を待ちかねて救世軍に集まった。朝の九時頃から来た者もあり、早く来た者は昼飯も御馳走になった。山室夫人は宗教上の集会も営んだ。いずれも菓子や蜜柑などの贈り物を貰い、奉公先に帰った。盆にも同じ催しがある予定」とある。明治44年2月の「ときのこえ」には、やはり1月16日に藪入りが開催された記事が出ているが、凶作地子女だけでなく、婦人ホーム出身者と在住者の懇親会も合併して営むことになったとある。さらに明治44年8月の「ときのこえ」には「楽しき半日　東京婦人ホームの藪入り」として以下の記事が出ている。

7月15、16日は地獄の釜の蓋が開くという藪入り日で、奉公に出ている男女の奉公人達が、この日のみは天下晴れて親兄弟に顔を合わすなり親戚知人を訪ねるなどして、愉快に過ごす時であるが、この藪入りが原因で堕落の淵に沈む者も例年少なくない。そこで婦人ホームで保護を受け、今は奉公先で勤めている婦人達のため、親睦会を開くこととした。

藪入りで身を崩す者が多いことにまで配慮し、婦人ホームを巣立って行った女性達を受け入れる里帰りの場所、実家として藪入りを開催していたのである。機恵子ももちろん参加して尽力している。大正元年の「ときのこえ」には「1月16日の藪入りに来賓として参列した軍友、志立夫人、福原夫人その他のお話もあり」と書かれている。軍友とは救世軍を支援する人をさす言葉だが、志立夫人も福原夫人も機恵子の友達である。志立夫人は福沢諭吉の娘である。

婦人会、士官学校聴講

武甫によると、「当時のヨーロッパでは婦人士官が男性士官より多く、『家庭団』と称する婦人会が組織されていた。この家庭団は一般婦人に家庭生活で必要な講習や講話をして、信仰に導く実践的運動を担っていた。一方、日本の救世軍は圧倒的に男性が多く、婦人を通して家庭に普及することが不十分だった。そこで機恵子は婦人会の組織に力をいれた。機恵子は救世軍の各小隊をまわって会合を開き、仕立物や料理法の講習も行った。機恵子は地味であったが、落ち着いた話しぶりは確信に満ち、誠実さがにじみ出ていた」という。

「ときのこえ」には明治40年頃から機恵子が芝小隊、神田小隊、京橋小隊などの婦人会に参加した記事が多く出ている。毎週木曜日の夜、などというスケジュールで、こどもを育てながら奮闘したことになる。「ときのこえ」を見ると、婦人会では機恵子も活躍しているが、当時の日本救世軍のトップは外国人で、その夫人が特別婦人会でもリーダーの役をしている。民子によると、民子が尋常小学校二年の頃、四谷伝馬町に引っ越し、機恵子は士官学校に通った。「母が救世軍に入った時分は、士官教育制度が整わず、正規の訓程を踏みかねたので、それを補う必要を感じたのであろう」(「寄生木の歌(59)」)と書いている。正確な時期は記していないが、大学殖民館が新設された頃というから、一九〇八(明治41)年頃だと思う。外国人の士官が多いなかで、機恵子は感じるところもあったのではなかろうか。

機恵子は雑誌「ムラサキ」(明治43年12月)に「救世軍と婦人」を載せている。

私は家庭の任務のために、救世軍婦人部の活動には参加できないので、時々士官学校に説教の傍聴に参る位で御座います。ただ今、婦人部の事業としては、鷲見中校が主任者となって広尾に東京婦人救済会をやっております。山田中校が主任者たる大連の救済会は、内地から誘拐された婦人を救済しております。ただ精神上の救済だけならば何処の教会でもやっておりますから、救世軍では世の戦いに敗れ疲れて、精神的に死んだばかりでなく、肉体的にも困る人を救済して、肉体上の事は勿論お世話も出来るだけ致し、之を精神的に蘇生せしめようとするのでございます。救世軍が、生活難の為に起つ能わざる人々のために、親しい友達とするものでなければなるまいと存じます。

身の上相談

一九〇九（明治42）年11月の「ときのこえ」に「新事業　大学殖民館医療部、青年女子相談部」という記事が出ている。「大学殖民館医療部」は大学殖民館で医療券をもらい、松田医院に行けば無料で診察してもらえ薬も貰えるとある。いわばセツルメント診療所のはじめといえる。「青年女子相談部」は「年若き婦人で何なりと分別に余った事が出来たなら、日曜の午後、救世軍本営を訪ねるか、親展書にて事情を詳しく書いてお寄越しになれば、山室中佐夫人が一々出来うる限りの相談相手となり必要なる助言を与えてあげることになった。相談内容は他に漏らさぬ事になっているので、いかなる問題でも遠慮無く相談されることを望む。ただし、手紙で寄越す場合には、山室中佐夫人宛とし『親展』と書くことを忘れぬように」とある。11月、12月の「ときのこえ」には、機恵子が青年女子相談部を担当する旨の広告が出ている。

三吉明の『山室軍平』によると、明治43年から救世軍本営で始まった「身の上相談」は、わずか一年半で相談件数は六百件を超えたという。一九一〇（明治43）年2月の「ときのこえ」には「知恵を貸す所　身の上相談部の新設」という紹介記事が出ている。それによると、救世軍大学殖民館で毎木曜日の午後七時から九時までと、日曜の午後に身の上相談が行われ、日曜午後には山室中佐が出る」とある。

明治43年7月の「ときのこえ」には大学殖民館ではなく、救世軍本営の身の上相談の統計が出ている。明治42年9月から43年6月末までの相談件数は、男子の部が三百十三件で女子が八十六件で、「この女子の部の統計には、山室夫人の『女子相談部』の統計等を含んでいないゆえ、それらを合わせればもっと多数に上るはずである。これは一向目に見えぬようで、実は非常に大切なる働きである」とある。

機恵子は日曜の聖別会の後、身の上相談を担当した。民子は「寄生木の歌（66）」に「日曜には母と私達きょうだいは終日銀座の本営で過ごした。母は午後、婦人の相談に当たり、夕方まで続く事が多かった」と述べている。

機恵子はそれだけでなく、奉公人の世話、就職の世話、結婚の世話、悩み相談など、年中親身になって他人の世話をした。きまじめで口も重く、社交辞令を言えない東北人であった。はじめはとっつきにくい感じがするが、機恵子の誠意がわかると、皆、身の上相談をしたという。現在のカウンセラー、ケースワーカーの役割である。

仲人

機恵子は忙しい合間に、多くの縁結び、仲人をした。一九一〇（明治43）年10月には、松本荻江の家で一緒に暮らした六角譲に「十年前の譲様の御性質を考えて」縁談を勧め、翌年春に結婚を成立させている。新婚の六角夫妻に、機恵子が五月に出した手紙には「結婚の生涯は何事もともに分かつが故に、喜びは二倍し、労苦は半減するものです。不肖なる私も、この六月をもって満十二年になりますが、世の人から見たら労苦と困窮栄誉なき生涯でしょう。さりながら私自身の心情を申せば、実に幸福にして感謝の生涯です。ことに結婚の日に至れば夫はその日を記憶して、よくも覚悟して今日まで勤めてくれたとの言葉をくれ、その嬉しさは世の富、位、衣食、住、それらの目に見える何物にもまさりて貴きことどれほどなるか知れません」と書かれ、「この身の健康等は数えるに足らぬ次第ですが、このほうも既に恢復、ご安心ください」で終わる。一月に自宅を焼失し、三月に三女、光子を出産した後の手紙だ。機恵子の苦悩が表出しているが、支えは多忙な軍平の慰労の言葉だった。機恵子も軍平が長旅に出ると、子ども達にも手紙を書かせ夫を励ましている。

軍平は家庭の事はすべて妻任せで、機恵子は夫を専心軍務に当たらせられる事を誇りにしていた。知人が「山室君にもう少し家にいるよう忠告しよう」と言うと、機恵子は「どうかそれはよして戴きたい。宅にいればいるだけ手数がかかりますから」と答えている。山室家は何度も引越しをしているが、その時でさえ、機恵子は軍平の手はわずらわさず、新しい借家の住所を軍平に渡した。軍平は場所がわからず、交番で聞いて新しい借家に戻ったこともあるという。

先の六角譲宛の手紙「自分の健康などはたいした問題ではない」という認識、あまりに「自分を勘定に入れない生き方」がやがて機恵子の命を奪うことになる。

第十一章

臨月に自宅全焼

軍平の火事記録

一九一一（明治44）年1月23日の夜、山室宅が火事で全焼した。軍平によると、臨月に近い機恵子はまず隣家を延焼させてはならないと思い、近所に火事を出した事を詫び知らせ、子ども達を近くの親戚に避難させた。失火で隣家まで焼き、自分の家財道具を運んだのでは世間に申しわけがたたない。機恵子は何一つ家財を取り出さず、隣家が焼けないことだけを神に念じた。幸い、自宅焼失だけで済み、近所の人たちが一階の物は運び出してくれたが、二階の軍平の書斎にあった物は全て焼けた。軍平は本営から帰宅して火事を知った。借家は火災保険に入っていたため、家主は焼け跡に新築家屋を建て、山室一家は親戚の家に留まった後、新たな借家に移った。軍平は「この時くらい、機恵子の物に動じない沈着と、難に対する勇気と、深く神の摂理に信任して疑わない篤信とを、心

明治43年東京婦人ホーム、前列中央機恵子

から敬服したことは少ない」と述べている。

機恵子の火事記録

明治44年9月の雑誌「新家庭」に機恵子の「臨月で猛火と戦った私の経験　お隣の焼けぬ様にとばかり祈っていた」が掲載されていた。記者の前書きには「臨月の身で夫の留守中に火事と戦った武者ぶりはさすがに潔いと存じながら、記者は千駄ヶ谷の移転先で、涙ながらに語る山室夫人に会いました」とある。概要は以下の通りである。

一時は子供のこともすっかり忘れて、近所の方々の迷惑の無いようにと祈り、1月23日の晩、八時過ぎから鎮火の九時過ぎまで、私は宅の焼け落ちるのを見つめていました。主人はまだ本営から帰宅せず、私と女中と懇意の婦人、あとは長女民子（十二歳）、長男武甫（十歳）、次女友子（五歳）、次男周平（三歳）だけでした。

△二階の書斎でどっと音がした

誠に寒い晩で風もありましたので、主人が帰ってすぐ温まるように二階の八畳のアンカに火を入れ、寝巻を掛けさせました。私は臨月の体ですから、二階の上下はなるべく見合わせていました。二階でどっという音がしました。宅には鼠が多いので、これ位の音は珍しくもありません。再び、どっという音がし、賊かしらと思い、階段を登りました。

△一歩踏み込んでお隣の家を思う

真っ赤、真っ赤、真っ赤です。障子はペラペラと紅の舌を吐き炎はこちらに向け煽り返しています。主人が、多年丹精して貯めた書籍や説教の筋書きもあり、主人が十五の時から書いてきた日記もあり、ブース大将と往復した書類やらが御座いますので、思わず一歩、踏み込みかけましたけれど、そのままそこを駆け下り「申しわけありません、火事です」とお隣へ申して、家主と交番へ宅の者を走らせました。

△こどもの事など頭に浮かびません

主人にとって大事な品があろうとも、未練を残してぐずぐずしたなら、近所に取り返しのつかぬ災害を被ることになる。「どうかお隣の焼けないように」とばかり祈っておりましたところ、お隣は無事で、ただただ感謝を致すばかりであります。

△いつの間にか家財が出ていた

静まってから気づいてみますと、長女の民子は五歳の友子と、三歳の周平の手を引きながら、学校道具を持って三丁程先へ避難し、長男の武甫も学帽と鞄を持って無事に立ち退き、おかげで学校は一日も休まずに来ました。家財道具もいつの間にか箪笥二棹に、こどもの寝道具や長火鉢の類まで取り出され、今更ながら、人様の志に感じました。懇意に願った方は近所に御座いませんが、救世軍の世話になった方の連れ合いや、出獄人救済所の係の方や、出入りの八百屋などが熱心に働いてくださったのだと知れました。

△創業当時の心になれの意見か

初めから棄ててかかった家財道具ですから、取り出されたのを見ますと、見ず知らずの皆様の親切な贈り物と感じて、古い道具に対して、新しい感情と感謝の念を持つようになりました。主人の身になりますと、時勢に遅れては困る、これが自分の宝であると申して二度の洋行や普段から貯めて来た書籍類を、何一冊取り出さず煙にしてしまいましたけれど、「それが神様の思し召しであろう、本が貯まる、記念品が貯まるでは年寄りじみてしまう、創業当時の心になれというご意見であろう」と主人は意味深く申しております。

「婦人之友」にも「我家より出火した苦い経験」という機恵子の寄稿文があった。火事から一年後の明治45年12月に書かれたもので、羽仁もと子の依頼で書いたと思われる。前述文に書かれていないない部分は以下のようになる。

○臨月前の出来事

昨年の1月23日のことです。私は一ヶ月後に出産という重い体で、だんだん外出も難しくなるので、思い切って町まで行って、出産の仕度を始め、子ども達の春着、その他買いすぎたと思う程、買い込んで来ました。漬物や薪炭なども女中達の困らぬようにと三、四ヶ月分を貯え、もうこれで大丈夫と安心の息をついたので御座いました。

○気にかかる行火の火

七時半に行火に火を入れてもらい、こどもの就眠時間の八時になりましたが、大変寒い夜だったので『今夜だけ特別、もう暫く暖まっていらっしゃい』と皆で炬燵で遊んでおりますと、突然どん、と大きな音がし、続いてドンドーンと響きがしました。

○窓の障子に燃えうつる

二階に駆け上がると、行火の火が寝巻を焼いて障子に燃え移っているのです。さっきの不気味な音は、ブース大将やその他の肖像が、紐を焼かれて落ちた音だったのです。

○子供の事が心配になる

私は近所の親戚の家に避難することになりました。俄に子供の事を思い出し、夢中でその家に行ってみると、子供等も来ていたのでした。神様はいつでも私共を守って下さるのだと、感謝の涙が瀧のように下るのでございました。

○神の恵の深きを感ず

平素夫も私も外出がちですから、近火の際はかくかくの処へ避難するようにと、子供にも女中にも申しつけて置きましたけれど、失火の心得というのは言い聞かせたこともないのでした。出産の用意も出来、子ども達のものも女中の世話も、残りなくできたと安心した其の喜びの皺の消え切らぬ中に、何もかも取られてしまったのです。実に人間の知恵の頼みないことを思わずにおられませんでした。と共に神の恵が如何なる時にも豊かであることも経験することが出来たのでございます。

民子の火事記録

一方、民子は「寄生木の歌」で火事を以下のように書いている。

二階でどしんという音がし、続いて又どしんという。私共は思わず顔を見合わせ体が硬直していくのを感じた。二階への上がり口のふすまをあけた母が「火事、火事だよ。お前達逃げる仕度をなさい」と叫んだ。同時にお隣に向かって声を上げた。「火事です。粗相して火を出しました」。学校道具を手早く風呂敷に包み、母に「私は友子と周平を連れて小林さんへ行きます」というと「そうしておくれ。今、母さんはそのことをお前に言おうと思っていた所だった」とのことであった。三歳の周平を背負い、友子を連れて、暗い夜道を三、四丁歩き、小林さん（健三叔父の奥さんの実家）に辿り着いた。背から周平を下ろして、ずいぶん手が疲れていることに気づいた。おぶい紐もなしに背負っていたのであった。それに私の背中がびしょ濡れであった。周平がおしっこをしたのである。彼は頬を日の丸のように赤くして、すやすやと眠っていた。夜更けてから武甫、文代さん（軍平の兄の子）、おくに（お手伝い）が来たが、両親はなかなか来なかった。寝床でうとうとしていたら、両親のいつもと少しも変わらない元気な声が聞こえた。それですっかり安心した私はぐっすり眠ってしまった。翌朝はいつものように学校にでかけた。

校長先生は、民子が火事でもあわてず妹と弟を連れて親戚に避難し、武甫が母親の傍についていたことを褒めた。執筆当時三十六歳の民子は「あの時、どうしてあんなに怖くもなく慌てもしなかったのかと今顧みる。『悪いようにはならない』という大きな信頼が少しも心配にさせなかったのである。神様が善良な私の両親とその家をお護りにならない筈はないと信じ切っていたのである」と書いている。民子の証言から、機恵子はこどもの事がまったく頭に浮かばなかったのではなく、きちんと指示をしていることがわかる。パニック状態で隣家の焼けない事に集中するあまり、記憶から欠落したのだろう。非日常の出来事は、人間の素性をさらけ出し、醜い争いや不信感をもたらしがちだが、山室家の見事さはどうだろう。行火の処理を巡って誰かを責めることもなく、大切な書籍を無くしても怒ることもないのだ。

軍平の「火災の教訓」

軍平は数日後の「ときのこえ」に「火災の教訓」の一文を載せた。

私の書物、書類、二十余年分の日記、ことごとく消失した。しかし、物質は到底頼りにならないものだ。物質が私達を見棄てなくても、私共が物質を見棄てねばならぬ時が来るだろう。錆び、腐り、盗賊が住む地に財を蓄えず、天に財を蓄えねばならない。これが神から与えられた教訓である。失った物は案外少なく、残っている物が多い。まず天の父、同胞兄弟に尽くす機会、救世軍で戦う情熱、戦友、友人、苦楽を共にする妻、我が如き者すら父として慕う子供ら。小さな成功に甘んじず、また裸一貫で新規まき直しをし、創業時代の精神を失うなという神の黙示である。

軍平は失意の中からでさえ、必ず何倍かの恩恵を数えて突き進む人である。

火災の原因

軍平も機恵子も、誰がアンカに火を入れたかはどこにも記していないが、民子によると、二階に炭火を持って行ったのは、おくにと文代さんで、民子も付いて行った。「火を入れたアンカの上に文代さんが、父の寝巻と小蒲団を掛け、椅子を動かして机の下に置き、私も一寸手を添えた」と民子は書いている。民子は火事の時に、弟妹を連れて逃げたことを、あちこちで称賛された。「火事の数日後、おくにと歩いていた。『お嬢様のお利口であったこと、皆、褒めていらっしゃいました』『それは当たり前のこと、私、もう十二なのよ。それより私、あのアンカを机の下に押込んでは危ないことに何故気が付かなかったのかと後悔しているの』『とんでもない、あれはお嬢様の責任ではございません。これから後、決してそんなことをおっしゃってはなりません。お嬢様の出世の妨げになります』と、おくには厳しく私に言って聞かせた」と「寄生木の歌」に正直に書いている。

火事後のこと

山室一家は火事の後、しばらく小林家に世話になり、千駄ヶ谷町の借家に移った。武甫によると、それまで石油ランプを使っていたが、ここで初めて軍平の書斎に電灯をつけたという。その後、千駄ヶ谷町八九六番地にある小林家の借家に引越し、ここに十年住んだ。この借家は小林家の隣にあり、近所には、野口幽香子、河井道子らがやはり小林家から借りて住んでいたと、民子は書いている。両女史の家に寄宿したり出入りする女学生を民子は興味を持って観察するが、皆、年上で美しいので敬遠していた。そのくせ貧民窟に行くと伸び伸びしたと民子は回想している。

民子は暮れに慰問籠を持って何回か貧民窟へ行った。トンネル長屋といって、幅三尺（約九十センチ）の土間の通路をはさんで、両側に三畳、四畳半、六畳位の部屋が何十となく並び、それが各自一戸を成している。窓もなく、太陽も空気もトンネルの入り口から僅かに入るばかりで、中は湿気と臭気で呼吸が詰まりそうである。日中でも豆電球などで内職をしている。暗がりからこどもの泣き声がするので、手探りで近づいてみると「お父っさんが死んだんだよう、昨日の晩からそこんとこに死んでるよう」と寝床を指して泣きじゃくる。その子の母親は失踪して行方知れず。四畳半に八人も九人も住んでいるのも珍しくない、という記述がある。

民子は「火事の後、彼岸の頃に光子が生まれ、四月に吉原が全焼して廃娼運動に拍車がかかり、機恵子が危険なことがあってはと心配して軍平に懐中電灯を持ち歩くよう勧めた」と、書いている。臨月の身で婦人救済所の主任になり、民子を出産した機恵子は、またもや臨月の身で自宅を全焼し、3月17日に光子を出産するのである。凡人なら波乱万丈の人生と嘆くところだ。

機恵子の日記から

明治45年の機恵子の日記には、体調が悪いのに勤勉刻苦する様子が出ている。

3月15日　我が身の忙しさ、朝から夜遅くまでとりとめのない用事の多きことよ。ことに1月6日、光子が病気にかかってから十二時前に休むことは数えるほどで日記はおろか、こどもの用事終わって少し静かになれば、あの手紙の返事、この足袋の破れと、はじめかける用事は皆半ばで他の用事のために妨げられ、修養も進歩も考えるいとまなく、幾月の間を過ごしけるも、我が幾多の姉妹、ことに中以下の社会において、いやしくも子福者の母たるものは、かくの如き経験をせざるものは少なかるべし。心を平にし、思を静にして、今日の境遇を感謝し、この間に大なる天与の教訓を味わいつつ、妻たり母たるの責任を果さんと決しつる身は、新に賢母良妻という語の貴さを感じはじめ、また衣食住に対する責任を新たにせられたる心地して、会計簿の整理と日誌の記載とは怠らざるよう決心なしぬ。女士官としては社会に対し、近隣に対して任重く、家庭においては六人の子の前途を担い、夫の祝福を祈る身は自任自重、この多忙の間において神の力を与えられ、大いに鍛錬せざるべからずを思う。

3月29日　朝、野口氏に克己の依頼。それから女子青年会に行く。森村氏留守、古川氏留守。本営に立ち寄り、女子英学塾卒業式に参列し、夕方帰宅。小児は皆無事、嬉々として遊ぶ。今日一日の奔走は、銀座小隊と士官学校との手伝いとなれり。されど縁の下の力持ちとなり、誰よりも礼を言われず、働きもまた見えざるは、自分の天職なれば、ともかく善事のために、疲れるまで働き得しを感謝す。

4月5日　朝より頭痛激しく気分悪く熱三十九度六分。食進まず夜始めてそうめん食べる。

4月7日　（気分）少々よろし。下谷小隊に集金八円、こどもらの寄附八十銭納める。こどもらは皆よく一週間克己したので今日は菓子を与える。
4月8日　（気分）今日もあまりはっきりせず、床の上に起きあがり、松村大尉、斉藤三三氏、来訪されたが面会できず。文代を使いに出したが、よく集まる。自家の献金を加えて京橋小隊に三十五円、本所小隊に十円送る。ほかに十一円銀座小隊に与える。

四十度近い熱があるのに働く機恵子の日記を読むだけで苦しくなり、「どうか休養して下さい。御自分を労って下さい」と叫びたくなる。「されど縁の下の力持ちとなり、誰よりも礼を言われず、働きもまた見えざるは、自分の天職なれば」という記載に、機恵子の葛藤が垣間見られる。

4月8日の日記にも出てくる斉藤三三は「日常の落ち着きぶり」として機恵子を誉めている。

或年の晩秋、お訪ねした折のこと、部屋に入って母上に近寄られた赤ちゃんがテーブルの下におしっこを漏らされた。夫人は話を続けて、騒ぎ立てず、静かに適当な布切れを取り、赤ちゃんを脇に寄せて静かに綺麗にされ、畳の湿った箇所には湯を注いで更に清められた。私如き者の家内で起こった場合には、周章して騒々しく処置しがちなのと対蹠的に、山室夫人は落ち着き払って取り片付けられ、そのスマートな措置は、我々と桁が違っていると、感嘆した。どのような災難が襲い掛かろうと夫人は即座に、静粛裡に解決の道を見出された（山室武甫『機恵子』）。

第十二章

「廓清」婦人記者だった機恵子

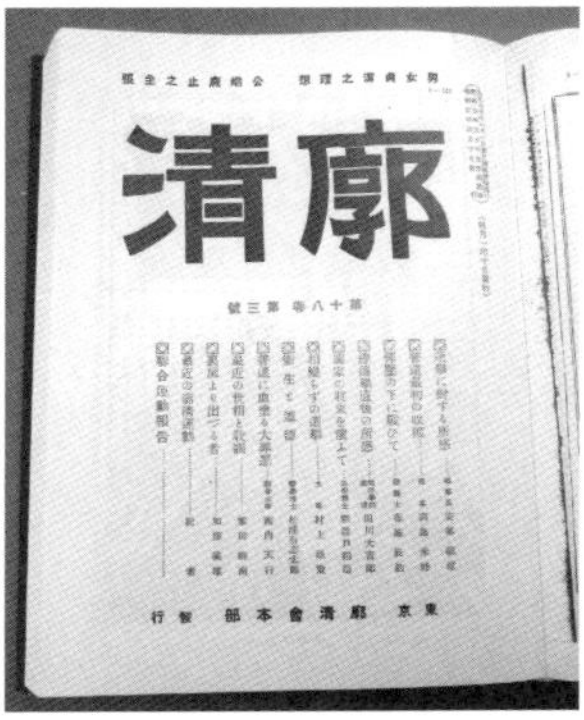

廓清

機恵子の執筆活動

従来、機恵子の主なる活動といえば、明治33年から36年までの婦人救済所主任時代、明治39年の凶作地子女救護・女学生寄宿舎時代、そして大正3年から亡くなるまでの結核療養所設立運動時代であった。明治40年にブース大将が来日し、軍平は書記長官に抜擢され超多忙になり、機恵子は軍平を支えて家庭を守りながら、表立った活動はしなかったと見られていた。

ところがこの時期に機恵子は表一のように様々な雑誌に執筆していた。その時期は大正5年に一点あるのを除き、明治41年から大正元年までの間に限定されている。軍平は「彼女は平生、できるだけ新聞記者と会見するのを避けた。新聞雑誌に彼女の話が出た場合は、よくよく面会を断り兼ねた時にかぎるのである」と述べている。

機恵子の署名記事の多くは、雑誌記者による取材だと思われる。軍平が言ったように断り切れ

山室機恵子署名文書一覧（表一）

題	雑誌名	発行年月日
「学生諸姉に我が経験の片はしを告ぐ」	『婦人新報』第137号	一九〇八（明治41）年10月25日
「悲惨は隣にあり」（右記とほぼ同内容）	『女鑑』第18巻第11号	一九〇八（明治41）年10月1日
「歳末の感想―救世軍の外に何者もなし」	『新家庭』第4巻第12号	一九〇九（明治42）年9月2日
「逸れてしまった昔の友達」	『婦人くらぶ』第3巻第10号	一九一〇（明治43）年10月1日
「救世軍と婦人」	『ムラサキ』第7巻第12号	一九一〇（明治43）年12月
「臨月で猛火と戦った私の経験」	『新家庭』第3巻第3号	一九一一（明治44）年9月2日
「我家より出火した苦い経験」	『婦人之友』12月号	一九一二（大正元）年12月
「全く我れに克ちし時」	『新女界』第4巻第10号	一九一二（大正元）年10月1日
「大勢の子供の親たる傍ら外で働いた経験」	『婦女界』第13巻第1号	一九一六（大正5）年1月1日

ず載ったものであろう。しかし一次資料がほとんどない機恵子の肉声は貴重である。

「逸れてしまった昔の友達」には「山室があの通り忙しい体でして、たくさんの子どもの世話をする暇に、諸方への手紙などを認めるようなことに日を送っています。こどもは末がようやく六ヶ月になり、少しの間も手放しできませんので、それをおぶったり抱いたりして書き物を致します」（傍線、筆者）とあり、この時期に機恵子が様々な執筆活動をしていることを証明している。

ところが、機恵子はそれだけではなく、廓清会の機関誌「廓清」にも婦人記者として執筆していたことが判明した。いったい「廓清会」とはどのようなものだったろうか。

「廓清会」の発足

一九一一(明治44)年4月に吉原遊郭が全焼し、鍵をかけられ逃げ場を失った多くの娼妓が焼死した。海外からも吉原遊郭廃止を求める外電が届き、国内でも公娼全廃論が高まった。矯風会の矢島楫子会頭は公娼廃止の陳情書を内務大臣に提出し、有志による廃娼演説会、激しい反対運動が起こったが、吉原遊郭は仮営業を許可され本建築にとりかかった(久布白落実『廃娼ひとすじ』)。そこで廃娼団体の結成が急務となり、江原素六を中心に「廓清会」が発足した。

7月8日の発会式には千数百名の聴衆が集まり、江原素六が趣意を述べ、会長に島田三郎を推薦し、安部磯雄、山室軍平の演説があった。益富政助による経過報告では「廃娼問題は明治23年頃に島田三郎、植村正久、森林太郎、巌本善治、金森通倫その他宣教師諸氏などにより唱えられ廃娼同盟会が組織された。その後、日本基督教婦人矯風会、基督教青年会、救世軍などが尽力してきたが、幾百年続いた悪習を全治することは非常に困難であった。そこで廓清会なるものを起こし、組織的、永続的に奮励努力すべく決定し、5月に創立委員会を開き、島田三郎、矢島楫子、安部磯雄、山室軍平、鈴木文治、益富政助、島貫兵太夫、矢吹幸太郎、山田弥十郎等が会議を重ね発会に至った。月一回機関誌「廓清」を発行、会の経費に関しては矢島楫子、小林富次郎等の助力に負う所大なり」とある(「廓清」第1巻第2号　廓清会)。

山室軍平は「廓清会の発会式の時、矢島先生は遊郭側の乱暴人が極度の狼藉を働く恐れがあったので、衣類を着替え講壇に打倒されて死んでも見苦しくないようにと決死の覚悟で立ち会われた」と語っている。楫子は着物の下に白無垢を着て死に備えていた。

一九一一（明治44）年12月1日の「廓清」に津田梅子談として「公娼制度が人身売買である事はどなたも御承知の筈です。貞操の売買を公許されますのは、風教道徳の上に及ぼす弊害は勿論、外国に対しても誠に気恥ずかしい次第で、議論の余地は無いと思います。（略）廓清会ができまして、矢島先生の様なご老体でさえ、あんなに御熱心でいらっしゃるのですから、私共の様な若い者が、じっとしていてはすまないと存じています」と載っている。

婦人矯風会の守屋東は「吉原遊郭が丸焼けになった時であった。矯風会では矢島会頭を先頭に、吉原遊郭再建反対に全力をあげた。島田三郎先生、安部磯雄先生、山室軍平先生、林歌子女史、この方々はいつの演説会にもかかさず並んだ。津田梅子先生が『この運動にジット出来ません』という言葉を使って、非常な協力をされた事など忘れられない。女子英学塾の講堂へ内外人を集めて、人権運動ですと、あの独特な日本語で演説された。山室先生はいつやられるかしれませんよ！と新聞記者に注意された事など、一度や二度ではなかった」と回想している（『山室軍平選集　追憶集』）。

機恵子は廓清会評議員だった

廓清会の顧問は大隈重信、会長島田三郎、副会長矢島楫子・安部磯雄で、山室軍平も廓清会発起人兼評議員に名を連ね、ほぼ毎号寄稿している。意外だったのは、山室機恵子も発起人兼評議員に名を連ねていたことである。しかし、なぜか今まで軍平をはじめ、誰一人機恵子が廓清に関係していたことに言及している人はいないのである。役員として機恵子の名が記されているのは表二の通りである。

「廓清」評議員の期間（表二）

発起人・山室機恵子	第1巻2号、明治44年8月1日
評議員・山室機恵子	第1巻3号、明治44年9月1日
〃 〃	第1巻4号、明治44年10月1日
〃 〃	第3巻1号、大正2年2月15日

さらに「廓清」誌には表三のように「婦人記者」とだけ署名された文

「廓清」「婦人記者」による文書一覧（表三）

「芸娼妓口入所観察記」	第1巻5号（明治44年11月）
「売られたる娘」	第1巻6号（明治44年12月）
「恐るべき虚栄心の犠牲」	第2巻1号（明治45年1月）
「矢島先生を訪う」	第3巻1号（大正2年1月）
「嬰児の育て方」	第3巻6号（大正2年6月）
「夫の心を心とせらるる後藤男爵夫人」	第3巻7号（大正2年7月）
「嬰児の精神的育て方」	〃 〃
「嬰児の育て方」（6号と同題）	第3巻9号（大正2年9月）
「主婦日常の心得」	第3巻12号（大正2年12月）
「母親の心得」（鳩山春子夫人）	第3巻12号（大正2年12月）

書があるが、内容を読むうちに、婦人記者とは機恵子ではなかろうかと筆者は推測した。「廓清」にふさわしくない「嬰児の育て方」や育児法が機恵子の思考そのものであったことも理由の一つだが、婦人記者が訪問記を書いた矢島楫子、鳩山春子、後藤男爵夫人の三人に共通することは、機恵子が結核療養所設立運動で婦人後援会を組織した時に、発起人を依頼した女性たちであったことが最大の理由である。

しかし、決定的証拠はなかったのだが、矢島楫子が「婦人新報」に書いた機恵子の追悼文を見つけた。そこには「機恵子さんから後藤男爵夫人を紹介してほしいと頼まれた」という記載があり、廓清記事と照合して、機恵子が婦人記者の一人であることが証明されたのである。照合すると明らかなように「婦人記者」による文書は明治44年から大正2年までで、機恵子が廓清会の評議員をしていた時期と重なる。このことからも「婦人記者」とは機恵子ではないかという仮定は成り立つのである。「芸娼妓口入所観察記」（第1巻5号）の前ページには「麻布広尾町なる救世軍婦人ホーム」と説明された写真があり、娼妓達と機恵子が写っている。しかも「廓清」誌に「婦人記者」が執筆した時期は、機恵子が雑誌に執筆した時期とも重なるのだ。

婦人記者による三女史訪問記

婦人記者による訪問記とはどんなものであったか、以下はその概要である。

「矢島先生を訪う」（大正2年1月）

記者は麹町の女子学院に矢島先生を御訪ね致しました。先生が女子教育のため、又社会矯風のためにお尽し下さいました功績は、実に大なるものであります。今も尚、その意気盛んなこと、私共若い者の実に慚愧に堪えぬ所でございます。先生が八十の高寿に達し給えるを祝して、談話の一、二を御紹介申しましょう。

◎何時も若い女学生の気持（略）　◎嫁も姑も努力せよ（略）

◎社会風紀の改良と婦人の自覚

社会風紀の改善には婦人の自覚が最も大切で、婦人矯風会でも初めは同志を募るのさえ苦心しました。お家に伺って、噛んで含めるように奥様にお話をしてやっと承諾し記名捺印してくださる。一日に一人か二人の同志を得るのさえ容易ではなかったのですが、宅へ帰るとすぐお使いを寄越して、よくよく考えますと女として差し出がましく思われ連名は取消し願いたいというのです。私は今少し自覚して、婦人自ら起つの覚悟がなくてはと思っておりましたが、この頃では進んでこの事業に尽くされる方が多くなり感謝しています。何事によらず謙遜な心で物事を考え、その判断をあやまらず、起つ可きに立ち、なす可きを為すという事は大切で、努めて怠らなければ、何時かはその目的を達する事が出来ると確信しています。

記者は敬愛なる先生の温容に接し、かかる教訓を与えられました。お話ばかりでなく、その高き人格に接して、いい知らぬ感化を与えられたのです。そしてある夫人へご紹介の労を頂きたいとお願い申し上げましたところ、御快諾下さって眼鏡もかけ遊ばさないで、紹介状を認められましたが、それに「友人何々子御紹介」と記されてありました。何と御謙遜な御心で御座いましょう。私ごとき者に対してまで、友人と御記しになった先生の襟度の寛大なのには、実に驚きかつ感嘆せずにはいられませんでした。(傍線、筆者)

婦人記者は矢島楫子に誰かを紹介して欲しいと頼んだというのである。

「夫の心を心とせらるる後藤男爵夫人」(大正2年7月)

麻布の御邸に後藤男爵夫人を御訪ね致しました。いつ行っても気持ちのいいのはお取り次ぎの丁寧なしかもあっさりした態度です。名家の女中さんや書生さんの中には「何しに来たか」という顔をして見下す方もないではありません。また馬鹿に丁寧で窮屈な所もありますが、男爵邸の書生さんは丁寧であっさりした態度、うかがわずともその家風のゆかしさが忍ばれます。お目にかかって見ると思ったよりお若く、雑誌で拝見したより気品のあるお顔、落ち着いて犯しがたい威厳がほの見え、世の噂の偽りならぬをつくづく感じました。風紀問題や他の事について伺いましたが、夫人は謙譲な態度でこれを辞せられた。「昔からの習慣もあり、欧米の思想も入って来ていますから、殊に風紀の問題などはむつかしい事で、種々な方面から研究なさった方でないと、わからないものでございます」。私は夫人のお言葉には実に味わうべき意味が含まれているように思われてなりません。なおも雑談の間にお心がけをうかがい得ました。「話すより聞く事を多くし、自分を新しくする事につとめて居ります」と忘れられぬはこのお言葉。「奥様がご意見をご発表なさっても差し支えない方もございましょうが、私がいたすのはいかがかと存じます。新聞なり雑誌なりに出た時、夫の意見と違っていたら誠に困るのでございます。主人の心を心としなくてはと心得ます」「主人の流儀も妻がでしゃばるのはよろしくないと申します。ですからどなたがおいでになっても、素っ気なくて失礼のようですが、世間一通りのお話よりほか申しあげる事もできませんし、なるべくお目にかからないようにいたして居ります」。

夫の心をもって心とせらるるゆかしき夫人！世の模範として仰がれるのも首肯かれました。「たしかに男爵夫人は豪《えら》い」これが私の心にきざまれた深き印象です。

後藤男爵夫人とは後藤新平の妻、和子のことである。「いつ行っても気持ちのいいのはお取り次ぎの態度」「お目にかかって見ると思ったよりお若く」とあり、婦人記者は何度も訪問したが、後藤男爵夫人と面会できたのは初めてだとわかる。夫人は面会を避けている理由を述べているが、なぜ婦人記者だけが特別に面会できたのかは不明である。

鳩山春子夫人の聞き書き（「母親の心得」）（大正2年12月）

鳩山春子夫人がお子さん達を教育なされたについては少なからざる苦心をなされたので御座います。春子夫人よりその一端を伺いますれば、「各自独立するまでは酒と煙草を厳禁致しました。親の監督時期に悪癖習慣をつけるのは罪悪であるから、厳禁せねばならぬ事を相談的に申し聞かせ、頭から厳命する事は致しません。子が親の労力によって生活する間は絶対に親に服従せねばならぬが、成人独立しましたら親は子どもの自由を妨げないという事を知らしめました。人は誰にも厄介にならず、悪影響悪感化を及ばさぬ様に努力することが肝腎で、出来るならば少しでも同胞兄弟を助け、国のため、社会のために尽くすべきであると教えました」と申されました。

なぜ「鳩山夫人を訪う」と独立して書かなかったのかは不明である。「矢島先生を訪う」と「後藤男爵夫人」はともに二千四百字ほどの分量だが、鳩山春子については六百字位しかない。これを最後に「婦人記者」は「廓清」誌から消えるが、反対に鳩山春子はこの先、何度も「廓清」誌に執筆している。

矢島楫子による「機恵子追悼文」

「婦人新報」第231号（大正5年10月5日発行）に、矢島楫子が「二婦人の伝記を手にして」という文章を掲載していた。タイトルだけでは見落としがちだが、これは矢島楫子自身の筆による機恵子追悼文であった。体調を崩していた楫子は、一九一六（大正5）年の夏を北海道で過ごして帰京し、三十年前に矯風会が組織されて以来願っていた新築の矯風会本部に移ったと最初に書いている。以下は矢島楫子の「二婦人の伝記を手にして」の機恵子に関する部分の概要である。

□生き残りという感じ

意味深い二婦人の伝記が手に入りました。一つは『山室機恵子』です。機恵子さんはこの七月昇天され、その後早々軍平氏によって書かれたのであります。私から見ればほとんど四十年もお若い方々で、先立たれたかと思うと、ひどく自分の「生き残り」という境界を思わずにはいられません。さりながら神様はなおこの世に私の使命のある事をお示しになっているのだと、静かにその誓旨をかしこみたる次第でありました。

□無言の中に許し合う

機恵子さんとは真に一心同体とも言うべき主義の姉妹《きょうだい》でありながら、一度もゆるゆる対座して話し合った事がなかったのです。基督教のそこの集まり、ここの会合で一緒になるか、様々の事業の打合せ等で来訪される時に用件を語り合うのみでした。それでいて何となく互いの心は鏡にかけて照らし合う程にわかっていて、何も言うには及ばぬような気が致しておりました。最後の日が近づいた節には、私も病床にいたので、矯風会の代表者が見舞に行かれましたが、ろくろく伝言もせず、葬儀を営まれた日も、私は病床に在って行く事も出来ず、何をも申さないでしまいました。

□精神上の後継者と思いしを

ちょうど三年前、機恵子さんが結核療養所設立のため、日夜奔走して居られた頃、ある日、私の許を訪れて、後藤男爵夫人に紹介状を書いてくれと頼まれました。私は男爵夫人とは同郷のよしみもある事とて、早速筆を取って書いた紹介状には「このお方は私と姉妹もただならぬ仲であるから、なにぶんよろしく願う」という意味をしたためたところ、その後機恵子さんは男爵夫人に面会して、非常に便宜を与えられたと喜んで手紙を寄越されました。その手紙はいかにも機恵子さんの面目躍如たるもので、感謝の中にも、己が志を知ってくれるという嬉しさを述べておられました。私はこの手紙こそ保存しておきたいと、保存書類の中に入れて置きましたが見あたらないのは、いかにも残念でなりません。かように無言の中にも許し、許されておった機恵子さんを、私は密かに精神上の後継者と目しておりました。が、その甲斐なく先立たれた事は、非常に残念でなりません。（傍線、筆者）

「機恵子に頼まれて後藤男爵夫人に紹介状を書いた」ことと、「機恵子を密かに精神上の後継者と目していた」という矢島楫子の言質は貴重である。

「廓清」三女史訪問記を書いたのは機恵子

矢島楫子の「二婦人の伝記を手にして」という機恵子追悼文が掲載されたのは「婦人新報」一九一六（大正5）年10月号で、機恵子に後藤夫人を紹介したのは「ちょうど三年前」とある。廓清の婦人記者が「矢島先生を訪う」を書いたのは一九一三（大正2）年1月号で時期も合致する。矢島楫子が機恵子に頼まれて紹介状を書いたのは、後藤男爵夫人であり、廓清の婦人記者が「夫の心を心とせらるる後藤男爵夫人」を書いた一九一三（大正2）年7月号とも合致する。ゆえに廓清の「矢島先生を訪う」と「夫の心を心とせらるる後藤男爵夫人」を書いた婦人記者は、機恵子であることが証明されることになる。

軍平は「彼女が私の妻になっていなかったならば、社会事業に相当の活動をしていた筈である。十分それだけの見識も力量も品性も備わっていた。しかし自らを無き者にし、人目につかぬ所に真実を尽くす事を心がけた。婦人救済や、凶作地子女救護や、結核療養所設立の為などに、公に立ち働いたことがある。しかし平生の志は、表だったことではなく、家庭の中に隠れ、夫を支え、健康を護り、後顧の憂いなく救いの戦場に馳駆《ちく》せしむることにあった」と述べている。

機恵子がマスコミ関係者と会見するのを避けたというのも、後藤夫人の感化があったのではないだろうか。前述したように、機恵子が他雑誌に文章を載せた時期も、大正元年までであり、後藤夫人の姿勢に共鳴し、以後は取材を断ったとも言える。ともかく機恵子の立ち位置は、従来型賢夫人の後藤男爵夫人と同様だが、一方で「婦人自ら起つの覚悟が必要」という進歩的な矢島楫子の影響も大きく受けていることがわかる。

矢島楫子と後藤男爵夫人訪問記は機恵子が書いた事が確実となったが、鳩山春子も機恵子が書いたと見てよいと思えるのだが、どうだろうか。三者に共通することは、機恵子が始めた結核療養所設立資金募集の趣意書発起人に名を連ねていることである。もっとも後藤夫人に関しては後述するが、発起人として名を出すことは辞退している。

婦人記者による他の記事

三女史訪問記以外に「婦人記者」が書いた他の文章の内容を検討してみたい。

『芸娼妓口入所観察記』（明治44年）

婦人記者は芸娼妓、酌婦などの様子、お店の人々を観察している。「廓清会規則」第五条に「本会に調査部を設け左の事項を調査研究す　㈠公娼に対する現代思想の研究　㈡遊郭その他花柳界の調査」とあり、㈡には「醜業婦口入業者」が入っている。ゆえに「芸娼妓口入所観察記」は廓清会規約に則った活動といえる。しかも機恵子は発起人であり、前ページに婦人救済所での機恵子の写真も掲載されている。明治期に花柳界に乗り込み観察できる婦人といえば、機恵子であってもおかしくはない。

『売られたる娘』（明治44年）

「近所に駄菓子屋の娘がいた。人の悪口を言わず正直な子で近所の評判もよかった。その後、私共は家長が役向きの都合で半年ばかり遠方へ行って帰って来て見ると、娘の姿がなく苦界に身を沈めたという。ある日、銭湯に騒がしく派手な芸者の一群がいて、駄菓子屋の娘もいた。あどけなさは失せ誇りがちに騒いでいて、失望と不快の念に堪えなかった」とある。山室一家は何度も引越したが、築地本願寺近くの家から、軍平が渡英する前に芝高輪の長屋に引越し、半年後に築地の借家に移っている（山室民子「寄生木の歌」）。明治37年頃だが前述傍線部分と符合はする。ただし駄菓子屋の娘が関西弁なのと、機恵子なら娘を更生させたと思うので、機恵子が書いたかは疑問が残る。

『恐るべき虚栄心の犠牲』（明治45年）

松山藩の軍人の妻が、万引きをして一家離散になった事件を紹介している。軍平は一九一一

（明治44）年7月発行の「婦女界」に「虚栄心より起りし悲惨の実例」として「四国地方の陸軍中佐夫人の万引き」を書いている。新聞種になった事件とはいえ、くしくも軍平と婦人記者は同事件について書いているのだ。機恵子は「虚栄心」を一番嫌悪した。

「嬰児の育て方」「嬰児の精神的育て方」「主婦日常の心得」（大正2年）

これらが書かれた時期は、一九一三（大正2）年3月に善子を出産した機恵子にとって、まさに時機を得たテーマではある。機恵子が婦人会で講演した「習慣」と、同様の記載がある。機恵子の長女である民子が「寄生木の歌」に書いた機恵子の思考、教育方針とも合致している。一例をとれば婦人記者は「自立心を養うため、自分の事は自分で始末させる」と書くが、民子は、母が幼い子どもに蒲団の上げ下げまでさせたと書いている。婦人記者は「木綿を着せる事、虚栄心、贅沢心を起す絹物など着せないように」と述べるが、民子は母から質素な木綿だけを与えられた少女時代の不満を回想している。婦人記者は「赤児の泣き声の判断」に「多年の実験によりて得たるもの」と書き、子だくさんだとわかる。

さらに大正2年の救世軍「ときのこえ」には表四のようなコラムがある。育児や衛生、家庭という他の年には見あたらないコラムであり、「廓清」の嬰児の育て方などと似通っている部分がある。423号には「飲ませて可い乳、悪い乳」というのがあり、母親がどのような病気の時ならば、こどもに乳を飲ませてよいか、悪いかが書かれている。機恵子は大正5年7月2日に危篤になり、4日に出産した。その赤児を使徒と名付けたが、8日に半身不随を再発し、使徒を大森にある愛生産院に預けることになった。その事を聞いた機恵子は喜んで「まさか腎臓炎の乳は飲まされないでしょうから」と賛成したと軍平は書いている。この機恵子の言葉と、「ときのこえ」の「飲ませて可い乳　悪い乳」の文章が妙に符合するのである。筆者は「ときのこえ」のコラムも機恵子が書いたのではないかと推測している。

「廓清」には料理のページもあり、機恵子以外に婦人記者がいた可能性もある。ところが一九一四（大正3）年以後の「廓清」には婦人記者が登場しないばかりか家庭的なページも存在しない。例外は新刊書紹介欄だけである。「婦人記者」の登場は、機恵子が廓清会の評議員をしていた時期と重なり、この時期の婦人雑誌的な部分は、「廓清」全体に比べ違和感がある。「廓清」にふさわしくない家庭的な記事は、取りやめになった可能性もある。

大正2年　救世軍機関誌「ときのこえ」コラム　（表四）

ときのこえ	コラム名	タイトル	備考、注釈
418号（大2・5・15）	台所須知		女子大学講義、他より抜粋した信頼すべき専門家の説
420号（大2・6・15）	家庭		婦女新聞、婦人世界所載記事より抜粋
421号（大2・7・1）	家庭	蚤の全滅法	東京時事新報紙上　宮島医学博士談より
422号（大2・7・15）	衛生	肺病に成らぬ伝授	大阪結核予防協会会報より抜粋
423号（大2・8・1）	育児	飲ませて可い乳悪い乳	瀬川医博の講話「実験上の育児」を参考にしたもの

雑誌寄稿は救世軍発展期と一致

機恵子が家庭にありながら、様々な雑誌や「廓清」誌で執筆活動をしていたことが明らかになった。しかもその時期は明治41年から大正2年までである。

一九〇七（明治40）年4月にブース大将が来日し、約四十日間日本各地で演説説教し、熱狂的歓迎を受けた。救世軍の存在と山室軍平の力量が世に知れ渡り、軍平は三十五歳という異例の若さで日本救世軍の最高位である書記長官に抜擢された。軍平は大正十五年に著した『救世軍略史』で、明治四十年のブース大将来日前までを「創業の時代」とし、ブース来日後を「発展の時代」と概観している。機恵子の雑誌寄稿は、まさに「救世軍発展の時代」に該当している。書記長官の妻である機恵子にも講演依頼や執筆要請が来るようになったのではなかろうか。その後、署名文書が見あたらないのは、結核療養所設立運動に没頭するようになったからと思われる。

平塚らいてうの吉原登楼

一九一一（明治44）年は廓清会が発足した年だが、平塚らいてうが「元始女性は太陽であった。真正の人であった」という言葉を掲げ「青鞜」を創刊した年でもある。女性が抑圧されていた時代に、女性解放を求めて女性だけで「青鞜社」を組織したのだが、世間からは新しい女たちの危険思想として揶揄され、嘲笑され、迫害された。『青鞜』のメンバーによる、誤解を招くような行動が多々あったことも事実で、「吉原遊興」もそのひとつだ。

平塚らいてうの著書『元始、女性は太陽であった』によると、一九一二（明治45）年に青鞜メンバー、尾竹紅吉の叔父から、女の問題を研究するのに、不幸な女の実態を知らないではだめだと云われ吉原見学に誘われた。らいてうを含めた三人の女性は、吉原でも一番格式の高い「大文字楼」の「栄山」という花魁の部屋に通され、おすしや酒が出た。「栄山は御茶の水女学校を出ているということでした。栄山の身になってみれば、三人もの同性に取り巻かれ、内割った話もしかねたことでしょう。得たいの知れない女客への警戒心もあったに違いありません。私たちはその夜はただ好奇心な眼で、眼にふれるものをなんでも見てきたというだけのことでした。私たちは花魁とは別の一室で泊まり翌朝帰りました」とらいてうは述懐している。

らいてうは「そのころすでに、救世軍や婦人矯風会などの廃娼運動が盛んに行われておりましたが、廃娼問題と結びつけて、吉原にでかけるといったような目的意識的なものでなく、いわば珍しい世界を、せっかくの機会に一つ見ておこうといったくらいの気持ちでした」と述べている。

女性解放を謳いながら、青鞜社のメンバーがなぜ廃娼問題に関心を示さなかったのか不思議である。栄山は御茶の水女学校を出たと言ったらしいが、平塚らいてうは明治31年にお茶の水高等女学校に入学している。真偽の程は不明だとしても、栄山が吉原に行き着いた身の上話を聞こうとは思わなかったのだろうか。前述したように明治44年の「廓清」には「芸娼妓口入所観察記」という婦人記者による取材記事が掲載されている。らいてうたちの吉原見学は、単に低俗な男性の真似をしただけに過ぎず、残念である。

第十三章

東奔西走し結核療養所設立

救世軍病院

一九〇七（明治40）年に来日したブース大将は、日本に貧民救療事業を起こす必要性を痛感し、救世軍病院の設立計画を発表し、イギリス婦人から託された五千ポンド（約五万円）を寄付した。日本でも大隈伯、渋沢男爵、尾崎行雄、江原素六、島田三郎などが、救世軍病院設立に賛同して慈善観劇会を催し、収益を寄付した。他からの寄付も合わせて資金として、一九一二（明治45）年6月、下谷に「救世軍病院」を開設した。しかし、最初から基本金と維持費が不足していて、さらなる寄付を求めながらの苦しいスタートであった。

救世軍病院の院長は松田三彌で、顧問を承諾した医師は十一名いて、北里柴三郎も時々出張してアドバイスすることを約束してくれた。二百坪の狭い土地に病院、院長住宅、看護婦養成所を

大正5年　結核療養所

配置した。ベッドは十床あるが、経済上の都合で当初、入院患者は扱っていない。病院の特色は夜間診療と巡回救護で、どちらも我が国医療の先駆であった（「ときのこえ」明治45年7月1日）。

軍平が松田三彌を訪ね、救世軍病院の院長に就任して欲しいと相談すると、松田はその場で承諾した。「救世軍では沢山のお金を用意できないし、ご家族と相談して熟考なさってください」と軍平がいうと、松田は「本人である私が承知したのですから即答に間違いありません」と言った。松田はブースが来日した時に、集会に行き、白髪のブースを見て「何という神々しい姿であろう。神の人とはこんなにも尊く見えるものか。どうか自分も神に仕える人となりたい」と感じ入った（秋元巳太郎『山室軍平の生涯』）。

松田院長は明治45年8月の「新家庭」に「霊肉の病院―救世軍貧民病院の近況」として「院長、医員二名、看護婦五名、事務員と使用人がいて、脇屋副院長は夜間だけ診療し、皆、院内に住まい夜間診療、巡回救護もしている。病気は肺結核が多く、次が眼病（トラホーム）、花柳病で、毎朝、診察の前に礼拝を行う。浮浪者は飯を食べずに居るので、まず飯を食べさせてから薬を飲ませる。患者の自重心を傷つけぬ為、極貧者以外の患者からは一銭でも薬価を徴収するが、五銭を超過する薬価の支払いに堪えうる患者は診療しない」と書いている。お金のない患者は診ないのではなく、窮民患者を救うための病院なので、支払い能力のある患者は他院に回すというのだ。

軍平は「他の医師の所で一日十五銭払うべき患者が、救世軍病院に来て五銭ですまし、他の医師が迷惑する恐れ」にまで考慮している（「ときのこえ」明治45年7月15日）。

巡回救護は「貧乏人を装って来る患者の心配もなく、病院に来る事もできない患者に手が届き」一年間で一、五八二時間巡回し、二一、四〇六戸を訪問し、一、九九七人の患者を診た。しかしここで一大欠陥を発見したのは、結核患者の処置で結核療養所の必要性だった（「ときのこえ」大正3年1月1日）。「ときのこえ」には救世軍病院に来た母親が背中の子を降ろすと死んでいた例、真っ暗な長屋で死を待つだけの人々の例、葬式を出せず死んだ子を放置していた例などが紹介されている（「ときのこえ」大正2年5月1日）。

「ときのこえ」（大正2年2月）には救世軍病院内に結核患者保護指導所ができた広告が出ているが、「診察料は不要、貧困者でない人には治療投薬をしない」とある。この結核患者保護指導所は、その後結核相談所と名称を変えている。救世軍病院は一九二二（大正11）年に鉄筋コンクリート三階建となったが、関東大震災で類焼し、一九二九（昭和4）年に浅草に再建された。ところがこれも第二次世界大戦で焼失してしまった（秋元巳太郎『山室軍平の生涯』）。

松田院長令嬢の死

松田三彌が救世軍病院の院長の打診を受けた時、家族にも相談せずに承諾したことは先に述べたが、松田の令嬢清江子は救世軍病院に引越して後、結核に感染し逝去している。

大正2年7月15日の「ときのこえ」には「松田院長令嬢清江子は、かねて不治の肺患に悩んでおられたが、さる6月28日自宅にて勝利の昇天を遂げられた」と出ている。

同年8月15日の「ときのこえ」には「同窓の友に」という松田清江子が生前、同窓生の間に通信する廻文に書いた文が、以下のように掲載されている。

今年五月に救世軍病院が出来上がり、かねてから父が貧民の為に尽くしたいと考えておりましたので、すべての事を犠牲にして献身的に貧民弱者に尽くす事になりまして、便宜上どうしても院内に居住しなければならない様になりまして、五月の始めに引移る事になりました。其の一ヶ月許り前から忙しくて目の回る様でした。漸と此の方に参り整理が出来たかと思って居りました処へ、疲れが出たと見え寝込んでしまいました。段々悪くなって六月始め頃は早二、三日で天国へ旅立つという処まで進みましたが、不図熱が下がりはじめ、七月の始め頃迄床にじっと就ききりでした。（略）久しく病床におりまして、病気の時等には超自然の力に頼らなければならないと切に知りました。救世軍の職員の方々から毎日神様の御話を聞き、聖書の講義を聞きます。これが一番楽しい時です。淋しい時、気がくしゃくしゃした時には、これによりて慰めを得て居ります。過去の私は最早死んで、現在の私は生まれ変わったもの、即ち自分はないものという覚悟をもって或方面に尽くしたいと思っておりますが何時の事だかわかりません。誠に皆様の仰せの通り、世の中へ出てみますとなかなか波風が荒い事と思います。今のうちに十分信仰を養って、如何なる困難、いかなる運命になっても堪え忍びたいと思います。艱難汝を玉にすということは本当の事と思います。

松田清江子は救世軍病院に引越しをしてから肺病で亡くなった。尊い犠牲であるが、最期の文は、信仰に目覚め、まるで機恵子の文を彷彿とさせる。

結核療養所設立計画

一九一二（大正元）年8月20日、救世軍創始者ブース大将が八十三歳で昇天した。明治は45年7月30日で終わりを告げ、元号は大正にかわっていた。ブース大将の最後の説教は「婦人が今日のように泣く状態にある限り私は戦う。幼い子どもが今日のように飢える限り私は戦う。男子が今日のように刑務所に出入りする限り私は戦う。酔漢が残り、哀れな娘が街上にある限り私は戦う」であった。この言葉は「女性が泣いている限り」として現在でも救世軍で語りつがれている。

救世軍ではブース大将昇天記念事業として結核療養所の設立を計画した。当時、結核療養施設として南湖院があったが、中流以上の人を対象としていた。白十字会は診療所を設け、結核予防撲滅事業に先鞭をつけたが、他には日本結核予防協会、赤十字社結核予防会、済生会結核予防会がある程度だった（山室武甫『機恵子』）。

文明国では結核患者が減少していたが、日本では年々増加し、特に栄養状態や生活環境が劣悪な貧困層で感染率が高かったからだ。結核療養所の予算は十万円で、イギリス人が三万円寄付したので残りの七万円を募集し、結核患者百五十人を収容する計画であった。

一九一三（大正2）年11月には「救世軍療養所設立に賛助を仰ぐ状」に大隈重信・渋沢栄一・島田三郎・江原素六らが発起人に名を連ねて社会に寄付を呼びかけた。しかし大正3年に第一次世界大戦が勃発し、思うように資金が集まらなかった。軍平によると、状況を傍で見ていた機恵子は一九一四（大正3）年、慨然として起ち療養所設立費募集に取りかかった。

こども二人の入院

この時期、軍平の比重は依然として廃娼運動にあった。いくら救世軍で結核診療所設立募金をしているとはいえ、機恵子が募金活動に没頭した理由は何だろうか。機恵子の日記に「結核療養所設立は己が責任」とまで書いているのは、なぜだろうか。

軍平は一九〇九（明治42）年に二度目の渡欧を終えた後、肺浸潤を患い興津で休養した。民子も軍平がロンドンで胸の痛みを覚え、帰国後、高田畊安医師の診察を受け、南湖院への入院を勧められたが、興津で三週間静養したと書いている（「寄生木の歌（64）」）。しかし、機恵子が私事で大々的な運動を起こすとは考えられない。夫の肺疾患は遠因にはなっても、主要因ではありえない。民子は「寄生木の歌」で以下の重要な証言をしていた。

光子が三歳の冬、ジフテリアに罹ったので、座敷に隔離し、母が付ききりで看護していた。善子も風邪をひいて発熱し、その後この幼い二人が申し合わせたように耳鼻咽喉に故障を起こし、幾月間にわたり、母は毎日彼らを連れて病院通いをしなければならなかった。あまりはかばかしくないのを心配し、救世軍病院の他に小此木病院、鉄道病院等にも行ったようである。寒さの激しい季節の二、三週間、母は二人の幼児と共に救世軍病院に入っていた。春になり、子供の健康がようやく恢復しかかると、母は自ら深く感ずる所があり、結核療養所創設の為に立つこととなった。（傍線、筆者）

一九一二（大正元）年11月の「ときのこえ」には「一時、チブスの疑いがあった山室大佐の幼嬢は既に快方に向かわれた」との記載がある。しかし、一九一三（大正2）年2月の「ときのこえ」には「山室大佐の令嬢光子は先頃、劇烈なるジフテリアに罹り、一時は松田医学士等も心配せられたが、幸いにして今や快方に向かっておられる」とあり、依然として光子が病弱であることがわかる。しかも翌月3月の「ときのこえ」には「山室大佐夫人は3月3日にめでたく女子をあげられた」との記載がある。前述の民子の回想に書かれている光子の三歳は数えなので、一九一一年3月生まれの光子が二歳の時に、ジフテリアに罹り、機恵子は看病に明け暮れ、やっと快方に向かった途端、善子を出産したわけである。その善子も風邪を引き、病院通いをし、入院もしたということである。

百日咳で襄次を亡くした機恵子にとって、子ども達の病気は何よりの心痛であったろう。病院通いをし、こどもの入院に付きそうことで、結核がいかに蔓延して悲惨であるかを目の当たりにし、機恵子は居ても立ってもいられない心境になったのではないだろうか。

一九一四（大正3）年5月の「ときのこえ」には「山室大佐夫人は、このたび療養所建設計画のために、活動を開始せられた。多くの子女を有せらるる上、健康も優れておられる方ではないので、なかなかお骨折りのことであると思う」とある。民子十四歳、武甫十二歳、友子八歳、周平五歳、光子三歳、善子一歳と六人の子育て中で、機恵子の体調もよくないのは、周知の事実だったことになる。機恵子は親友の青柳春代に「山室はこのことにあまり賛成でない」ともらしていたと、青柳の娘、乗杉タツ子は証言している。軍平が憂慮したのは当然である。

募金にあたり、機恵子はまず千名にのぼる紳士名簿の作成をした。自宅に電話がなかったので、二百メートルほど離れた米屋の電話を借りた。募金集めに国電と市電を利用したが、手順よく訪問するためにまれには人力車を利用した。民子は「昼になると車夫には丼物などをあつらえ、自分（機恵子）はうどんの盛りやかけで間に合わせた」と書いている。

機恵子の気高さ

『山室軍平回想集』には、大正3年に山室家の近所に住むことになった人が、そば屋で機恵子を見かけた逸話が出ていて、「信濃町駅前のそば屋に入っていると、山室機恵子夫人と婦人士官が入って来られて、モリの注文をなさった。結核療養所基金募集運動中の昼食だと察せられた。気高い機恵子夫人の和服制服姿を今でもはっきり脳裏に残している」とある。知らない人達の中で寛いでいる時でさえ、気高いという印象を与える機恵子なのである。機恵子を見た人の多くが、気高い、気品があると述べている。機恵子はいついかなる時も神の僕として居住まいを正し、その心掛けが品格を増す要因にもなったのであろう。

山室武甫は『機恵子』に以下の文を記している。

大正4年の春、武甫は当時第一の難関である府立一中（日比谷高校）を受験することになった。願書の写真の裏には本人が氏名を書くよう指示されていたが、大急ぎで準備したため、誤って機恵子が達筆で記入してしまった。募集数は百六十名だったが、志願者は千五百十名で、試験最終日に口頭試問があった。試験官は写真の裏を示して「これは君が書いたのかね」と質問した。武甫は当惑して言葉をにごし、帰ってからその旨機恵子に告げると「嘘をついて入学することはできません。合格していたら、取り消してもらわなければならないから、その覚悟で麻布中学をお受けなさい」とさとした。武甫は一中に合格した。機恵子は校長に面会し率直に事情を打ちあけた。校長はこの機恵子に深く感動し、快く武甫の入学を許し、入学式に列席者一同にこの出来事を語り、多大の感銘を与えた。

この逸話は機恵子が心身共に疲弊しきっている亡くなる一年前の事だ。凡人なら目をつぶってしまうのではなかろうか。山室家の玄関には「この家の主人はキリストなり。食事の度毎に見えざる客あり、凡ての談話に沈黙せる聴者あり」という有名な名句が、額に入れて掲げてあったというが、愛する我が子に不利益があっても辞さない機恵子の態度の見事さには敬服してしまう。

機恵子の日記から

一九一四（大正3）年の機恵子の日記が、山室軍平著『山室機恵子』に載っている。

4月16日　病院の事業は自分の責任と切に感じ、夫に願って一人女中を増やし、五、六、七月の三ヶ月に五万円の建設費を得んがために奔走せんと決心す。このような立志は無謀だが、神にできないことはない。ジャンヌダークを起こしたる神が、今の世の必要においてこの身を使わないことがあろうか。しかしそうはいっても自分には何一つ頼むべきものなし。家庭の事情、健康状態、己の能力。これらは皆この成功を否定する。しかしながら我が弱き時に神の力最も強ければ、我はただ全力を捧げて早く百五十の結核患者と、その家庭の救済の実現するまで働くのみ。（略）嫁して後、ただ一枚のじゅばんの袖も、一つの半襟も買っていないので、外出に用いるものは皆汚れ、破れて、一つだに用に耐えるものなし。ことにあわれなのは火災後購入せざれば、メリンスの○○○○一つなき事なり。それで新しいメリンスを十八銭で買い、それに古い裏を用い、外出用とする。立とうとすれば頭重く、歩けばすぐ疲れる身で、かかる事業にとりかかろうとする、無謀の極みなり。されど一粒の種子もし地に落ちて死なば、多くの実を結ぶべし。愛する子らと家庭を楽しみ、子等を嬉々として遊ばせてやりたいのは山々で、それを思うと我は妻としての価値なきもの、母としての義務を果たさぬ者との苦しい感じが胸を圧するが、今は進んでなさなければならない時機、涙をのんで最善の道に前進せんとす。

4月28日　午前中士官会。午後、津田梅子先生を訪れ、集金の決心をのべ、ご協力を請う。いつもながら先生の厚志に感ず。

5月6日　安藤氏より寄付金十円、別に五円は我が滋養費なりと御親切の至り。早速、下駄を買う。外出用の財布、名刺入れもこの内にて購入すべし。感謝の至りなり。

5月8日、女子青年会に行き、レーガン氏より寄附十五円を受け、三輪田元道氏、添田修寿一氏（留守）、ダッジ氏（五円の約束）、山本氏、アルウィン氏、普賢寺氏、丹羽氏、岩井禔三氏、女子学院、番町教会に行く。疲れて少し車にも乗る。

5月9日、朝八時頃より車にて出づ。大山公爵夫人御病気にて面会謝絶、下田歌子氏不在、波多野氏御依頼、徳富夫人不在、山脇氏に面会して依頼。時に十時半頃なれば、車を返し、山脇氏前より電車に乗り、国民新聞社を訪う。徳富氏に紹介状を依頼す。夜、宇佐氏方にて第一回の入隊式ありたり。

5月11日、八時前出宅。車で添田、島田、匹田、丹羽、廣井、首藤、石黒、福岡、箕作、新渡戸、鳩山の諸氏を訪う。夜、婦人ホームにて宇佐氏の集会に行く。疲れたれど集会後、被保護者によく女子としての教育をしたきものと勧める。帰宅すれば夜十一時半。

5月12日、早昼食べ十一時出宅。外国語学校に福岡氏、職業学校に鳩山氏を訪い、九段教会、河本夫人、ページ氏を訪う。午後、本営に行き帳簿を調べる。夜、帰りて四児を風呂に入れて後食事。もう一度自分も入り風呂で体を洗わんとしたが、赤子に乳を与えつつ眠り、顔さえ洗わずにしまえり。

5月13日、帳簿整理のために在宅したりしに、在宅すればこどもらの衣服やら、家事の整理やらに手抜け難く、ついにそのために夜十時過ぎまでかかる。

5月14日、（用事で深夜二時半になり）早起きするつもりで衣服のまま休む。ああ、これにて衣服のまま三夜、無精といえばいうべし、されど早く帳面の整理つけたきためなり。忙しいけれどこどもらかわいそうなれば、今日は在宅ゆえ、菓子もくれ、夜も一時間ばかり一緒に遊び、おやすみの祈りもしてやる。

5月15日、午前中、手紙と人名簿調べ、宇佐夫人のお手伝いを受く。リード氏見送る。新渡戸博士に病院の事依頼したれば、五十万円で国際病院設立せんため、今日も諸官省訪問中なりとの事。ボールズ夫人に会う。たくさん知人に会いたれど、熱心に賛成してくれる人も見えず、さりながら木脇園子氏より、廣井夫人が祈りて何か慈善のために金五円を捧げんと考えおりしに、偶然我が訪問にあい、寄附したという事を聞き、神は必ず備え給うべしとの信仰盛んになり、岡田氏に立ち寄り、御老母と御夫人に祈祷を頼む。なお紀州家の方も尽力すべしとの事、感謝に堪えず。金森氏に立ち寄り帰宅。こどもを風呂にいれる。

寡黙で自分のことをほとんど語らない機恵子だが、日記には結婚以来、じゅばん（着物用の下着）どころか、半襟一つ買ったことはないという状況が綴られている。

一九一六（大正5）年8月の「ときのこえ」は「山室大佐夫人紀念号」になっていて、右の機恵子日記も一部収録されている。そこには前述傍線部分の「○○○○」が「こしまき」になっている。日記の最初の断り書きに「もとより日記の事であるから、どんな人聞きの悪い記事があろうと、やむを得ない。しかしそれだけ赤裸々な事実を知り得るわけである（千里）」とある。千里は軍平のペンネームである。前述の日記は○で隠してあるが、「ときのこえ」には、ありのままに記したことがわかる。

機恵子が大正3年5月22日に、友人の福原粂子氏に出した手紙がある。

昨日までに千人ばかりの名簿を作り、七月末迄には少なくても千人以上の方々お一人お一人お願いにまかり出る事にしました。唯今のところはいかに導かれるのか一向わかりませんが、必ず万という金を神に献げる人が出るように感じられます。軍平はあの通り多忙の人ですから、この事は私のみの専任となります。なにとぞ神がつたなき私に力を与え、また財布を開く人々を用意したもうよう、お祈り願いたく、これは私の唯一のお願いです。

同時代の人、夏目漱石

漱石日記の一九一四（大正3）年12月8日には「妻が三越へ行ってメリンスの裏と襦袢の裏と純一と伸六の綿セルの上っ張りを買ってくるという。いくら入ると聞くとほぼ十五円というから二十円を渡し、ついでに羽二重の襟巻きを買って来てくれと頼んだ」と書かれている。漱石の妻は三円二十銭で黒の襟巻きを買ってきて、これがまたひと悶着になるのだが、機恵子の4月16日の日記「メリンスの下着すらないことで、新しいメリンスを十八銭で買い、それに古い裏を用い、外出用とする」がいかに慎ましい暮らしかがわかる。しかもその機恵子が結核療養所設立のために必要な五万円の寄付集めをし、万という金額を献げる人が出ると言っているのだ。身を粉にして他者のために尽力する機恵子のスケールの大きさには脱帽する。漱石は機恵子と同じ大正5年に四十九歳で亡くなっている。

婦人用名刺は矢島楫子が元祖

前述の機恵子の5月6日の日記には「名刺入れ」を買った記録が出ているが、明治44年12月の「婦人新報」に矢島楫子の「婦人用名刺の由来」という以下の文章をみつけた。

只今の婦人方が小さい名刺をお用いになりますが、その起こりを申しますと、我が国では最初に芸者が持っておったので、その他の方は高貴なご婦人方でも名刺はお持ちにならなかった。私は人様を訪問してお留守の時には是非とも自分の住所職業、及び訪問した事柄を書いて帰らないと、せっかく足を運んだのも無駄になり、また女中に言い置いても違ったり致しますと誠に不都合と思い、どうしても名刺の必要あることを感じました。しかし、芸者のまねを避ける事はもちろん、小さなものでは用が足りないと考え、只今用いているような名刺をこしらえまして、初めて安場様（後藤新平夫人の御親父）のお宅へ伺った時、取り次ぎの人が奥へ持っていきますと、女でこんな名刺だと笑われた事を覚えております。

肩書きを書いては謙遜でないように仰せられるかもしれませんが、この繁雑な世の中に、自分の住所、職業を説明するために人様のお尋ねを煩わすのは、却って無礼ではないでしょうか。きちんと明記して名刺の甲斐あるようにすべきと考えます。このような名刺を婦人で持ち始めましたのは、この国では私が初めてであったかと思っております。

芸者以外で女性用の名刺を使い出したのは、矢島楫子が元祖で、機恵子も使ったわけだが、楫子の相手の事を思いやっての合理的、斬新な生き方には瞠目させられる。

婦人層に訴える

寄付集めに別の人を頼むより、機恵子がじかにお願いするほうが効果的なのだが、容易には集まらなかった。そこで機恵子は婦人に訴えることにした。他国とは反対に日本の結核患者は男子より婦人に多いためである。救世軍婦人後援会を組織し、療養所設立資金募集趣意書の発起人になってくれるよう、著名な女性を訪問依頼した。大正3年9月の「趣意書」には以下の文言が書かれている。

近時我が国における結核病の蔓延は真に驚くべきものがあり、惨状を極めております。毎年、結核による死亡者数は、日露戦争による戦死者数にも匹敵するそうです。コレラ、ペストなどの伝染病には救護施設もありますが、結核病には救療設備を欠き、貧困な患者は罹患すれば死を待つほかなく、伝染して一家全滅になる悲惨な実例は枚挙にいとまがありません。（略）救世軍では貧困なる結核患者のために、療養所を設立しようと大隈氏や渋沢氏等の御発企で寄附金を募集中です。英国のエミリー嬢から三万円寄附されましたが、別に七万円を募集し、合計十万円を用いて、少なくとも百乃至百五十人の結核患者を収容する設備をなさんと苦心しつつあります。なにとぞ諸姉においても、この計画をご賛成の上、銘々幾口か宛の寄附金をご担当下さるならば、幸いです。

発起人には津田梅子、矢島楫子、安井哲子、鳩山春子、新渡戸マリ子、野口幽香子、三輪田真佐子、平野浜子など二十七名が名を連ねている。津田梅子が婦人後援会事務所を引き受け、一口五円で幾口でも賛助願うということである。一口五円で七万円寄付を集めるということは、単純に今日の貨幣に換算すれば一口五千円で七千万円集めるということになる。しかも当時は電話で訪問を予約することもできず、機恵子は人力車で一軒一軒訪問したのだから、まさに無謀の極みである。

新渡戸マリ子とは新渡戸稲造の妻、メリー・エルキントンのことで、津田梅子が紹介したのかもしれない。新渡戸稲造は軍平、そして救世軍を支援した。

機恵子は後援会事務所を引き受けてくれた津田梅子に、婦人後援会の発起人リストを送っているが、確定者リストの後に、未確定者の名をあげている。その中に「後藤男爵夫人（出来るだけ尽力すれば名はやめてとのご返事なるもご再考を願置候）」というのがある。これは後藤新平夫人、和子のことである。「できるだけ協力はするが、発起人の名前には出さないで欲しい」という人に対し、機恵子が「ご再考をお願いいたします」と説得している。善行は目立たないように、自分も目立たないように心がけている機恵子だが、有名人を発起人に加える事が運動としては効果的なのを熟知している。結局、後藤男爵夫人は発起人にはならなかったが、前面に出ることを躊躇し、縁の下の力持ちとして陰で協力した女性は他にも多くいたであろうことが推測される。

多事多難の中、機恵子を支えた津田梅子

吉川利一は、梅子が一九一五（大正4）年8月に、軽井沢の夏期学校で「日本の婦人運動」について講演したことを記している。夏期学校とはキリスト教女子青年会の主催ではないかと吉川は推測しつつ、「梅子は直接には津田塾を通して女子教育に心血をそそぐと共に、機会あるごとに婦人の啓蒙と覚醒によびかけ、社会的な婦人活動にはおおかた参加して、これを指導し励ました」と述べている（吉川利一『津田梅子伝』）。

津田梅子は機恵子が始めた結核療養所設立運動を全面的に支援したばかりではなく、「救世軍療養所婦人後援会」の事務所まで引き受けたのは、右記の思いからであったのであろう。しかし当時の梅子は、自身も多事多難を抱えていた。吉川利一によると、まず後継者問題で、梅子が後継者と目していたのは安井てつだったが、ミッション系の女子大学が新設され、新渡戸稲造が学長で、安井てつは学監に推薦されるという噂に苦しめられた。

さらに校舎が手狭になり、隣地を四万円で新たに購入した。記録によると銀行からの借入金は一九一五（大正4）年12月末日現在で三六、二四六円五十五銭だった。これらの心労から梅子は体調を崩し一九一七（大正6）年5月に糖尿病で入院し、以後、闘病が続くことになる。

梅子自身がこのような困難な状況にありながら、機恵子を支援したのだ。

機恵子、最後の寄稿文

一九一六（大正5）年1月発行の「婦女界」に「大勢の子供の親たる傍ら外で働いた経験」という機恵子の署名記事が掲載されていた。概要は以下の通りである。

家庭に出来た失敗

　私共は夫婦共に救世軍の軍人として働かねばならないのでありますが、大勢の子供の母となってみますと家庭の仕事も多く、内にも外にも手の回りかねることばかりで困っております。こんな不行届な家庭ですから一年間を顧みましても失敗ばかりが多いのでございます。

救世軍では細民の結核病者を救済する目的で、結核専門の慈善病院を設けることとなり、敷地も中野に求め、大葬殿の用材をも御下賜にあずかっておりますので、今少しの基金を募集すればすぐに病院の設立が出来ることになっております。それでどなたでも一番お嫌いになる寄附金の勧誘の役を私が引き受けて（傍線、筆者）、毎日奔走することを一昨年から始めました。ところが私の性質として極端までそのことに熱中しなければ気がすまないため、この事に従事して以来、家庭の事にも手落ちが多く、殊に子供の教育上に悪い結果を招きましたので、子供に対して誠にすまないことをしたと後悔いたしました。

　私が出歩くようになってからは、女中を増して二人の女中に子供の世話と留守中の家事を任せておきました。毎日のように朝早く出て夕方遅くまで家を空けておりましたところ、だんだんと子供の様子が変わってまいりました。女中の好みによって、ある子はひどく可愛がられるがある子は反対に疎まれ、泣いたり不平を言ったり悲観的な性質になる傾きがございます。五歳になる子供が丁度そうなりましたので、非常に心配しているうちに、私も過労のために三ヶ月ほど療養することとなり、自分の病気の手当をする傍ら、偏屈になった子供の性質を矯正するために苦心致しました。原因が偏愛のためとわかりましたので、他の子供達より寧ろ手厚く愛してやるようにし、女中も替えて子供の周囲を一新するようにと努めました。母親の愛をもってすることであり、早くなおすことが出来たので喜んでおります。

感謝の過去と希望の将来

このような始末で家庭も寄附金募集もはかばかしく参りませんでしたが、幸いにも世間の篤い同情により、徐々に好成績をあげておりますから、遠からずして病院の設立を見ることが出来ると存じております。知名の方々も寄附金の勧誘にご尽力して戴いておりますから、これらの方々のご援助のもとに、今年こそは事業の進歩を計りたいと覚悟しております。さきの失敗に懲りておりますから、家をあけることがあっても、今度こそは悔いを繰り返さないように、あらかじめ十分に注意しておきたいと存じております。

家庭の出来事とは違いますが、私共にとって大正四年度の主な記念事業は御大典奉祝のために始めた三つの社会事業が御座います。そのうちの二つは『愛隣館』という細民のための授産場であります。他の一つは大阪で始めた出獄人の保護事業で、これは陛下からの御下賜金三千円を基金と致し、大阪の有力家の方々からの寄附金を加えたもので、陛下のご即位を紀年し奉るには最もふさわしい事業の一つであろうと存じております。

　ほかに付け加えたる出来事と申せば、御大典のみぎりに表彰された三人の社会事業家の中に、宅の主人も加えられていたことで御座います。もとより神と人との間に立って御用を勤める私共では、世俗的な名誉などを望むのでは御座いませんが、二十年余りの長い間、とかくに世の誤解を受けていた救世軍の真価が天聴にも達し、ひいては世間一般の誤解を解くことができれば、困難な事業も幾分かやりやすくなるだろうと、嬉しき過去を顧みつつ、楽しき将来の事業に望みを抱く次第でございます。


　右の文は機恵子の絶筆とも言える。「寄附金の勧誘は誰でも一番嫌う役である」こと、だからこそ機恵子が引き受けたことが書かれている。そして子供達の教育上、悪い結果を招いたことへの後悔が正直に書かれている。軍平も武甫も、妻として母としての機恵子を賛美する文章しか残していない。民子は「寄生木の歌」で厳しい機恵子に反発した時期があったことを書いてはいるが、主婦として手抜きがあったような事は一切書いていない。それゆえ機恵子自身が主婦として行き届かなかった事、失敗したことを正直に書いているこの文章は貴重である。

　軍平が皇室崇拝者であることの批判は多くあり、機恵子も同様であることがわかる。しかし、二十年間余り、世間の誤解を受け続けてきた救世軍の立場への理解も必要であろう。さらに機恵子が明治女学校に遊学できたのは、父庄五郎が明治天皇からの御下賜金をこどもの教育費にあて、こどもを国家の役に立つ人間に育てて、皇恩に報いようとしたこと、それを機恵子も使命としていたことが挙げられる。

命と引き替えで結核療養所完成

一九一六（大正5）年2月11日発行の「ときのこえ」は結核特集をし、一部五銭で十万部発行し、純益を療養所建設に回した。そこには「結核で死亡する者は年に十三万三千人、一日約三六十人以上、四分間に一人死亡している。日本で結核に罹患している人は約百三十万人、総人口に比較すれば五十人に一人が結核患者になる」とある。機恵子が福原粂子氏への手紙で「必ず万という金を神に献げる人が出るように感じられます」と言ったが、軍平は「二年後に山本唯三郎氏から一万円の寄附があり、事実となった」と記している。

大正5年4月発行の「慈善」に、松田三彌救世軍病院長の「救療機関と他救済機関との連絡に就いて」という講演録があり、以下の文言が書かれている。

（救世軍病院の）入院患者は十床の設備がありますけれど、財政上の関係から外科眼科等の手術者を数日入院させる位に止めておりますから、他の救療機関にお願いせねばならぬ事であります。東京市中で施療結核病床は二百床位と思われます。市中数万の結核者にて一日四円の入院料を支払い得る者は少数と信じます。養育院の結核病室に収容を許される外、他に送付の途がなく、やむを得ず医学校の学用患者として入院を願い、患者生前の希望、承諾により、死後解剖にふせられるとも異存なき遺言書を認める事もあり、それにても入院ができれば結構であります。救世軍療養所設立は必要に迫られて起こりました。然し五十人位の病床は殆ど大海の一滴であります。元来宗教団体である救世軍の貧乏をもってして、数万円の金を集める為に、数年間苦心をなし、漸く五十人収容の場所を提供しうるに至った事実は、この事が尤も焦眉の急に迫りつつあるとの警告を社会に与えつつあるものと信じます。

結核療養所は杉並区和田に最初の計画を縮小し、五十名を収容することで工事が行われ一九一六（大正5）年11月23日に開所した。救世軍病院院長の松田三彌が、所長を兼任することになった。この時、国庫から一万余円の補助があった。結核予防法が制定されたのは、三年後の一九一九年である。一九二〇年には結核患者を入院させるため、五百床を備えた東京市立療養所（後の国立中野療養所）が開設したが、その先駆となったのである（三吉明『キリスト者社会福祉事業の足跡』）。

しかし機恵子は7月12日に逝去し、完成した療養所をみることはできなかった。結婚する時、両親に「五十歳まで着られる地味な着物を作って下さい。救世軍で着物をこさえるつもりはありませんから」と頼んだ機恵子だが、五十歳どころか、わずか四十一歳で力尽きてしまったのである。

第十四章

第八子を出産し、帰天

危篤の中で出産

機恵子は体調不良の体で寄付金集めに東奔西走しながら、第八子を身ごもり臨月を迎えた。一九一六（大正5）年6月末に浮腫、悪寒と高熱、頭痛がひどくなり、産前の腎臓炎と診断された。7月1日から亡くなる7月12日までは、機恵子の生涯で一番詳細に動向が記録されており、機恵子の人間性、思想性を読み解く手がかりが多い。軍平の『山室機恵子』には、以下のように書かれている。

7月1日、深夜、機恵子は危篤に陥った。脈が切れ、呼吸もなくなり、カンフル剤で一命を取り留めたが半身不随になった。軍平は一泊の予定で千葉小隊に出かけていたが、自動車もない不便な所で帰宅できなかった。十五歳の民子は泣く余裕もなく「泣いてはいけない、祈りなさい」と弟妹にいいながら祈った。

機恵子の遺言で試作された車

7月2日の朝、民子は帰宅した父をみた瞬間、責任感と緊張感がゆるみ、はじめて涙が出たという。機恵子は意識混濁状態で産婦人科に入院したが、家を出る時、気がつき「私は病気なのですか、ただ眠っていただけと思っていたのに」と言った。3日にかけて惰眠状態にあったが、7月4日、男児を出産した。意識が鮮明になった時「どうか赤ん坊が生まれた事を感謝してください。私は何もかも感謝です。少しも不足はありません」と軍平に言った。赤ん坊の名前を「使徒」ではどうかと軍平が相談すると、「何もかも皆様のご親切とお世話にばかりなっておりますから、それに報いる事を教えたい。自分のために生きず、他人を益するために生きるという意味で、使徒はいいでしょう」と賛成した。

8日、半身不随が再発し、脳膜炎が疑われた。使徒の養育を大森の愛生産院に依頼する相談をすると、機恵子は喜んで「まさか腎臓炎の乳は飲まされないでしょうから」と賛成した。さらに「(病院の方々は)使徒的な働きをなさるあなたの妻として、私をこんなに親切にして下さるのです。それ故子どもらも付き添いの者も、そのつもりで不注意のないように言い聞かせて置いて下さい」と軍平に頼んだ。今までの人生を、他者のために尽くし通した機恵子なのに、皆のお世話にばかりなっていると感謝している。しかもそれは軍平の妻であるおかげであるから、こどもらにも思い上がったり、失礼な事のないよう言い聞かせて欲しいというのだ。なんと謙虚な人間なのだろうか。

先立つ不孝を母に詫びた機恵子

9日、使徒は愛生産院に連れて行かれたが、「一切のこと、感謝のほかありません。すべての事は働いて益を致します。一つも不満はありません。万事を神様に任せて、少しも気がかりはありません」と機恵子は言った。赤ちゃんを産んで育てられず、離ればなれになる事を嘆きもしないで感謝しているのだ。

斉藤宗次郎は、照井真臣乳《まみじ》から聞いた話を『山室軍平回想集』に載せている。

大正5年の夏、重態の機恵子夫人を実家の母上が病院に見舞われたとき、機恵子夫人は病床に首をもたげ、団扇をとり、「お母さん、暑かったでしょう」と言葉もやさしく、自らの重態を顧みず煽がれたので、母上はその温かい孝心に涙を禁じ得なかったという。同窓の機恵子夫人の美わしい臨終の情景とともに、この母上から聞いた話を語って、眼を拭う照井兄の話に、私も胸の塞がる想いであった。

機恵子は容態が険悪な時にも、うわごとで夫の食事を心配し、病院のベッドの下に寝ている夫を団扇で扇いでくれたと軍平も回想している。

これは今まで一度も公表されなかった事実だが、軍平の日記には「7月10日　夜、母に曰く、我が不孝を赦せ。母曰く、今までも信仰の事にて心配させて申しわけない、必ず心掛けたきなりと（涙をもって）」とある。機恵子が母親に先立つ不孝を許して欲しいと言ったというのだ。機恵子の母安子は、一八五一（嘉永4）年生まれなので、六十五歳の時に、一人娘が七人の孫を残して先立つことになる。機恵子が母に詫びたという事実からは、機恵子の哀しみ、キリスト者でない母への思いやりが伝わってくる。母安子も、これまで機恵子からキリスト教信仰を勧められてきたのであろう、信仰を心掛けたいと答えている。山室武甫は祖母安子について「機恵子の没後、しばらく山室家で子ども達の面倒を見た事もあった。晩年はキリスト教信仰に傾いていた。昭和16年に九十歳の高齢で天寿をまっとうした」と記している。

絶筆は「神第一」

機恵子は急性脳膜炎と診断され、医師から回復の望みがないと宣告された。軍平は胸つぶれる思いで、真実忠誠な妻を大事にしなかった自分を責めた。半睡半醒の機恵子に「長いこと私のために尽くしてくれたが、私は誠に不行届で申し訳ない」とささやくと、機恵子は目を開き「いいえ、あなたは私を理解して下さったのに、私が不行届でした」と答えた。「これは犠牲の生涯だよ」というと「私のような者にその犠牲の生涯を送らせて下さったのは、あなたのお導きのおかげです」と礼を言った。

意識がはっきりしているうちに告別させるために、軍平は子ども達を病院に呼んだ。機恵子はいつの間にか覚悟を決め、遺言を述べ始めた。付き添っていた母の安子に「私はお金や地位を求める生活を送らなかった事を最後まで満足に思っています」と言った。「私が救世軍に投じた精神は、武士道をもって、キリストを受け入れ、これをもって世に尽くさんとするにありました。この事を民子、武甫らにも伝えて下さい」とも言った。

子ども達が病室に着くと、機恵子は十五歳の民子、十三歳の武甫、九歳の友子、七歳の周平、五歳の光子、三歳の善子、それぞれに最後のメッセージを与えた。下の二人には「お姉さんになって嬉しいでしょう」と言った。お姉さんになることより、幼くして母に死なれることの方がどれだけ辛いか、わかっていただろうに、機恵子はそれにはなぜか決して触れないのである。「この後はお父さんのいうことをよくお聞きなさい。そうすれば母さんが今一々言う必要はありません」といい、神に祈り、子ども達を帰した。

機恵子は「私は先日死ぬはずのところを、皆様のご親切で生きていろいろ遺言することが出来たのは真に神様の恵みです。昨日今日の苦しみは生まれて初めてのことで、私は今、死なんとする病人ですが、それでも皆様が言うことを聞いて下さるなら『幸福は唯十字架の側にあります』と伝えてください。私はもっとも幸福な生涯を送りました」と言った。左半身不随だったが、あおむけに寝たまま右手でどうにか書いた絶筆は「神第一」の三文字であった。

7月11日の早朝、目をさました機恵子は軍平に「私がことされた後、何か記念して下さるようでしたら、むだな費用をかけず、病気で足腰の立たない者を乗せるいざり車をこしらえて下さい。一つ七、八円もあったらできるでしょう」と頼み、軍平も了承した。約束通り、後にこの車は救世軍の愛隣館や病院で使用した。今日の車椅子の先駆である。

7月12日、朝、医師が「あまり覚悟を定めてしまうのはよくないですよ」というのを聞いて

「私は生きると思っても、死ぬと思っても、そんなことに関係はないのです」と言った。その後、心臓麻痺を起こし、四十一歳七ヶ月の生涯を終え、帰天した。

軍平は後に「私は今日までいまだかつてあれ程、生死を超越した高貴なる最期を見たことがない」と感嘆している（『日本の説教　山室軍平』）。聖職者として多くの人の最期を看取った軍平に、かく言わしめた機恵子の精神性の高さに驚く。

亡きがらに新調の制服を

7月14日、神田の東京キリスト教青年会館（ＹＭＣＡ会館）で機恵子の葬儀が営まれた。参列者は約千二百名、各界の著名人も多く参列した。機恵子は救世軍書記長官の妻でありながら、生涯一枚の制服も新調せず、あり合わせの着物を縫い直して制服に仕立てていた。せめて新調の制服で天国に凱旋させるため、大急ぎで縫いあげ、なきがらに着せた。新調した制服の費用はたったの二十円だった。機恵子の生き方をみても、無駄な費用をかけないようにとわざわざ遺言した性格を考えても、制服の新調などより一台でも多くのいざり車を作ることを喜んだと思うのだが、軍平や遺族にとっては機恵子が不憫で、新調せずにはいられなかったのであろう。

大隈重信は機恵子の訃報を聞き「偉い女であった。社会公共のために尽くしておったが、惜しいことをした」と益富政助に言ったが、葬儀には代理が出ている。朝日新聞の7月14日版には、大隈重信がこの日、爵位を授与された記事が大きく出ている。

『山室機恵子』を一ヶ月で出版した軍平

機恵子の逝去を悼んだ電報は日々増し二九〇通、書信は六百通を超えた。軍平は機恵子永眠のすぐ後に機恵子の日記や記録をもとに伝記を起稿し、一ヶ月後に約十二万字の『山室機恵子』を書き上げた。序は以下の通りである。

私は彼女の多年の勤労を感謝する心から、この書を著した。彼女は伝道に、社会事業に、救世軍の士官として十七年間最も忠実なる奉仕を続けた。彼女は縁の下の力持ちが自分の天職と信じ、なるたけ人目につかぬよう、噂に上がらぬよう、隠れた所に真実を尽くし、犠牲献身の生涯を一貫した。私は彼女生前の恩人知人と、死後私共一家を慰藉し、激励せられた幾百千の厚意に感謝する。さりとて風習に倣いいわゆる香典返しをすべき柄でもなければ、せめて小伝なりを綴って諸君に献じ、感謝の微衷を表したい。

軍平の日記によると大正5年7月20日に、伝記の材料になりそうなものを機恵子の書類から調べている。8月14日には「『山室機恵子』を十五日朝までに脱稿」とあり、9月15日には「『山室機恵子』並製の分出来る。新聞雑誌社へ百冊、友人知己へ三八十冊、士官に百七十冊ほど贈呈す、別に特製二百冊を親戚、友人に贈る見込み」とある。コピー機もなければ、パソコンもワープロもない手書きで、この早さである。軍平はこの年に、他にも二、三著書を刊行している。

一九〇七（明治40）年にブース大将が来日する前に、軍平が執筆した『ブース大将伝』は六百ページに及ぶ大作だが、繁忙を極めた中で、僅か一ヵ月内外で一気呵成に書きあげたという（山室善子「福音と時代」）。執筆量の多い軍平は後年、書痙になったが、短期間に書き上げる集中力にも驚く。

さらに後述するが、翌月10月5日の日記で軍平は、「水野悦子と一年後に結婚したい」と書いているのだ。当時、この事がスクープされていたら騒がれただろうが、百年後の今日では、筆者一人立腹するだけで、迷惑を被る人もないであろう。

軍平の『山室機恵子』に以下の文がある。

婦人矯風会会頭矢島楫子女史は、彼女（機恵子）の昇天を聞いた時、「お機恵さんは山室大佐に救われたのですよ。あの気性で何処で働いても、決して良心の満足が出来ず、苦しんでおった時、救世軍に一身を投じて、今日まで幸福な生涯を送ったのですからね」と言われたそうである。彼女が私に救われたかどうかは別問題である。しかしながら彼女の衷《ちゅう》に強い激しい火の如き精神が宿っており、それがどこへ行っても満足を得なかったのを、救世軍に来て、血と火の宗教に接し、始めて大満足を得たという事だけは間違いがない。矢島女史はさすがに彼女を知るものといわねばならぬ。

右記、軍平が引用した楫子のコメントは、大正5年8月の「婦人新報」の「召されたる二女史故山室大佐夫人」の中にあった。概要は以下の通りである。

大佐夫人機恵子女史は7月12日昇天されました。我会に特別ご縁の深い大佐の夫人は、初め矯風会の会員でいらっしゃいました。（略）電話で御昇天の報を（矢島）会頭にお伝え致しました所、久しい沈黙の後、「アア、楽になったんですね」。その後会頭は「お機恵さんは、山室大佐に救われたのですよ。あの気性でどこで働いても決して良心の満足が出来ず、苦しんでおった時、救世軍に一身を投じて、今日まで幸福な生涯を送ったのですからネ」。誠に夫人は世の常の幸福ではなく、御遺言にも残されたごとく、十字架の傍らに幸福を見出して感謝の一生を送られたのであります。

矢島楫子の機恵子追悼文

前述の矢島楫子の追悼は伝言だが、第十二章でも紹介したように「婦人新報」第231号（大正5年10月5日発行）に、矢島楫子は「二婦人の伝記を手にして」を書いていた。タイトルを見ただけではまったく気づかないが、内容を読むと矢島自身の筆による機恵子追悼文であった。

機恵子さんとは真に一心同体とも言うべき主義の姉妹《きょうだい》でありながら、一度もゆるゆる対座して話し合った事がなかったのです。基督教のそこの集まり、ここの会合で一緒になるか、様々の事業の打合せ等で来訪される時に用件を語り合うのみでした。それでいて何となく互いの心は鏡にかけて照らし合う程にわかっていて、何も言うには及ばぬような気が致しておりました。最後の日が近づいた節には、私も病床にいたので、矯風会の代表者が見舞に行かれましたが、ろくろく伝言もせず、葬儀を営まれた日も、私は病床に在って行く事も出来ず、何をも申さないでしまいました。（略）無言の中にも許し、許されておった機恵子さんを、私は密かに精神上の後継者と目しておりました。（傍線、筆者）が、その甲斐なく先立たれた事は、非常に残念でなりません。

矢島は「病床にいたのでろくろく伝言もせず、葬儀にも行けず、何をも申さないでしまいました」と書いている。しかし、大正5年7月10日の軍平の日記には「矢島先生よりは毎日、電話にて（機恵子の病状を）尋ねらる」と書かれている。このように、矢島も自分の善行は黙して語らない人物なのである。機恵子を案じて毎日、電話をし、機恵子が苦しんでいるのを知っていたがゆえに、少しも驚かず「楽になったのですね」と言えたのだ。

矢島の「大礼を守って小礼を廃す」

大正4年2月発行の「婦人之友」に矢島楫子は「大礼を守って小礼を廃す」を書いている。

結婚と葬礼の二つにだけは、私の主義に反した盃を用いる結婚式であっても、神道仏式の葬礼であっても、必ず列席することにしております。時には月に四、五度も葬式にゆくことがあり、襤褸《ぼろ》紋付を引っかけて出るのでとかく目につきます。「また何処かにお葬式があるのであろう。本当にお葬式の好きな方」などと若い人に笑われます位。しかしこの二つは大礼で御座いますからお付き合い致します。その代わり外の小礼は一切廃しております。年末年始その他一切の祝儀不祝儀、贈答訪問は申すに及ばず、病気見舞も唯さえ手不足の処へ、役にも立たない見舞客のために、玄関番が忙殺されるような処へは、先様が迷惑なさるばかりですから、決して参りません。誠にいっこくな様にも聞こえますが、その代わり主義の為に集まる所、教会、祈祷会、老人会、婦人会、矯風会などへは欠かさず出席することにしております。そうすれば殊更に訪問しませんでも友人間の情誼を温めるには充分でございます。無難で形式的な常識に従うのではなく、理にかなった信念に基づいて行動する矢島の見事さには大いに共感させられる。

津田梅子も機恵子を「真実の友」と語る

大正5年10月2日（月）の軍平日記には「夕刻、津田梅子先生を訪う。夕飯の御馳走になる。種々機恵子の事に付て物語らる。先生は彼女の知己の随一人なり。曰『世に真実を以って相許す友は甚だ少し、私は彼女に於て其一人を喪えり』と語らる、彼女記念の為に、療養所内に礼拝堂でも建てては如何と言わる」とある。矢島楫子のみならず、津田梅子までも「世に真実の友は少ないが、私はその一人である機恵子を喪った」と言っているのだ。機恵子がいかに信頼されていたかが伺える。

津田梅子は、一九〇〇（明治33）年9月に英学塾（現津田塾大学）を開校しているが、この年は機恵子が婦人救済所を始めた年でもある。津田は一九一七（大正6）年に五十二歳で病魔に倒れ、約十二年闘病したが、一九二九（昭和4）年に六十四歳で逝去した。軍平は「ときのこえ」に「津田梅子先生を惜む」という追悼文を掲載している。

津田梅子先生が逝かれた。先生は最も敬虔なる基督者で、救世軍に対しては、上流の婦人方が、まだ概ね顔をそむけて顧みなかった時代から、その最も理解あり同情ある友人として、これを援助せられたのである。先生は亡妻機恵子の先輩、又友人として、徹頭徹尾、彼女の行動を励まし援助せられた。克己週間、感謝祭の都度に待ち設けてこれを助けられたのは勿論、女子英学塾の学生が同じくこれを助くることを奨励せられた。

救世軍療養所設立に際し、機恵子は殊に津田先生から知恵を拝借し、各方面に紹介して戴き、そのお陰で「婦人後援会」の組織も出来たのであった。機恵子の没後、先生はマクドナルド嬢、志立たき子、河井道子の三氏と名を連ねて募金をなし、「山室機恵子記念会堂」を設立して下されたのである。品川御殿山に隠退せられて後も、私は旧恩を忘れたくないと思い、数回これをお訪ね申し上げたが、最近に至り、仕事に追われてしばらくご無沙汰になり、去七月の初、お見舞い状を差し上げると共に、御慰藉の一端にもとエバンゼリン・ブースの著書を贈った。先生から戴いた通信は左の如し（略）。（『山室軍平選集　第9巻』）

追悼文の数々

益富政助は大正5年8月発行の「廓清」に「嗚呼山室夫人」と題した追悼文を書いている。

キリスト教信者にありて死はただ永遠の世界、神の国に入る門であって、消滅、寂滅《じゃくめつ》という意味においては我々には何の失望も苦痛も恐怖もない。しかし、一、二年の後にはきっと帰ってくる親しき者の旅を見送ってすら、別離は悲しみを催す習い、今や肉にありては再び相見る事のできない離別の際に臨んで、悲哀を感ぜざるを得ないのも人情の自然である。とはいえ、われらの悲哀は恩寵と希望と感謝と賛美を含んだ悲哀である。機恵子夫人の眠られしを、矢島楫子女史に告ぐれば、老女史「アア、楽になったのですネ」この一言、実に無量の意味を含蓄す。考えてみるに故夫人、この世にありてはその負える重荷に定めて疲れも出でしならん。されど今は肉を離れて霊の人となり真に「楽になられた」のである。（略）女史は他の人と異なった意味において救世軍に救われたのである。世の人は気楽に、気楽にと、その負う荷物の少しでも軽いことをのみ熟慮しつつあるが、女史（機恵子）は重荷を、重荷をと探しまわり、救世軍においてその重荷に尋ね当たり、十八年間、背負い通した。

「世の人は気軽さを求めるのに、機恵子は重荷を重荷をと尋ね、背負った」のくだりはまさにその通りで、ゆえに機恵子の人格に圧倒されるのである。

益富政助は「夫人はその臨終に近き身をもってして、なおうちわを取って看護中の大佐を扇いで風を送り、夫君をいたわる事をやめなかったという。大佐は多忙にして家にあること極めて稀であった。おそらく一生涯のうちに最も多き時間、夫婦一室にあった事は今度の病気の場合のみであったかも知れぬ。夫君に介抱されるという珍しき出来事を栄光に感じたのみならず、はなはだ相済まぬと思い、また幸福にも思われたようだ」と書いている。

葬儀の時に、軍平は「私に二人の感謝すべき婦人がある。一人は母で滋養品の卵を断ちて、私が役立つ人間となるよう神に祈りを献げた。他の一人は妻、機恵子で、自分が救世軍人として今日まで最善の努力を続けることができたのも彼女に負う所が多い」として機恵子への感謝の気持ちを語った。益富は会葬に参加した一夫人が、羨んで「女もあれだけ夫にアプリシェイト（註：感謝）されれば本当に満足ですね」と言ったとも書いている。

機恵子の弟、健三は「姉は穏和だが意志の強い女で決して弱みを見せなかった。姉の強い意志は軍平氏によりリファインされた。救世軍の仕事、貧乏世帯のやり繰りの辛さを私共に少しも言わなかった。弱い体であれだけの仕事をしたのは強い意志にもよるが、軍平氏の感化の大なるものがあったと思う。姉の生命は短かったが、神を信じ、夫を信じ、平穏にこの世を去った。まったく幸福の生涯であった」と述べている。凡人ならば「姉は救世軍の犠牲になった。不憫でならない」とコメントしただろう。さすがに機恵子の弟である。

「婦女新聞」の編集者、福島四郎は「日本救世軍の母　山室機恵子夫人」を書いた。

正直に告白すれば我等は十数年前に於いては、一種の嘲笑をもって救世軍を眺めていた。彼らが隊伍を組んで楽器を鳴らしながら通行するのに出会った時は、軽蔑、むしろ厭悪《えんお》の感を禁じ得なかった。しかるにひとたび山室氏の人物を見、その社会事業が着々成績をあげているのを知るに至って、以前の軽蔑は反動的に大なる尊敬となった。けれどもこれらの事業の背景に、山室夫人の隠れたる力の潜んでいる事は、最近まで知らなんだ。（略）機恵子夫人がかくまで献身努力するに至った事を非難する人がないでもなかろう。しかし、これ夫人の生命たる信仰のためで「かくすればかくなるものと知りながら、やむにやまれぬ大和魂」と同一であるから、理智の小道徳をもって批評することは出来ぬ。

機恵子最期の足跡

「婦人新報」第228号（大正5年6月）矯風会各地通信には「六月五日　午後二時より常置員会出席者矢島楫子、ガントレット恒子、久布白落実、守屋東、（略）、山室姉（傍聴）」と出ている。体調がよくなく、7月2日に入院する機恵子が、婦人新報の常置員会を傍聴したのだろうか。それはあまりに考えにくい。しかし、機恵子の友人、青柳春代の娘である乗杉タツ子は、『山室軍平回想集』に「山室機恵子夫人について」と題して以下のように書いている。

○お機恵さんは常識に富み、すべてにしっかりした信念と意見とを持って居られた。

○母が青柳に嫁すことになった時、お機恵さんと市ヶ谷にあった古着屋に行って、衣類を整えた。お機恵さんは「いろいろ買ったのだから、これをまけておきなさい」と、ちりめんの帯揚をまけさせた。（うす水色のぼかしの中に、小さい鶴の飛んでいる帯揚は、私の母の最上等の帯揚で、私が結婚する時に「何もあげるものがないから、これをあげよう」と言って私にくれた）

○結核療養所設立のための御奔走は大変なものだった。「山室はこのことに余り賛成ではない」と母にもらしておられたようで、それだけ一層、御骨折は大変だったと存じます。

○御入院の二、三日前に、大きなお腹をして荒木町の私共の家をお訪ね下さったのが最後でした。その時に四谷の通りにあった「驚くなかれ」という張り紙を大きく出して瀬戸物の安売りをしている所から、家中の人に小皿を一枚づつ買って来て下さいました。一枚一銭とか二銭とかいうもので、四人のこども達と父と母、女中の分まででした。このことはその時の女中がよく覚えていて、数日前来た時も話しておりました。私自身もそのお皿の形を何となくうろ覚えに覚えております。

○学生時代明治女学校高等科に進んだ夫人、福田酉子様（法博福田徳三博士令姉）と私の母とで、好きな花について語りました由。夫人は白牡丹と仰せられました由。

右記回想集は一九六五（昭和40）年に出版されたものである。機恵子は7月2日に入院する二、三日前まで青柳家に出かけていたわけで、6月5日に矯風会常置員会を傍聴したとしても不思議ではない。矯風会に出掛けていたとすれば、やはり結核療養所のための資金集めに行ったのではなかろうか。亡くなる直前まで、大きなお腹で友人の家族のためにお皿を買う機恵子、しかもお手伝いさんの分までちゃんと数に入れて買ったのである。機恵子が亡くなって四十九年経ても、お手伝いさんはその感激を覚えている。上下関係がはっきりしていた当時、お手伝いさんがどれだけ感激したかがわかる。機恵子は子ども達にもお手伝いさんを呼び捨てにさせず、さんづけで呼ばせていた。機恵子が古着屋でまけさせた帯揚が、青柳春代の最上等の帯揚で、乗杉タツ子は結婚のお祝いに母から貰ったと書きとめている。春代のつつましく清貧に生きた様子も胸に迫る。

明治女学校の親友、青柳春代

青柳春代は明治女学校卒業後、機恵子同様、「女学雑誌」の仕事をし、学校の会計事務をとっていたが、明治31年に巌本善治の仲人で青柳有美と結婚した。青柳有美は明治女学校の教師であったが、あまりの薄給で生活ができず、秋田の実家に妻子を預けている。

青山なをの「明治女学校の研究」には、青柳春代の長男で、京都大学教授だった青柳安誠の「母のこと」が記されている。概要は以下の通りである。

最も古い記憶の母は、幼い私と妹をかかえて、父の秋田の家に帰っている姿です。父は自分の俸給だけではどうにもできなくなって我々を郷里に預けました。母は実によく働きました。厳しい祖父のもと、水道もない田舎の町で、遠くの井戸から天秤棒で水を運んで、夜はランプの下で学習を見てくれました。私には、舅、姑のもとで、理想主義者の父と別れて生活している母の気持ちなどわかるはずもなく、父と生活ができるようになった中学初期の時代まで、この生活が続いたにも拘わらず、私自身には少しも暗い思い出がなく、明るいのびのびした想い出ばかりであったことは、その後自分が成長するにつれて、本当に母が並々ならぬ気持ちで終始しておったことがわかってきて、棒縞木綿の筒袖の労働姿が、実に尊く思えるようになりました。

青山なをは、「青柳春代を支えぬいた力は、明治女学校で学んだキリスト教ではなかったであろうか」と述べている。しかし、その明治女学校の教師であった青柳有美は、大正4年発行の「新真婦人」の「名士の夫人観」というアンケートに次の答えをしている。

「ご夫人のいかなる点をよしとして結婚したか」という質問一に対し「よく労働に堪えて洗濯し、字を書くのが拙くないので、父の気に入る嫁と思って結婚せり。しかし父の気に入らなかったので私の結婚は失敗である」と。質問二の「結婚前はどのように交際したか」には「私は女学校の教師でしたが、夫人はその女学校に関係ある雑誌社の会計だったため、食堂を同じくして往来せり」と。「ご夫人の長所と短所は」という質問三には「知恵に乏しく秩序的でない事が欠点。長所は格別ないが、強いていえば着飾りたい欲望がなく、よく労働に堪える点」と。

ちなみに軍平は質問一には「救世軍の事業が日本において草創の際、共にこの事業に携わる覚悟あり、自分自身としては終生を共にするのに好適の婦人なりと信じての上のことです」とし、質問二には「約三年の交際をしました。婚約をして結婚まで一年半程の日を含む」と答えている。これはブース夫妻の結婚とまったく同じプロセスである。質問三には「これはお答え申し上げる考えもありません」とトーンダウンしている。多忙な軍平が雑誌社の質問にも律儀に応じながら、最後だけ取り付く島もない答えだ。機恵子が親友の青柳春代に「結核療養所設立募金活動に、山室は余り賛成ではない」ともらしたように、軍平は体が衰弱しているのに、活動を止めない機恵子の頑迷さ、一徹さに閉口している面があったのかもしれない。

第十五章
軍平の再婚と内村鑑三

山室機恵子（大正2年頃）

軍平の再婚

機恵子が亡くなる8日前に生まれた使徒は、愛生産院に託されていたが、軍平は「幾人かの知己は、親切にも母なき子らを心配し、引き取って教育してやろうと申越された。言われるままに一人宛頼んでいたならば、今頃は私の手許に一人の子供もなくなっていたかもしれない」と記している。機恵子亡き後の山室一家の写真がある。皆、悲しげな表情をしている中で、安子に抱かれた使徒の愛らしい笑顔が一層不憫に思われる。（口絵4頁）

民子は「機恵子が亡くなった後、祖母安子と、指田中佐の母上とが山室家に泊まって子供達の世話をしてくれた」と述べている。軍平の大正5年7月17日の日記には「余の家族は佐藤母上を戴き、その下に指田母堂に働きてもらい、別に女中がその又下にて働くという事にして経営したしと思う」とあり、9月8日の日記には「妻を喪いて家庭の光の欠けたるを覚う、義母は六十五歳、楽にしておられたる者を急に面倒を願い、お気の毒なり、近来胃腸も少しお悪き様子なり、時に柏木にも行かるる必要あり、指田母堂実によく尽さる、更に申しわけなし、ただそれとて指田家の人なり、子の事、孫の事気にかかりおれるは言うまでもなし、余り我等の家を我が家として落着いてもらう事を望むのは無理なり、文代（軍平の姪）は明日より帰校すべし、民子もまもなく学校が始まるべし、家庭の中心点を失いたる如きを覚える、それも余が早く家に帰れるうちはそれにても宜しきも、しからざる場合、もしくは旅行の際は如何なるべき、家庭は余に取って慰安所たらずして気がかり、心掛かりの所となれるがごとし」とある。

愛生産院に託されていた使徒は、一九一七（大正6）年9月2日、一歳二ヶ月で亡くなり、軍平は一九一七（大正6）年11月に救世軍少佐の水野悦子と再婚した。軍平四十五歳、悦子三十二歳だった。「救世軍の山室か、山室の救世軍か」とまで有名になり、聖人君子のイメージがある軍平の再婚には賛否両論があり、軍平から離れていく者もいた。安部磯雄は「家庭のことに心を引かれるようでは、社会の損失だ」といって再婚をすすめた。吉田清太郎も再婚をすすめたが、山室は迷っていた。石井十次も内村鑑三も留岡幸助も、再婚した者は多い。野口幽香をはじめ、山室の側近の中からも非難して去るものもあった（三吉明『山室軍平』）。津田梅子、与謝野晶子、山川菊栄なども反対した。軍平は「余が再婚を敢えてするゆえん」と題する弁明書を発表した。

与謝野晶子の批判

与謝野晶子は大正7年12月に「若き友へ——山室軍平氏の再婚」を書いて批判した。その一部に以下のくだりがある。

救世軍の山室軍平氏が機恵子夫人の死を送られてから一年の後に新夫人を迎えられた。氏は初めからこの再婚に就いて少なからぬ不安を感じられたとみえ、再婚の可否について内村鑑三、安部磯雄氏を訪ね、二氏が賛成されたので再婚の決意を固められたと言うことです。なお不安がつきまとっていたとみえて、結婚式の日に「志を述ぶ」と題した七箇条から成る再婚理由書を配布されたといいます。キリスト教界の一部には山室氏のこの再婚に非難する人があり、救世軍の中にも再婚を不快に思って脱退した人達があるといいます。(略)有島武郎の近刊小説『平凡人の手紙』に「キリスト教徒ほど再婚を手っ取り早くする連中はないようだが、一体どうしたものだろう。霊魂不滅を唱道するキリスト教徒だが、再婚した人が死んで後、あの世で二人の細君に出くわしたらどうするつもりだろう。一方の妻が極楽におり、一方の妻が地獄にでもいるのなら別状ないが、キリスト教徒の事だから大抵は皆極楽に行くだろう。そうなると問題が大分紛糾してくる」とある一節と、同様の疑問が起こらないでは止まないでしょう(与謝野晶子『若き友へ』白水社)。

山川菊栄の批判

山川菊栄も大正7年に「山室軍平氏の再婚」と題して批判している。

山室軍平氏が再婚された。与謝野晶子氏は霊魂の不滅と厳正なる一夫一婦主義を標榜するキリスト者が妻の死後再婚する矛盾を指摘され、西川文子氏は子女多き中年男子が新たに妻を迎える不適当なわけを説かれた(略)。山室氏は十七歳の長女を家庭の犠牲にするか、自己の事業をなげうつか、再婚すべきか、三つの岐路に迷った末、最後のものをとることに決したという。自身の娘は家庭の犠牲にするに忍びないにかかわらず、他人を迎えて自分の家庭の犠牲にすることは気の毒でなかったとみえる。氏が家庭の事情ゆえに事業をなげうつことを、数ある氏の同情者が傍観してやむものと氏は信じておられたろうか。現に氏の洋行中、子女が同情者に引き取られていた。私は山室氏の再婚を憎むものではないが、事業のため子女のためなどと称して、再婚の真の理由を糊塗しようとする偽善的心事を陋《ろう》とする者である。

山室氏が第二夫人を、子女の母として招くのであったなら、子女の意向をも問うべきが至当である。大抵の再婚者は子等のためと称しながら、親の都合一つで後妻を迎え、これを母として子に強いる圧制を行っている。子等の側からみれば、亡き母に対する思慕の情深き限り、父の新妻は家庭の侵入者とせざるを得ない。

山室氏は第二夫人を選ぶに際し世人の誤解を招かないため、特に年若からざること、美人ならざること等を条件としたと公言しておられる。わざわざお断りがなくば、年若き美人が氏のごとく家貧しくて子女多き老人の所に後妻を志願に来る恐れのあったものとも見えるが、この言は偽善者の態度を遺憾なく語っている。氏はまたかつて異性の誘惑に打克たれたことなき婦人を条件の一つに算えていたが、得手勝手の甚だしいものである。異性の誘惑に打克ちがたくて二度まで結婚する自分をさしおいて、相手の婦人に対してのみ要求するのは虫のよすぎる話である（『山川菊栄集　第一巻』）。

当時、三十二歳で初婚というのは「若くない」のかもしれないが、長女の民子が十六歳で、後妻が三十二歳だったことに改めて驚かされる。若すぎる位である。

幾度も結婚した内村鑑三

軍平は大正6年10月20日の日記に「内村鑑三氏を訪う、氏曰く夫婦の関係は肉体にある間のことなり、死後は最も愛しき姉妹として生くべきものなり、余も妻あればこそ今のごとくしてやって行ける、もし亡くなったらとてもやり切れぬ、今一度妻を迎えるかも知れぬといいおりたる所なり云々」と書いている。

内村はこの時、三度目の妻シズと結婚していた。いや、四度目の妻ともいえるのだ。最初の妻、浅田タケは、同志社英学校や横浜の女学校（現在の横浜共立学園）で学び、安中教会で新島襄が最初に授洗した三十人の一人であった。内村の母親は浅田タケが「賢すぎる、学問がありすぎる、知的すぎる」として強硬に反対し、内村も一時は断念したが、何とか挙式にこぎつけた。内村とタケは一八八四（明治17）年3月28日に小崎弘道牧師の媒酌で結婚式をあげたが、わずか数ヶ月後の十月には破婚した。政池仁の『内村鑑三伝』によると、「タケは虚栄心が強く、鑑三の母も気の強い女であった。老父母、弟妹との七人家族で、姑と嫁は事ごとに意見が食い違い、タケは離婚を申し出た」という。離婚したことで内村は教会からも非難を浴び、教会を離れて渡米したが、一八八五（明治18）年4月15日にタケはノブを出産した。タケは新島襄を通じて復縁をせまったが、内村が承諾しなかったので、タケは別の人と再婚した。鑑三はノブが十八歳になるまで会うことはできなかったが、その後は交流した。後年、鑑三はノブに「お前の母が貞淑な女であったならば、僕は一教会の牧師ぐらいで終わったであろうが、おかげでこんな大きな仕事ができた。しかし、彼女に感謝することはできない」と語ったという。

太田愛人によると、タケは新島のつてで明治11年8月に同志社に入り、14年に横浜山手二百十二番普通学校に移り、17年3月に卒業したが、学資は湯浅治郎から援助されたという。横浜共立の卒業生名簿にタケの名はなく、横浜成美学園の前身ブリテン女学校の生徒だったようである（「上州安中有田屋　湯浅治郎とその時代」）。

新島襄が復縁の労を取ったということから、タケ側にもそれなりの言い分があるのだろう。新島襄の妻、八重も男勝りで夫を「ジョー」と呼び、男性に混じって意見を言うので、当時は悪女扱いであったが、再評価されたのはつい最近のことである。

内村は一八八九（明治22）年7月31日に、幼馴染みの横浜加寿子と再婚した。加寿子はタケと正反対の性格で、家庭的な女性だった。二度目の妻加寿子と結婚後わずか5ヶ月の一八九一（明治24）年1月に、教育勅語に記された明治天皇の署名に「奉礼」しなかった、いわゆる不敬事件が起こり、内村は第一高等中学校を免職された。加寿子は肺炎で生死の間をさまよった内村を看病しつつ、抗議者への対応にも追われた。そして内村の恢復後、夫と同じ病魔に倒れ明治24年4月に亡くなった。

政池仁は、内村の死後、中田信蔵が「教友」第191号に「（内村先生は）妻運悪しく最初の浅田（たけ）氏に醜聞頻発苦杯を満喫して離婚し、両親初め何人も知らぬ間に、出先の旅館にて結婚したとて伴い帰りて　剰りの無茶に一家を驚かせしという築山（もと）氏とは間もなく破婚、貞淑善良の横浜（和）氏と死別悶々の情を忘れんとて渡米する」と書いているが資料の裏付けがないこと。しかし佐波亘の『植村正久と其の時代』第五巻に「服部中佐未亡人もと子は始め内村鑑三に嫁ぎしが、不幸にして破鏡、もと子は牧師築山左門の父である海軍少将築山清智の妹」とあることから鑑三が築山もと子と結婚し別れたのではないかと推測している。

この結婚は入籍はされておらず、政池は「第三の結婚をしたのはこの頃（明治24年）らしい。ただし確実ではないが全く否定することはできぬ」としている。鈴木範久も『内村鑑三』（岩波新書）に「一八九二年の春頃、築山もとという女性と一時結婚したとみられるが、この結婚については不明なことが多い」と書いている。

さらに内村は一九〇二（明治35）年12月に十八歳の岡田シズと結婚した。シズの父親は「内村は敵が多いと言うから娘をくれてやってもよかろう」と言ったという。シズの兄は内村に傾倒していて、内村との結婚を熱心に勧めたので、シズは十三歳も年上の、全国民から国賊と呼ばれ、しかも三婚である内村との結婚を決意した。鑑三とシズの結婚式が終わり、シズが鑑三の脱いだ羽織と袴をたたんで押し入れにしまおうとしたところ、鑑三は「しまわんでもよいよ、今に貸し主が取りに来るから」と言って驚かせた。シズはどの押し入れも空っぽで家財とて何一つなく本だけがたくさんあるのを見て二度驚いたという。「シズは気性の激しい内村によくつかえ、彼を偉大なものとさせた。鑑三も彼女を愛し、晩年まで、しばしば『シズは内村家に幸福を持ってきてくれた』と言っていた」と政池はいう。

この糟糠の妻とも言える理想の妻シズと出会いながら、鑑三は山室軍平に「余も妻あればこそ今のごとくしてやって行ける、もし亡くなったらとてもやり切れぬ、今一度妻を迎えるかも知れぬ」と言ったことになる。夫と妻は対等という民主主義の洗礼を受けて育った世代には、理解しがたい認識である。しかし封建的家制度の元で、鑑三自身も長男としての責任を負っていたわけで、そこを考慮しないといけないだろう。一方で、与謝野晶子や山川菊栄のように、女性蔑視に対して毅然と論陣を張る女性の台頭も注目される。

鈴木範久は「内村鑑三の日常生活」と題して、内村鑑三の長男、祐之の妻、美代子に聞き取りをしている。「かずさんのあと、まもなく一人の方と何かあって、それからしづさんと結婚されますね」と鈴木が聞くと、美代子は「そうなんです。祐之も、『お父さんはあんまり深く考えないで奥さんをもらっていたね』なんて言っていました。初めのタケさんにしても、彼女はあの時代に上州安中から同志社に留学し、のち横浜の山の手の二百十二番の普通学校に移られたようですが、寮生活を終わってすぐに結婚し、姑や小姑などがいて複雑な内村の家に入られたのですから、行き違いや誤解や、至らぬところもたくさんあって、あの悲劇を招いたのだと思います。祐之の母しづにしても、父は『お見合いの時、お母さんが立派だったので、それが嫁さんだとばかり思っていた。お母さんの陰に小さくなっていた小娘が嫁さんだとは知らなかったよ』と言って私を笑わせたことがあります。そんな調子だったのですよ。ノブさんは父のれっきとした長女です し、祐之は十二歳年長のこの姉さんによくなついていました。重態の時も葬式の時も行きました。『タケさんが再婚して生んだ息子さんや娘さんに会いましたが、みな立派な方だったので、祐之は『タケさんはちゃんとした方だったに違いない』と、精神医学者らしい感想を漏らしていました」と答えている（『内村鑑三全集』月報21）。

静子は鑑三が何度も結婚していたのは知っていたが、ルツを生んだ時、次女とついたので驚き、初めてノブの存在を知ったという。

内村の封建的女性観

内村鑑三は大正7年9月の「婦人画報」に「日本婦人と基督教」と題した随想を載せていた。

日本婦人の美点は第一に勤勉、第二に倹約で、さらに忍耐力が強いことと、犠牲の精神に富むことであります。自己に求めるところ少なく、夫子供等に与えんとするところ多き、そ

のけなげなる精神は、私が母、祖母、多くの知人の家庭に於いて、数多く見た事実でありま
す。

日本婦人の美点を発揮させるためには、何より徳育、霊の教育が必要で、最も適切なのはキリスト教で、今日まで外国宣教師がそれぞれ立派な女学校を設立して婦人に精神教育を施した功績は、見逃すことのできない事実であります。（しかし）元来外国婦人、殊に米国婦人は日本人の人情習慣を解し難く、日本婦人の本質を知らないで教育を施すので、受けた側では僅かに西洋文明の外面だけを取り入れ、深いところに接することができず、道徳まで乱すような悪結果を生ずることがあります。これは世人にキリスト教を誤解させる一つの原因です。ことに英米婦人にとっては、結婚は絶対に自由で、個人主義によってすべてが解決されるのです。しかるに日本の結婚は男女個人間の関係であるよりは寧ろ、家庭と家庭との関係であります。キリスト教には個人主義ばかりでなく、国家主義もあれば、家庭主義もあり、民族主義もあるので、米国人の考えるように個人主義がキリスト教の総てでは決してないのです。キリスト教と米国教とを混同して考えられては甚だ迷惑な次第で、外国宣教師より精神教育を受けた婦人が、道を誤るのは多くこの米国教に帰因するところが少なくないのでありります。誤ったキリスト教の感化を受けた婦人は、未亡人となって後自分は夫に嫁したので家に嫁したのではないというような考えから、夫の親や子どもをも捨てて他に嫁ぐような極端な個人主義を行うことがありますが、しかし、純正なキリスト教の感化によって人格を鍛えあげた婦人は、常人ではとても辛抱仕切れないような難しい家庭にあって、心中少しの苦

悶もなく、いつも平和に家族と相親しみつつ自分の職分を立派に行って参ります。

世界中で最も尊ぶべきものは武士道であります。その武士道のキリスト教化されたものは、より一層尊ぶべきものである、というのが私の持論であります。世界の婦人で最も尊ぶべきものは日本の婦人で、キリスト教化された日本婦人は一層尊いものであります。

内村は、最初の妻タケと破局後、渡米したが、アメリカの印象もよくなかったようで、タケへのトラウマが余計に増幅された感がある。「世界で最も尊ぶべきは武士道で、武士道のキリスト教化された日本婦人は一層尊い」という内村鑑三の言には、軍平の亡き妻機恵子を彷彿とさせるものがある。

鈴木範久は『道をひらく　内村鑑三のことば』（NHK「こころの時代」）で、「志賀直哉の相談」として、以下のように考察している。志賀直哉が、家庭のごたごたで内村のところへ行った。内村は「周囲の者が誰も認めない内に夫婦関係が出来れば、それは矢張り罪だ」という意味のことを言い、志賀が「結婚するのに、第三者の承認が必要なら、無人島のような所にいる二人は永久に結婚できないわけでしょう」と食い下がる。内村は「困ったなあ」と笑いながら嘆息した。志賀は「この時程、先生を身近に感じたことはなかった」という。内村は「僕にもそういう経験はある。その時は死を想った事さえある」といった。

鈴木は「内村の経験とは、最初の結婚とその破綻とみられる」と解説しているが、むしろ築山もと子とのことも思い出したのかもしれない。なぜならば、タケとの結婚は、最初、親に反対されたが、結局承諾を得て結婚式をしているからだ。

前田多門は『山室軍平選集　追憶集』で以下のように述べている。

内村と山室は生き方が殆んど対蹠的であった。内村は高踏的と言っては語弊があるかもしれないが、インテリや学生を相手にし、無教会の立場から語った。山室は街頭に立ち、怪我までして廃娼の為に戦った。毛嫌いの多い無礼な言も吐いた内村も、山室に対しては一目を置き、心を開いて交わり、山室も時々内村の集会に列してずけずけ言う言葉を聞き流して快く交わった。少しでも俗な分子が混じるのを排撃する内村と、資本家にも寄附を乞う民衆的の山室とが、根本において尊敬心を持ち傾聴し合った。

内村鑑三と山室軍平の関係は不思議でもあり、おもしろくもある。

斉藤宗次郎は軍平の再婚に反対

話を戻すと、軍平が悦子との再婚を内村に相談したのは、内村が基督者でありながら離婚し、何度も結婚したことも要因の一つであろう。自分が再婚をして、他人には再婚反対ということは言えないはずだ。ところが内村の弟子である斉藤宗次郎は、一九一七（大正6）年10月29日の日記（今井館所蔵『二荊自叙伝』原文）に「山室軍平氏は水野悦子を娶《めと》ると決し11月1日に結婚式を挙ぐるとて招待状を発し来る。内村先生の祝辞もあると順席書に記してある。余は勿論出席することが出来ない。此際花巻出身なる先妻きゑ子夫人を憶う」と書いている。終生、内村鑑三を尊敬した宗次郎であるが、軍平の再婚を勧めた内村に逆らってでも結婚式に出席しないと決めたのは意外である。宗次郎にとって、機恵子は花巻時代の恩師でもあり、機恵子の事を慕う気持ちが短い日記に表れている。

しかし、宗次郎自身は、一九一二（大正元）年8月に病弱だった妻のスエを亡くしたが、一年後に、仁志《ひとし》と再婚している。明治10年生まれの宗次郎は再婚時三十六歳だったわけだが、自分は一年後に再婚しておきながら、軍平の一年後の再婚に反対するのは一体どういう了見なのだろうか。理解に苦しむ。

しかも内村は、宗次郎が仁志と再婚することに反対している。宗次郎が大正2年2月に上京して内村を訪ねた時、内村は「妻を迎えることは自然なり。家庭は半ば女の責任なり。妻なくば仕事できず」と教えた（山本泰次郎『内村鑑三とひとりの弟子』）。だが、宗次郎がお見合いをしようとする相手が、当時はキリスト教を信じない気質を持つ県の出身者だったという理由で反対したようだ。大正2年12月に宗次郎は仁志と再婚したが、内村の反対を知りながら、自分の考えを断行したのは、生涯においてこの一度だけだった。

政池仁は「内村はシズの前では先妻加寿子のことは決して言わなかったが、同じく愛妻を亡くして再婚した弟子斉藤宗次郎には、シズのいない席で加寿子のことをよく話した」と書いている。

内村の母ヤソと娘ルツ

一八九四（明治27）年3月19日、内村とシズの間に女児が誕生した。鑑三は前年に「貞操美談路得（ルツ）記」を書いたばかりで、頭はこの理想的婦人の事でいっぱいになっていたので女児に「ルツ」と名付けた。当時、そんな名前をつける親はなかったので、内村の母は「ツルとしたらよかろう」と言ったという。

聖書のルツは、夫に先立たれたルツが、姑ナオミに「あなたは息子にも自分にもよく尽くしてくれた。どうか自分の里に帰り再婚しなさい」と何度も言われたにもかかわらず、ナオミの故郷に同行し、見知らぬ土地で落ち穂を拾う貧しい生活をしながら姑に尽くす話である。前述の「日本婦人と基督教」で内村が「誤ったキリスト教の感化を受けた婦人は、未亡人となって後自分は夫に嫁したので家に嫁したのではないというような考えから、夫の親や子どもをも捨てて他に嫁ぐような極端な個人主義を行うことがあります」と述べているが、内村がルツを理想の女性と称えているのがよくわかる部分である。

一九〇一（明治34）年6月15日の救世軍機関誌「ときのこえ」には「内村鑑三氏の母堂は大変なときのこえの愛読者で、『家の者の書くことはむつかしくてわかりませんが、ときのこえは面白くよくわかって益になりますから待ち兼ねていて読みます』と言っておられます」と書かれている。ヤソは気むずかしい性格だと言われるが、孫娘の名をルツなど聞いたこともないからツルがよかろうと言ったり、救世軍の「ときのこえ」は息子の書く本よりわかりやすくて愛読していると言ったり、なかなかユニークでおもしろい面もある。そもそもヤソという名前もキリスト教徒かと間違う名である。鑑三は弟妹との確執が強く、ヤソの葬儀には弟妹四人とも欠席している。キリストの教えを説く宗教家であっても、聖書に書いてあることを守るのも難しいことなのだろう。

内村の娘、ルツは一九一二（明治45）年1月12日、十八歳で亡くなった。斉藤宗次郎の最初の妻、スエもこの年に亡くなっている。毎年、元日に内村の家に年賀に行くのが恒例だった軍平は、一九一八（大正7）年も1月1日、9日と内村家に行っているが、1月12日の軍平日記には「余は一年半前のこの日、妻を失い、内村氏は六年前のこの日令嬢を失われしなり」と書いている。

安部磯雄の見解

安部磯雄は「家庭のことに心をひかれるようでは、社会の損失だ」と言って軍平に再婚を勧めた。しかし、井口隆史の『安部磯雄の生涯』によると、安部は一九〇六（明治39）年に著した『理想の人』に「再婚反対論」を書いている。安部は維新の元勲たちが妻以外に愛妾を抱えている私生活に非常な嫌悪感を抱いていた。さらに伴侶を失った男子が後妻を迎えることに反対し、こどもらにとって母という言葉には千万無量の意味があるのだから、別の女性を母と呼ばせるのははなはだ不自然だと言っている。そして井口は「一九一二（大正元）年に安部の妻、駒尾が急性腎臓炎で生死の境をさまよった。家には七人のこどもと三人の老人がいるので、妻に万一のことがあれば、安部が十人の世話を一手に引き受けなくてはならなくなる。安部は随筆の中で『しかし、この苦悶の中にあっても私は一つの慰安を見出すことができた。それは妻が生死の境にありながら、私や愛児の前途について何ら不安を感じていないことを想像し得たからであった』と述べている。どんなことがあっても自分は再婚しないということを、駒尾に誓い、著書でも公言していたからだ」と書いている。井口によると、安部家の三老人の中で、磯雄の母久と、祖母厚の間に確執があり、冷戦状態になったが、駒尾は一方の側に立って相手方を非難するということをいっさいせず、別々の部屋に食膳を運び、一貫して公平な態度を通したので、久からも厚からも絶大な信頼を勝ち得たのだという。駒尾の人間性の高さには目をみはる。駒尾は恢復し、安部より長生きしたのであるが、八十歳の日記に「雨なれど洗濯す。洗濯はずいぶん苦労す。とにかく八十だからしかたがない」と書きつつ「八十をしたから読めば十八の　花のさかりとなりにけるかな」と記していることを井口は書きとめている。なんと素敵な女性だろう。

ともかく七人の子持ちでさらに三人の老人を抱えながら、絶対に再婚はしないと誓っていた安部が、なぜ軍平に再婚を勧めたのか、これも不思議である。

三ヶ月で悦子との再婚を決意

身を粉にして夫を支えた妻が亡くなってわずか一年しかたたないのに、さらなる犠牲を強いられる古風な女性を条件付きで選んだ軍平は随所で批判された。ところが軍平の日記には、機恵子亡き後、わずか三ヶ月で悦子を再婚相手と決めていたことが記載されている。

一九一六（大正5）年

10月5日（木）午後、水野大尉到る、民子の感謝集金を渡し尚色々話す。余は一年の後、彼女と結婚せんと欲す。こどもも多き今日故、技量才幹の優秀なる活動家よりも、快く家庭の人として子供等を育て、内に在って余を補佐する婦人を要するなり、余は彼女こそ此の場合に余の為に予め備えられたる人物なるべきを感ず。神万事を宜きに導き給う可し。

10月12日（木）機恵子昇天の三ヶ月なり、彼女去りて後、余は種々なる方面に欠陥を覚う、外に出ての責任は言うも更なり、内に帰りても子の事を思い、義母に対する務を思う、余の気心の楽々と休まる時なし、幸いに神によりて憩いを見出すのみ、然も神の御助けにより子供等も皆壮健に、悪き癖も出さず成長しつつあるが何よりの御恵なり、願はこの上とも薄志弱行の我を守りて後半生を誤るなからしめたまえ、これまでに増して御栄を顕し世の人を救いに導く事を得させたまえ。

10月26日（木）ヴィベリー中佐に水野の事を語る。（イ）余は終に再婚の必要に迫らるる者のごとし。（ロ）水野は其人なるべきか、ともかく子供等とも親しくなる為、土曜日の「フリーデイ」二時に余の家に来らせて欲しきものなり、（ハ）結婚の事を取り定むるとも、そは来年夏以後の事なるべし。中佐は快諾す、自分等夫婦も同じ事を考え居たりとて、少なくも最初の一回はヴィベリー夫人が水野を連れて尋ね来るべしと言う事なりき。

10月27日（金）朝家を出る前に、水野の事に付き、佐藤母上に告ぐ、母上もどうせ早晩余に再婚を勧めんと指田の母とも語り居られし由にて、同情をもって聞き取らる。
10月28日（土）水野来訪、佐藤母上に打ちあけたる事など知らしむ。
11月20日（月）午後、療養所を下見分に行く、実に見事に出来たり、SA（救世軍）あって以来、初めての建物なり、忍びて亡妻を憶う、「一目見せてやったら」と、帰りて床に就いて後、蒲団にかじり付いて泣く。嗚呼、夜の一時、二時迄も寝ずして手紙を書き、肩をこらしながら終日飛びまわり、しかも昼食はソバ屋で金九銭で弁ずる（註：済ませる）など、倹約刻苦、自ら薦めて療養所の為に尽くしたりし彼女は、誰よりも先ず此の建物を見て喜ぶべき筈の人物なりしに、名残惜しき事の極みなり。
12月30日（土）再婚の可否問題につき、牧野虎次君、吉田清太郎君の意見を聞く
一九一七（大正6）年
1月20日（土）武甫と家探しをする、今の家が湿気多く、間取り悪い、子らの記憶を一新したき為なり、見つからぬ
1月22日（月）野口ゆか氏より来てくれと言われ行きて見る。余に再婚の不可なる事を忠告す。殊に水野との結婚の不可なるべきを警告せらる。好意、謝すべし。帰りて独身でもって余生を過ごさんと決心す、民子と約束す。
1月23日（火）水野問題
2月19日（月）佐藤皐蔵氏、この日出立、明石に乗り駆逐艦八隻率いて地中海に向かわれるはず、挨拶に行く（傍線・筆者）

軍平は大正5年7月12日に機恵子を亡くし、わずか三ヶ月にも満たない10月5日の日記には「水野大尉到る。余は一年の後、彼女と結婚せんと欲す」と書いているのである。これは、機恵子没後三ケ月よりもっと早い時期に軍平は水野に意思表示したことになる。さらに10月26日には救世軍のヴィベリー中佐に相談し、子ども達とも親しくさせるために土曜に自宅にきてもらう手はずを整え、翌日は機恵子の母、安子にも話している。つまり、水野と軍平の間には、10月以前に同意があったということになる。

安子は一人娘を亡くした後わずか三ヶ月で、娘婿から再婚の相談を受け、さらにその相手まで決まっていたのだ。安子は反対するどころか、どうせ早晩再婚を勧めなくてはと、指田士官の母とも語っていたといい、同情をもって聞き取ったというのだ。この時の安子の本心はどうだったのだろうか。思春期の民子や武甫達にしても、母親が亡くなって三ヶ月しかたたない時に、父親が再婚相手として水野を自宅に連れてきているのだ。子ども達はどれほど傷ついたことだろう。しかも軍平は野口ゆかに呼ばれて「再婚はいけない、ことに水野との再婚はいけない」と諭され、独身で通すと決心し、民子に誓った。それにも関わらず、再婚話を勧めている。

与謝野晶子は「山室の再婚には、愛がみえない」と批判した。しかし、日記を読むと、二人は相思相愛の関係にあったことがわかる。山室は残された子ども達の気持ちや、社会的な影響をおもんぱかって、恋愛面をアピールすることを意図的に避けたと思われるのだ。

軍平が再婚相手を「美人ならざること等を条件とした」と書いていること自体が、既に水野を身内ととらえて謙遜している証拠である。水野にしても軍平の愛情を感じていなければ、そして自分自身も山室に愛情を感じていなければ、とても賛否両論渦巻く中で、結婚に踏み切れなかったであろう。

相思相愛といっても、もちろん機恵子の生存中からという意味ではない。軍平の事務処理力、決断力の速さは天才的なのだ。機恵子没後、再婚を考え周囲を見渡した時、「悦子だ!」とインスピレーションがわいたのだと思う。

野口ゆかはなぜ「ことに水野との再婚はいけない」と諭したのだろうか。吉屋信子は「ときの声」に「救世軍内部でも反対意見があった。再婚そのものに反対するのではなかった。再婚相手が救世軍婦人士官から選ばれたからだった。ある救世軍上級士官は『書記長官を婦人士官のすべては心から信頼し、尊敬しております。その中から一人だけを再婚に選抜されては、他の婦人士官たちにデリケートな精神上の影響を及ぼす憂慮があります』と直言した」と書いている。それに対して軍平は「私も救世軍以外のクリスチャンの女性を選び、士官学校に入れ資格を作って後に結婚するように出来ぬものかと考えたが、私の妻になるために心にもなく救世軍士官になったのでは、一人前の献身も無理で外の士官に対しても申し訳がない」と切々とした感じで答えたと書いてある。

軍平は悦子との再婚を進めながら、一方では、療養所を下見分に行き、「亡妻に一目見せてやりたかった」と、蒲団にかじり付いて泣いている。「深夜まで寄付金依頼のための手紙を書き、終日飛びまわり、昼食は安い九銭のソバで済ませて倹約刻苦し、療養所の為に尽くした機恵子こそ、誰よりも先に此の建物を見て喜ぶべきだ」と感涙にむせんでいる。

引き続き、軍平の日記から家族関連の部分を抜き出してみよう。

1917(大正6)年の日記

※欧州見聞録(大正6年4月24日東京駅発、下関から出航、9月18日横浜着)

10月12日(金)武甫と家探しするも見つからず　今の家を手入れしてしばらくここに住居する外なかるべきかも

10月13日(土)一中で武甫の担任より子供らしき処あり道でボンヤリ金魚など見ていると

10月15日(月)我多くの人に怪しまれる如き者となれり　されど汝は我が堅固なる避所なり「廓清」に再婚反対論が出ている　伊藤君の筆なるべし　余の立場を明らかにする必要を感じ安部磯雄氏を訪うて結婚式に来りて意見を述べる事を求む　快諾せらる

10月16日(火)内村鑑三氏を訪う　会えず　国民新聞に余が若き水野と結婚するという事が出る「志を言ふ」の校正出来る　水野と面会す　式日の定まりたる事を話す　最早、大胆に所信に向かって進むほかなきなり

10月17日(水)松田院長らしき筆で読売新聞に投書　明日の新聞に出るらし　五月蝿《うるさ》い事なり

10月18日(木)松田君投書は没書となりたるらし　機恵子記念堂の捧堂式　松田君と語る　理解したるものの如し

10月20日(土)内村鑑三氏を訪う　氏曰く夫婦の関係は肉体のある間のことなり　死後は最も愛しき姉妹として生くべきものなり　余も妻があればこそ今の如くやっていける　もし亡くなっ

たらとてもやり切れぬ　今一度妻を迎えるかも知れぬと言いおりたる所なり云々　使徒ちゃんの四十九日なるに墓参りをなす
10月21日（日）夜、祖母と民子と余の結婚の事に付き語る
10月22日（月）「志を言ふ」を士官及び二百人ばかりの友人に送る
10月26日（金）民子に家庭の幸福の為に尽くすべき事を話す　よく分かるようなり
大工が来て余の書斎に畳の室を新築に着手す
10月27日（土）佐藤政次郎君より反対の手紙来る　余の冊子、手紙と行違いたるものと見ゆ
10月28日（日）朝鮮の佐藤政次郎君その他へ手紙出す
10月30日（火）朝日新聞に余の結婚に関する記事出たり　比較的正確なり
10月31日（水）悦子は兄と共に名古屋より着し居りしなり　昼飯後迄居り打合せなどする

軍平は忙しいにも拘わらず長男と何度か家探しをしている。子らの記憶を一新したいためと書いてはいるが、再婚の準備と思われる。結局、見つからず自分の書斎に畳の部分を新築した。これが悦子を迎える精一杯のことだったのだろう。

大正6年4月からの軍平の日記は9月の帰国まで「欧州見聞録」になっている。山川菊栄が「山室氏の洋行中、子女が同情者の愛護を受けていたではないか」と指摘したように、多くの子等を残して約五ヶ月間、ヨーロッパに行き、留守にしている。山室家の子ども達は機恵子が亡くなって九ヶ月後に、父軍平も海外に行ったため、五ヶ月もの長い間、父母なきまま過ごしたこと

になる。その間、一番中心になって子ども達の世話をしたのは、誰であろうか。たぶん機恵子の母安子ではなかろうか。そして、ようやく軍平が帰国したと思ったとたん、11月1日には水野悦子と結婚式をあげたのである。

軍平を責めるような書き方になってしまったが、軍平はこの後、友子を結核で失い、二度目の妻悦子も亡くし、長男武甫の妻、富士に先立たれるのだ。軍平の生涯は、三人の子（襄次、使徒、友子）を亡くし、妻二人に先立たれ、熱心な救世軍人であった長男嫁にも先立たれるという厳しいものであった。

第十六章

キャサリン・ブースに私淑して

キャサリン・ブース

偉人キャサリン・ブース

機恵子が私淑し、仰ぎ見た人物に、イギリス救世軍創始者であるウイリアム・ブース夫人、キャサリン・ブースがいる。軍平が結婚前の機恵子にブース夫人のことを熱心に語り、意気投合した事に始まり、機会あるごとに軍平はブース夫人を称え、紹介している。

秋元巳太郎の『カサリン・ブース』（救世軍出版供給部）によると、以下のようになる。

キャサリン・ブースは夫のブース大将と同年の一八二九年、イギリスで生まれた。五歳で聖書を読み始め、十二歳までに旧新約聖書を初めから終わりまで八回も読んだという。この逸話一つだけでも、凡人はしっぽを巻いて逃げたくなる。

ウイリアム・ブースとキャサリンの結婚は、神に対する愛と愛が結合したものだった。キャサリンは巡回伝道で収入もない夫を立て、夫の天職とする救霊に没頭させた。内気で臆病だったが、神の前に必要とわかると大衆の前で説教もした。八人のこどもを人任せにせず全ての家事を切り回した。世にある婦人活動家の要素を具備しながら、家庭ではよき主婦、賢明な母親であった。キャサリンは人に仕事を教え込むための労を厭わず、手伝いの少女に家事を丁寧に忍耐強く教えた。失敗しても文句を言わず根気よく指導した。キャサリンは脊髄の病いと心臓病、神経痛で、一生涯、痛みを抱え、一八九〇年、六十一歳で亡くなった。臨終の言葉は「私は過去について悔やむことはありません。私は力の及ぶ限り、成すべきことはやりぬきました。なし終わらずにあることは、神のみ手にゆだねます」だった。ブース大将は「妻はすべての人々の重荷を負おうとして、自分の寿命を縮めた。人の面倒を見ることをしばらく控えようとしても、同情の心が強くてどうしても後に退くことができなかった。妻は神と人に一切を献げた高貴な一人の婦人であった」と追悼した。

　こうして書いていると、キャサリンと機恵子が限りなく重なってくる。機恵子は赤子を含めた七人の子どもを残して亡くなる時に「残された子が不憫だ」とか「申し訳ない」などの否定語を一切使っていない。それは「なし終わらずにあることは、神のみ手にゆだねます」というキャサリンの心境と同一だったのではなかろうか。「私は万事を神様に任せて少しも心がかりはありません」とも機恵子は言っている。第八子を出産し、危篤に陥りながら、幼子たちに「お姉さんになって嬉しいでしょう」と話したゆとりは、信仰のない人間には無責任な言葉とさえ聞こえる。「すべて感謝です」「私は生きると思っても、死ぬと思っても、そんな事に関係がないのです」「私は最も幸福な生涯を送りました」とも言っている。このような思想は、キリスト教の信仰がなければ、とうてい口をついて出ないであろう。民子は「入院以来ほとんど終始付き添ったが、病人から一度も不平不満や嘆声を聞かなかった」と書いている。しかし、機恵子の死後、軍平も子供たちも多くの困難を甘受しなければならなかった。キャサリンが亡くなったのは、子育ても終わった六十代だったのが、機恵子と大きく違う点である。

ブース夫人を模範にした機恵子

結婚当時のブースは巡回伝道者だったので、間借りの不自由を忍ばねばならなかった。キャサリンが母親に送った手紙には「自分たちの食卓を囲んで、夫をただ一人の賓客として食事をするような家庭を持ちたいと思わないことはありませんけれど、働きが栄えていくのを思うにつけ、私は不平がましい事は決して申しません。絶えず荷造りしたり、ほどいたり、見知らぬ人々の間にいることは、それは重荷に感じます。とりわけ体の弱い時などは一層辛く思うこともありますが、豊かな恵みのうちに日を送っております」とある。

機恵子が結核療養所設立資金集めに奔走する大正3年の日記には「愛する子等と家庭を楽しみ、子等を嬉々として遊ばしめたきは山々にして、それを思う時、我は妻としての価値なきもの、母としての義務を果たさぬものとの苦しき感じ、胸間を圧すといえども、今は進んでなさねばならない時機、涙をのんで最善の道に前進せんとす。神よ、願わくば霊の力を満たし、あなたの御用を務める者たらしめ給え」とある。

キャサリンは浪費や贅沢を嫌った。彼女の母から孫たちに衣服を送ってきた時、彼女は厚くお礼を述べ「ただ一つ困ることは派手すぎることです。私共は着る物についてもよい模範を示さねばなりません。私自身は着る物に心を動かすことはありませんが、子ども達はどうかわかりませんから、派手な物は着せないほうがよいと思います。」と書き送った。

民子は機恵子が授業参観日の時も救世軍の制服で来るのを恥ずかしいと思っていた。「母自身がもう少し身なりを構い、家に落ち着いてくれればいいと思ったことも幾度かある。母は色々の点でカサリン・ブース夫人に共鳴し、その例にならっていたが、子ども達の服装についても同意見であった。『こども達は絹物を着せずに育てる心算です』と母がいうものだから、親戚の人々も私共には美しい物をくれるのを差し控えた。私にと表附きの鼻緒も華美な下駄を知人から戴いたことがある。母は暫くそれを戸棚においたが、やがて婦人ホーム出身の娘がお嫁に行く時にあげてしまった。何時も粗末な履物で表付きなど履いた事のない私は、その夜、少し悲しかった。母の心遣いも主義もわかるけれど、私の美しいものを慕い、いとおしむ心をどうすればよいのだ。少女として持つべき当然の欲望や感情さえも圧迫せられ、踏みにじられているようにさえ感じられるのだ。尼僧のように色彩に乏しい自分の身辺を見回して、なんだか自分がかわいそうでならなくなるのだ」と「寄生木の歌」に告白している。

ブース夫人を絶賛した軍平

軍平は首尾一貫してブース夫人を称え、「ときのこえ」をはじめ随所で紹介している。もちろん軍平に悪意はないものの、もし軍平の妻であったら、かなりのプレッシャーに感じたであろうことも多々、書いている。たとえば、一九一四（大正3）年2月の「新真婦人」に書いた「宗教界に於ける婦人の領分―カサリン・ブースの事ども」を例にしてみよう。

救世軍に於いてはまったく男女平等の扱いを受けることになっております。力量、徳望、経験の備わった人でさえあれば、全世界の救世軍の総督たることが出来るのである。現に婦人で一国の司令官を勤めた人は幾人もあります。なぜ婦人を重んずるに至ったかといえば、故ブース夫人が非常に偉い人で身をもって衆に先んじた結果だといわねばならぬ。（略）ブース大将に八人の子があったが、いずれも揃って優れた人物となった。長男ブラムエルは二代目の大将として全世界の救世軍を総督しておられます。世襲制度のためではない、他に並ぶ者がないためである。（略）ブース夫人は子どもの着物仕立てから、台所の仕事まで負担し、行き届いた妻、手抜きのない慈母として家庭をおさめながら、それにも拘わらずよく夫とともに公の事業に携わられたのが殊に注意しておくべき点であります。（略）ブース夫人はしごく内気な淑女であり、保守的な英国で講壇に立つまでには少なからぬ時日を要した。しかし、ひとたび講壇に立った時には大説教をした。しかも大説教大演説の原稿も、洗濯物に火のし（アイロン）をかけたり、食事の用意をする間に、紙切れに書き付けた様なのが多かったというのは、感ずべきことです。（略）救世軍に厳正禁酒主義を持ち込んだのは夫人の力、戸毎訪問の伝道法を持ち込んだのも、制服を定めたのも、皆夫人の発意であります。克己週間は、ブース夫人が幼少の時、一週間砂糖を断ってその代金を寄附したのに淵源する。『大暗黒の英国とその出路』というブース大将の名著は、一章一章、ことごとく夫人と相談して著されたそうである。一八九〇年、ブース夫人は六十一歳で世を去られました。その遺言の一つに「善く生きることに努めよ、死は恐れるに足らざるなり」と。

ブース大将が日本に来られた時、ほとんど全ての演説に、十七、八年も前に死に別れた夫人を思い出し「マイ、ビューティフル、ワイフ」と語ったのは、聞いた人々の記憶に残っているかと思います。日本の救世軍はまだ小さいものではあるが、婦人士官ばかりで一小隊を受持ち、悪い風俗習慣にいる者を導いているもの、婦人士官で警察や監獄を巡回し、上野駅で東北地方から誘拐されてくる婦人を救済する者、婦人ホームを受け持つ者、貧民窟を巡回している者もあり、相当の成績を挙げております。ブース夫人は「真の新しい婦人とは、キリストによって新たに造られたものである」といった。私どもはキリストに救われ、他人の救いのために尽瘁する真新婦人を救世軍に有しております。なおも多く真新婦人を日本の宗教界に見たいと熱望しております。

機恵子は生真面目な性格なので、軍平がブース夫人を称えるたびに、自分もそうあらねばならぬ、ありたいと思い続けたはずである。と、ここで筆者はあることに気づかされてしまった。それは先に紹介した、結核療養所設立資金を集める決心をした機恵子の日記の日付である。これがまさに軍平がブース夫人を「妻としても母としても手抜きなく、夫とともに公的事業に関わった」と絶賛した大正3年2月のすぐ後になるのだ。

一九一四（大正3）年4月16日

病院の事業は自分の責任と切に感じ、夫に願って一人女中を増やし、五、六、七月の三ヶ月に五万円の建設費を得んがために奔走せんと決心す。家庭の事情、健康状態、己の能力。これらは皆この成功を否定する。しかしながら我はただ全力を捧げて早く百五十の結核患者と、その家庭の救済の実現するまで働くのみ。立とうとすれば頭重く、歩けばすぐ疲れる身で、かかる事業にとりかかろうとする、無謀の極みなり。されど一粒の種子もし地に落ちて死なば、多くの実を結ぶべし。

機恵子は子どもの頃から頭痛持ちで、結婚後は満足な栄養も取れない上に多産だったせいか、体が弱かった。しかし、ブース夫人が健康であったなら別だが、ブース夫人も脊髄の病、心臓病、神経痛で、一生涯痛みを抱えていた。しかも同じく八人の子を生んでいる。ブース夫人を見習うならば、機恵子も病弱をものともせず走り続けることになる。

軍平も満身創痍で奉職

軍平は日本救世軍のトップとして、あらゆる事業に目を配り、多くの人々の悩み相談に乗り、百冊余の著作があり、「ときのこえ」をはじめ多くの雑誌に常時記事を書き、説教、講演で全国を飛び歩いた。その仕事量の多さ、処理能力の高さは驚くほどである。

吉屋信子は「全国から届く激励の手紙だけでなく軍平を偽善者と罵倒する手紙にも、住所がある限り返事を書いた。『救世軍のバカヤロー』と大書した葉書にも返事を書くのを見た士官が『そんな者にまで返事はいらんでしょう』というと『バカヤローと言いたくなるほど救世軍を気にかけている人にはやはりこちらからも挨拶すべきだから』と答えた」と書いている（『ときの声』）。しかし、そういう事もあったかもしれないが一例に過ぎないと思う。

軍平は「婦人之友」（大正3年10月）に「忙しい私の一日」という文を書いている。

朝の八、九時頃宅を出て救世軍本営に出ますと、七十余ヶ所の伝道部、七、八ヶ所の慈善救済所の事務が、人事に関する事、経営に関する事、事業に関する事など、そちらからも此方からも集まってきます。方々から来る手紙の如きも、親展書の外は人に見て貰う位で、夕飯も宅で食べる事は少ないほど、年中仕事に追い回されております。他の社会に行けば良い報酬と地位を得らるべき人が、好んで救世軍で働いておるのですから、金や名誉をもってその労力に報いるわけにはいかず、唯お互いに一片の意気に感じ合って働くのですから、本気で仕事をやらなければならないというのは、私の覚悟でございます。

軍平自身も決して健康体ではなく、日記を読むと満身創痍と言っていいほど体調不良である。機恵子はそのこともよくわかっていて、夫が無理に無理を重ねて働いているのだから、自分も弱音を吐いてはならないと思っていたのだろう。ブース大将は再婚しなかったために妻亡き後、十七、八年経っても「マイ、ビューティフル、ワイフ」と言えたわけだが、一年後に再婚した軍平は公的にも私的にも「我が妻機恵子」と叫ぶことはできなくなったわけである。

前述文の最後で軍平は、救世軍婦人士官を称えている。軍平が再婚相手に選んだ水野悦子も士官だった。水野悦子は一九一三（大正2）年に救世軍士官学校に入学、翌年、つまり軍平が前述文を書いた頃、三十歳で東京麻布小隊長に補された。ついで救世軍士官学校教官に抜擢され、大尉となり、大正6年10月少校になっている（山室軍平『山室悦子』）。

「女士官の戦場」

「ときのこえ」には一九一六（大正5）年7月1日から六回に渡って、「女士官の戦場」という特集が組まれている。第三回（8月1日）は「士官の妻」となっていて「計画では山室大佐夫人に『士官の妻』という題で書いて頂くか、話して頂くことであったが、残念ながら望みのないことになった」との断り書きがある。どの回も最初に「救世軍は男女同権利同義務である。婦人も士官となって公に活動出来るのみならず、如何なる高職高官にも上れる定めである」との文がある。第三回の「士官の妻」には以下のように書かれている。

救世軍の結婚は攻守同盟で妻は夫の共治者、同労者である。しかし同じ責任の分担でも大抵の場合、細君の方が貧乏くじを引くものと思えば間違いない。元来、妻帯した男位横着な者はない。仕事となると成るべく割のいい晴れの舞台を自分に取って、貧乏くじを細君に押しつける。反対に保養でもする時には、妻の方が後に残る。すべての手柄は夫の敏腕、すべての失敗は愚妻の不調法と、いづれにしても割りの悪いのは女房役。

慈善救済部で一番辛いのは、朝から晩まで世話している者と、世話されている者が面を突き合わせていることであろう。まるで硝子張りの牢屋に入れられた様なものである。参謀部においては、夫の職務上の喜憂とは没交渉で、一緒にいる時間も甚だ少ない。家庭の団欒も制限され、元旦から大晦日まで千篇一律の日課を繰り返して寿命の縮んでいくのを冷ややかに傍観しているというのだからやりきれない。

最大の、あらゆる士官夫人に共通した十字架は、乳飲み子でもあるとか、次第に家族が増すとかいえば、少なからぬ障碍が起こり矛盾ができる。嬰児を刺激の強い集会に連れ出すこともできず、病気もするであろう、医者にもかけねばならぬ。身の回りを飾るとか、気楽な月日を送る等は遠の昔、十字架に釘づけてしまった。新しい十字架は働けないことである。

そこで未婚の戦友に対する真実の忠告が沸いてくる。すなわち男女に拘わらずよほどの覚悟がなくば結婚はなすべきでないということである。帰国する外国士官の夫人が送別の挨拶で「日本における数年間は殆ど無意味でした。一つの慰めは自分も生涯の一番盛んな時代を戦線に過ごし、今、この境遇にあるのは神の導きによってきたとの一事であります。私の切なる願いはここにおられる若い戦友、ことに婦人士官がその将来について考える前、先ず思い切りその召しに適う善き戦を戦われる事です」云々との一句があったが、真に尊い経験から出た徹底した愛の忠告であると思う。何事も例外はあろうが、⑴空想して結婚を考える⑵誘惑が多いから誰かに落ち着く⑶寂寞、この辺から出た考えならば相手の誰彼に論なく止めるがよい。思わず枝葉に深入りした。要するに士官の妻の生涯が、やはり一に大いなる戦場であることを言い得れば足りておる。

これは誰が書いたのか不明だが、女性士官で結婚する人が減少するのではないかと思えるほど赤裸々に書かれている。機恵子が亡くなってすぐの文なので、なおさら士官の妻の理不尽さが身に染みたのだろう。悦子も当然、この記事を読んでいるわけで、時期的にはこの直後、軍平からのプロポーズがあったことになる。それでも再婚を承諾したわけである。救世軍士官を志す女性は、機恵子のみならず、この世的快楽は捨てて、とにかく全力で活動するのが望みなわけだが、結婚し育児まで加わると活動が大幅に制限される。これは現在にも通じる共働きの問題でもある。

多産の上、流産もした機恵子

軍平の一九一五（大正４）年７月22日（木）の日記には「妻、流産す、ほんの一か月そこらのものなりしならん、一時心配す、一週間休養のわけあり、病後は日増しに快方に赴きつつあり」という記載がある。10月20日（水）には「妻、病いあり」、そして10月24日（日）には「避妊という事が果たして神の前に許さるべき事か、また好ましい事か、今、少し研究したきものなり」とある。大正4年といえば、機恵子が病身でありながら結核療養所設立のために奔走していた時期だ。救世軍機関紙「ときのこえ」の一九一四（大正3）年11月1日号には「山室大佐夫人が病床におられる。暑い盛りに療養所建設の運動に奔走されたのが触ったのではないか」という記事と「救世軍療養所婦人後援会が組織された」という記事が同時に掲載されている。その二週間後の11月15日号には「山室夫人の病気はまだ快方に赴いてはおらぬ由」という記事がある。病体に鞭打って療養所設立運動を続けている渦中で機恵子は流産し、さらに翌大正5年7月4日には男子を出産し、7月12日に亡くなったわけである。

機恵子は一八九九（明治32）年に二十五歳で民子を出産し、四十一歳で亡くなるまで妊娠、出産を繰り返したが、流産もしていたのだ。一九一一（明治44）年の自宅火事で、それまでの軍平日記は消失したため、若かりし頃の機恵子がどれほど流産していたかは不明である。さらに現存している軍平日記にしても、筆者はごく一部を読んだにすぎず、たまたま目にした箇所に流産の記録があったのだ。機恵子はこれ以外にも何度か流産し、体を痛めたのではなかろうか。機恵子のみならず、当時の女性は概して同じような境遇に置かれてきたとは思うが、機恵子は家庭を持ち仕事をした女性の元祖でもあった。

産児制限で対立した安部磯雄と軍平

軍平が「避妊という事が果たして神の前に許さるべき事か、また好ましい事か、今、少し研究したきものなり」と日記に書いてから、軍平の意識はどう変わったのだろうか。

救世軍士官の羽柴末男によると、昭和10年、東京朝日講堂で行われた廃娼演説会で安部磯雄は「純潔を保つために正当な婚姻を奨励すべきであり、学生結婚をして勉学するという場合もあり得る。必要となれば産児制限を採用すべきである」という講演をし、会場からは雨のごとく拍手が起こったという。軍平は安部磯雄の後に登壇し「安部先生は私の先輩として尊敬止まらざるところでありますが、産児制限については、聖書を読みこれを信ずる者として賛成致し難く、神の御旨に服う（従う）をもって一生の念願とする私は、この点からの謙遜をもって明らかに致したいのであります」と弁明したという（『山室軍平選集　追憶集』）。産児制限に賛成を唱える安部磯雄と、聖書に従い、産児制限を否とする軍平の演説が廃娼演説会で行われたのは、興味深いが、機恵子の流産から二十年を経てもキリスト者としての軍平の意志に変わりはなかったことになる。

民子の救世軍男女平等論

山室民子は一九七六年に「救世軍における男女平等」を「月刊婦人展望」に掲載している。救世軍では一八六五年の創立以来、男女平等の原則を保持しかつ実行し今日まで至っているとして、「婦人の指導者が少ないのは、多くの場合、結婚してその夫の協力者となるので、その名や業績が単独では表れないのです」とある。さらに指田静子大佐の例をとり「夫の指田中佐は救世軍の出版物の編集長を勤め、語学や音楽の才能もある有能な士官でしたが、関東大震災で亡くなりましたが、彼女はただちに夫の中佐のランクをそのまま踏襲し、その後は救世軍士官候補生の訓練に尽くし、後に士官学校長として責任を担っておられました。指田婦人がこの任命を得たのは、我ら婦人の奨励になります。昭和もまだ一桁の時代に夫人をこの地位に置いた救世軍は世に先駆けて男女平等を実行したと言えるでしょう」と書いている（市川房枝記念会）。

指田静子に関しては、夫の指田中佐が士官学校長ではなかったわけで、指田静子自身の力量があったからこそ、士官学校長の任についたはずである。「救世軍では男女平等の原則を保持している」のに「婦人は結婚して夫の協力者となるので、業績が単独では表われない」というのは矛盾しているのではなかろうか。救世軍人はこの世的な名声からは離れた場所で働くのであるから、ランクなどどうでもいいようにも思えるが、民子の見解はいかがなものだろうか。

名も無き多くの婦人士官

山室機恵子は四十一歳で早世したが、その人生を顧みると、凡人の数倍、凝縮された生き方をしている。機恵子のヒューマニティ溢れる視座は、軍平という書き手がいてはじめて公になった。しかし、どの事業も機恵子一人で成し得たわけではもちろんなく、救世軍の中にも外にも機恵子と同様に、いと小さき者のために命を掛けた人達が多々いたのだ。

機恵子がキャサリン・ブースに私淑したように、キャサリンそして機恵子に同調し、あるいは遺志を継いで、社会悪、社会改良のために一生を捧げた人達もたくさんいたはずである。そうした名も無き多くの「キャサリン」「機恵子」を偲ばずにはいられない。

第十七章

新渡戸稲造の救世軍支援

「ときのこえ」の新渡戸稲造文書

新渡戸稲造が生まれたのは一八六二（文久2）年9月1日だが、山室軍平は十年後の一八七二（明治5）年9月1日に生まれている。一九〇〇（明治33）年に、新渡戸稲造はフィラデルフィアで『武士道』を著したが、くしくもその年に救世軍は娼妓の自由廃業運動を開始し、山室機恵子が婦人救済所の主任となった。

機恵子が始めた「結核療養所設立資金募集」の発起人には新渡戸夫人万里子（メリー・エルキントン）も名を連ねている。これは津田梅子の紹介によるものだと思われるが、確証はない。機恵子の大正3年5月11日の日記には寄付金募集のため新渡戸家を訪問したことが記されている。あまり知られていないことだが、新渡戸稲造は救世軍のよき支援者であった。新渡戸は「ときのこえ」誌上にも表一のように、文書を載せている。

昭和2年　救世軍社会鍋

「桃太郎の昔話」と「分福茶釜」の話は新渡戸の『随想録』にもあるが、「ときのこえ」の「分福茶釜の説」には「私は救世軍には多大の同情がある。始めはお祭騒ぎの様に思ったが、彼の様な手段でなければ助けられない人が世の中には澤山ある。即ち労働者貧民窟に居る人を救うにはどうしても彼の主義でなければならぬ故に、私は自分で出来ぬから私の身がわりになって働いて呉れると思って彼を助けて居る。之も分福主義からである」との一文がある。

「ときのこえ」誌上の新渡戸文書（表一）

1907（明治40）年11月1日	285号	「桃太郎の昔話」（「随想録」からの一節）
1908（明治41）年10月1日	307号	「大学殖民館開館式での演説」（9月19日）
1911（明治44）年9月15日	378号	「分福茶釜の説」
1917（大正6）年1月1日	505号	「救世軍に感謝す」
1917（大正6）年7月1日	517号	「滑稽な誤解」
1919（大正8）年2月11日	556号	「文明は精力の貯蓄なり」
1920（大正9）年2月11日	580号	「道楽せねば生る甲斐なきか」
1928（昭和3）年7月1日	774号	「本営開営式での演説」
1928（昭和3）年8月1日	776号	「国難と霊明」（開営式に於ける講演の一節）

大学殖民館開館式で講演

救世軍では明治39年に神田で「学生寄宿舎」を始めていたが、それを神田三崎町に移し「大学殖民館」を開設した。同じ三崎町で片山潜は一八九七（明治30）年からセツルメント事業、キングスレー館を始めていた。片山潜はセツルメント事業のことを「大学の人士貧民間に居住して苦楽を共にし、高等教育の趣味を分与し味あわせるもの」としている。軍平はキングスレー館の他に、ロンドンで見学したトインビーホールも参考にして大学殖民館を開設した（三吉明『キリスト者　社会福祉事業家の足跡』）。

明治41年10月1日の「ときのこえ」には、9月19日に開催された救世軍大学殖民館の開館式で、新渡戸が講演したことを掲載している。新渡戸の講演の前にまず山室軍平が以下のように開館の趣意説明をした。

大学殖民館は学生の純潔なる寄宿舎である。其の特色は無益に使う時間と精力とをもって、世の貧民弱者を顧みることである。教育ある階級と、教育の便宜なき労働者を握手せしむることが特色である。他人の為に心配せざる人が自分の為に思い煩う者である。煩悶も、多くは人に求め世に求めて与えられない物があり、利己心の満足を得ないために至るものである。人に与えよ、世の為に尽くせ。殊に自分より弱き者の為に力を尽くすは、安心立命を得、有用幸福の生涯を送るゆえんではないか。

記事には「中佐（軍平）が書生時代に非常に世話をしてくれた篤志の学生の事を語った」とある。軍平が大学殖民館の事業を始めたのは、同志社時代に吉田清太郎の助けで勉学を続けることができた恩義に感謝し、それを組織的に拡大したいためもあったのだろう。

軍平は事業説明の中に「実用夜学校を起こし有志の学生が労働者実業家の子弟のために尽力する」とも言っている。新渡戸の紹介記事には「博士は下層の人民の友である。札幌におられた時には貧民夜学校を起こされたことあり、乗合馬車で出会った不幸な婦人のために三十円を投じて救われた美談もあり、この開館式に演説せらるるは最も適任」とある。新渡戸夫妻が札幌に遠友夜学校を創立したのは明治27年で、救世軍の大学殖民館より十四年も早い時期である。新渡戸は「煩悶する青年に慰安を与える大学殖民館のような機関が必要である。大学殖民館は学生のラボラトリーであり社会学者の実験室である」と演説をしている。

三十円で身請けし誤解された新渡戸稲造

新渡戸は大正5年12月13日に銀座小隊で講演し、「救世軍に感謝す」と題した講演録が「ときのこえ」に紹介されている。大正6年5月28日に開催された「救世軍婦人ホーム」の改築落成式にも、新渡戸は参列し「滑稽な誤解」の演説をした。機恵子が亡くなってまもない時期だが、同郷の機恵子に言及した文言は残っていない。

「滑稽な誤解―新渡戸博士車上の婦人救済」の演説要旨は、以下のように紹介されている。

約二十年前、北海道旅行中に、馬車で乗合の客と話が始まった。客は坊主頭の大きな男で傍に一人の女がいる。男は曾て寺の住職をしていたが、出世したつもりか曖昧屋の亭主になった。然し打ち続く不景気に品物の一つを売りに行く所であるという。その品物とは傍にいる女のことであった。女を売るとは変な話だと問返すと「馬や牛を売るのと同じだ」という。値段を聞くと三十円だという。「三十円で女一人買えるとは安いものだが、明日まで待ってくれ」というと、持ち合わせていなければ明日でもいいから、話だけ決めてくれというので「いや、金なら持っているが、妻に相談せねばならぬから」というと「そんなことを奥さんに相談する人があるものか」と笑った。とにかく翌日、金を渡す話をして別れ、翌日は札幌の禁酒会の書記で、クリスチャンの某を頼んで、その女のいる所に訪ねてもらうと、女はいたが、既に老婆に売りつけられた後であった。老婆は話を聞いて、そんなことなら早速買い取って貰いたい、実は昨夜、あの坊主爺に無理に売りつけられ、五十円というのを三十円で買ったという。そこでその金を老婆に渡し、その女を引き取った上で、今度はそのクリスチャンが、老婆に禁酒会のことや、基督教の神信心のことなど懇々と語り聞かせると、老婆は一々感心して聞いていたが「お酒は飲まなくても女は別と見えますね」といった。やはり変な眼で見ているのだと、尚も一生懸命に説いて聞かせたが、どうしてもわからなかったというのである。

「ときのこえ」記者は、「新渡戸博士は、婦人救済は社会改良上の急務であるが、個人が手を出すと、下らぬ誤解をひき起こすゆえ、婦人ホームのごとき設備が之を行うことは、誠に賀すべきと述べられた」と前書きしている。新渡戸が救世軍で演説するたびに「個人ではできない、自分にはできない」と言っていたのは、この実話があったわけである。

マリーが強盗にあげた五十円

お金の話のついでに書いておこう。ある日、新渡戸夫妻の家に強盗が入り、ピストルを向けて「金を出せ」と言った。新渡戸の妻がお金を取りに自分の部屋に行ったが、新渡戸が強盗に「一体お前は幾らお金が欲しくて来た」と聞いたら「千円出せ」という。新渡戸は吹き出して「馬鹿、この家に千円あると思うか」と笑った。妻が急いで帰ってきて「ここに五十円ある」と言い、強盗はお金を受け取って逃げた。ところが賊に五十円やったはずだったのに、あとで見ると十円残っていた。「これは賊を欺いたことになるから後で賊が捕まってからもう十円贈ろう」と妻が真面目に言うので、そんな馬鹿なと新渡戸は笑ったというのだ。マリー夫人の生真面目さがよく表れている有名なエピソードだ。後で新渡戸は強盗に「千円あると思うのか」と笑った自分の態度を反省する。「私は悪い癖があって、何かあるとその事が滑稽に見えていけない。今度来たら親切にするつもりです。『君、一体どうしてそういう心になって来たのだ。何で金がいるのだ、欲しい金の使いようによっては相当に出す。手伝いもしようが、何のためだ』これ位でなければいけないと思います」と言うのだ（石井満『新渡戸稲造伝』）。

強盗に聖書カードと金銭を渡した矢島楫子

この新渡戸の上をいくのが矢島楫子だ。「ときのこえ」（大正14年8月1日）に「故矢島先生の逸事」が紹介されている。「先生が或る夏、伊香保に滞在中、一夜婦人の強盗があり、白刃を振りかざして脅迫した。連れの婦人達は恐怖したが、先生は泰然として『まあ、お待ちなさい』といいながら、手提げの中より聖書の句を書いたカードを数十枚綴ったものを出し、落ち着き払ってその句に目を通しながら調べ始めた。強盗は先生があまりに沈着としておられるので薄気味悪くなるし、何をしているのか考えつかないので不審の眼を見張っていた。やがてこの女強盗に対し、最も適切な成句を発見すると、之をはぎ取り、若干の金銭を添えて、女賊に与えたことがあったという。先生がいかなる場合にも従容として、事に当たられた事実を証明するとともに、いかに霊魂の救いを重んじて居られたかを有力に語る」とある。冷静沈着に泥棒に聖書カードを渡した矢島楫子の器の大きさが偲ばれる。

百歳で救世軍を祝いに来る

神田神保町にある救世軍本営は、関東大震災で消失したが、作家宮本百合子の実父、中條清一郎の設計で建築された。一九二八（昭和3）年6月20日に行われた「本営開営式」でも新渡戸は以下のような講演をした。

救世軍は僕の出来ないことをしてくれるから有難い。ロンドンにいた時、辻で救世軍の説教を聴いて偉いもんだと思ったことがある。救世軍の特色は心霊の糧を与える所にある。元来、私は平和主義者である。私を武士道主義者のように思う人もあるが、私の本の終を見れば、武士道だけではいけぬと書いてある。平和主義者でありながら、救世軍なんてものが何故好きか、平和は不可能だという人がある。神の栄のために戦え、これならあぶないことはない。怪我人がない。それゆえ、我が輩のような臆病者でも救世軍に賛成する。救世軍の戦争は對手の方には怪我人がなく、救世軍の方に怪我人がある。人を罪から救うために血を流したのがキリスト教である。一体、思想方面の国難はどう解決するか、愛国もよい、忠臣もよい、智能の開発もよいが、人格の養成には手が届いていない。国民としては悧巧になったが、人間としてはどこか満足しない所がある。金持ちに満足があるかというに、何か不満足を感じている。今日の国難を救うのは霊明である。之を開拓したものは救世軍である。こんな立派な建物が出来たのは、認められた証拠である。迫害され、反対され、士官が幾度か怪我をした。救世軍の仕事が二倍、三倍になるのも程ないことであろう。もう二十年、三十年たったら、如何に偉大なものとなろう。三十三年たったら、百歳になるから、その時は又、お祝いにまいる。（「ときのこえ」一九二八年7月1日・8月1日）。

新渡戸の演説は拍手喝采だったとある。あと二、三十年したら救世軍もさらに立派になるだろう、「自分は百歳になるがお祝いにまいりますよ」と、新渡戸はウイットに富んだ話をしたのだ。

ところがこの数年後の昭和8年に、新渡戸はカナダで客死した。

軍平の新渡戸追悼文

山室軍平は「ときのこえ」(一九三三年11月1日)に「新渡戸博士　理解ある軍友」という追悼文を以下のように書いている。

新渡戸博士が、バンクーバーで客死せられたのは、哀悼に堪えぬことである。学者として、教育家として、政治家として、国際人としての新渡戸博士に就いては、別に之を語るべき人があらう。単に救世軍人の立場からいえば、博士は最も早くから、最も理解あり、同情ある軍友として、救世軍を助けられた。文章により、演説により、或は物質的に、或は精神的に、軍隊の為に尽されたことは、如何ばかりであったか知れない。

大正2年、神田の大火の際、その火元が救世軍ではなかろうかという、容易ならぬ嫌疑をうけ非常に苦心して居る際、博士から私に次の如き書翰を寄せられた。

貴君を知るは在天の神のみならず、地上にも少数ながらも、具眼の士人あらん。必ず必ず気を落さるる様の事なく、益々御奮発ありたし。世には或は貴君を罪する徒もあるべし。併し是れは一時の事なるべし。今回の災が却て、後日の恵と相成や難計、小生は寧ろ此の大患が転じて、祝福とならんとまで信じ候。

斯る親切の籠った書翰が、如何に当時の私、一般救世軍人に取って大なる慰め又励ましとなったかは、申上げるまでもないことである。先頃博士が、バンクーバーにて、重態に陥られた由を聞き、全癒を祈る御見舞の電報を差出したが、不幸にもその数日後、永眠の報に接し、真に名残惜しいことの至である。多年に亘る、真実なる軍友の逝去を悼むと共に、其の御遺族の上に、上よりの慰藉の豊ならんことを、心から祈るのである。

大正2年2月20日に神田で大火があり、救世軍殖民館が火元ではないかと疑われた時、新渡戸が山室に励ましの手紙をくれたことを追悼文に書いているが、軍平は2月24日の日記に「本営に出ずる途中、新渡戸博士に面す　同情の辞を聞く」と書いている。これは新渡戸の手紙にお礼を言うために、軍平が新渡戸家を訪ねたのか、それとも新渡戸がわざわざ救世軍本営に出向き、途中で軍平と会ったということなのかはわからないが、大火について直接、新渡戸が軍平を励ました事実はかわらない。新渡戸にとって大学殖民館は、開館式で講演もした思い入れのある場所でもあった。

山室軍平が救世軍に身を投じたのは明治28年だが、新渡戸は明治27年に貧しい児童達のために遠友夜学校を設立した。石井満は『新渡戸稲造伝』で、新渡戸が七十歳の時に遠友夜学校を訪問し「今度八十歳になったら又来るから」と生徒達に意味深い言葉を残したと書いている。藤井茂の「新渡戸稲造75話」によると、新渡戸が遠友夜学校を訪問したのは昭和6年5月18日なので、新渡戸はその二年後に亡くなったことになる。八十歳での遠友夜学校訪問も適わなかったが、新渡戸は常に前方に希望を持って生きる人だったのだろう。

善い事をせよ

新渡戸は救世軍の大学殖民館が火災にあった時に、軍平に書翰を出して励ました。しかし、同じ花巻人の機恵子が逝去した時、葬儀に参列をした形跡はない。機恵子亡き後まもなく救世軍で演説した時も、機恵子に言及した様子もない。機恵子は死の床で「私が救世軍に投じた精神は、武士道をもってキリスト教を受け入れ、これを持って世に尽くすことにありました」と述べた。筆者がもし当時の記者であったなら、山室機恵子の逝去について、武士道を執筆した新渡戸がどう思っているかをまず取材したと思う。新渡戸が機恵子について言及している文書はないかと調べたが、残念ながらみつかっていない。

新渡戸は大正8年4月の「婦人画報」に「縁の下の力持」と題した随想を書いている。

縁の下の力持とは、人は見ていようがいまいが、人のため世のために尽くすということであります（略）。私は母の崇拝者で、母からの手紙を見るたびにその慈愛と教訓とをしみじみ感じます。唯一つその手紙をみて物足らず思うのは「大きくなったら偉い人になれ、世に知られるような名高い人になれ」とは書いてありますが、「善い事をせよ、人に知られなくてもいいから、世の為になる事をせよ」と書いてないことであります。自分の子を有名な偉い人物にしたいのは尤もなことですが、もう一歩進んで「善い事をせよ」といってもらいたいのです。私はこれを母親に望みたいと思います。

機恵子に言及してはいないが、新渡戸の言葉は大切な事は何かを告げている。

「廓清」誌上における新渡戸稲造

新渡戸稲造は「廓清」誌上に、明治45年から昭和6年まで十六回登場している（安原みどり「新渡戸稲造の救世軍支援と廃娼運動」『新渡戸稲造の世界』二〇一二年）。昭和6年3月17日には丸の内工業倶楽部において、「婦女禁買同志懇話会」が開催され、新渡戸は「婦女禁買問題に就いて」で以下の挨拶をしている。

廃娼の会合には今日が始めてである。それは存娼を主張するのでなかったが、時期が到来せぬと考えて、公娼問題には触れないでいた。然るに時世も変わり、新聞や雑誌で見ても、婦女売買の弊害のある事がわかって来たから出席することにした。廃娼論は色々の方面から見るべきものであるが、今さらこれに反対する理由はあるまい。

昭和6年3月23日には東京朝日講堂において「廃娼問題大演説会」が開催され、新渡戸の他に安部磯雄が「廃娼善後策」、山室軍平が「機は正に熟せり」と題して演説をした。新渡戸の講演「廃娼所感」の大意は以下の通りである。

公娼は奴隷制度である。ある外国人と話し、今日は五つの会の約束がある。四つ目は廃娼のために行くというと、米国では四十年前に問題であった事ですなという。米国には公娼制度はない。奴隷制度は一八六五年頃からなくなった。日本は法治国であるというが、至る処に奴隷制度が行われているが、何という国辱であろう。廃娼はコモンセンスがあればわかる。

歴史を研究してからでなくてはわからないという問題ではない。人道に叶うかどうかを考えればわかることである。人間を売って、その健康まで破壊して弄ぶのは、動物園の動物を取扱うより酷い。五万人の売笑婦が奴隷的生活をして、惨めな暮らしをしている事も今更調べる必要があるまい。

「廓清」(昭和8年11月10日発行) には以下の死亡記事が載っている。

新渡戸稲造博士は、ヴィクトリアの病院で十月十五日長逝された。博士は盛岡に生まれ札幌農学校にてキリスト教の信仰を得、終生キリスト教精神に生きられた。日本が有した最大の世界人であったと共に代表的日本人であった。国際聯盟事務次長として、内外人の尊敬を一身に集めていた。帰来日本に公娼制度あるは、国際的地位を傷つけるも甚だしいと廃娼運動に尽くさるるに至った。今博士を失う事は「博士の前に博士なく、博士の後に博士なし」といわるるごとく、日本の大なる損失である。我が廓清運動のためにも、今後大いに力を尽くして頂く事が多かったのであるが、今や再び見る能わず。ここに慎んで弔意を表す。

新渡戸稲造は「太平洋の架け橋」として活躍し、今日でもその業績は称えられている。軍平と機恵子は地をはうようにして底辺社会で虐げられている人達の救済に一生を捧げた。命をかけて挑んだ先駆的な事業は、その後の日本の社会事業、福祉政策への大きな架け橋となったのである。

第十八章　蝋燭《ろうそく》のように生きた悦子

悦子

水野悦子との再婚

水野悦子は一八八四（明治17）年6月2日、愛知県で生まれた。名古屋の小学校で十二年間教員を勤めたが、大正元年の秋に救世軍名古屋小隊兵士となり、翌年9月に上京して救世軍士官学校に入校、大正3年6月中尉に任ぜられ、麻布小隊長に補せられた。翌4年6月には士官学校の教官に命ぜられ、二年余教官として勤務。その間大正5年3月には大尉に、大正6年10月には少校に任ぜられ、11月に軍平と結婚した。六人の子女の母として尽くすうち、一女一男を産んだ。昭和8年に突如脳溢血を起こし、病床を離れるに至らず、昭和12年1月9日、救世軍病院に入院し、2月17日亡くなった（『山室軍平選集』第8巻）。

軍平の日記より再婚後の家庭に関する部分を抜粋するが、再婚後も様々な困難が続いた。

◎一九一七（大正6）年
11月1日（木）これ余が再婚の当日なり、祖母（安子）はこの夜、小林に行きて泊まらる
11月2日（金）雨なり、楽しき結婚の翌日なり、家に留まる
11月5日（月）内村、安部氏に礼に行く、内村氏曰く、丁度今時分、君の如き人には一度人望が落ちるとかいう如き事あるも可なり寧ろ益なるべしと
11月12日（月）機恵子の命日なり、悦子と共に墓参りをす
11月25日（日）佐藤母上も昨夜来たり宿せる、留守中も家庭は至極円満に埋まりたるもののごとし、有難き
12月1日（土）民子の健康のすぐれぬが何よりの心配なり
12月3日（月）民子を木下博士、松田院長にみてもらう、胃が弱り休校させる事となす
12月19日（水）民子食が進まぬ、周平は眼が悪く我が儘が出る、光子風邪、しかし悦子はよく尽くしおれり
12月22日（土）民子右肺炎カタルの徴あり、松田院長より転地せしむべしと忠告あり
12月24日（月）民子茅ヶ崎に入院と定む、武甫成績甚だ可なり　友子、周平も全甲、光子だけ成績悪しとか、出来ぬ子ではない、何かの工合なるべし
12月27日（木）民子を伴い、茅ヶ崎へ行く、南湖院にて養生せしめんためなり
◎一九一八（大正7）年
1月11日（金）今や余は重ね重ねの試練の中にあり

1月12日（土）余は一年半前のこの日妻を失い、内村氏は六年前のこの日令嬢を失われしなり
1月28日（月）盛岡を発す、花巻を過ぐる中、亡妻を憶うの情に堪えずハガキを認めて民子と祖
　父、祖母とに寄す、疲労を覚う、夜の集会ができるかと思うほどにくたびれたり
3月4日（月）津田梅子氏より記念会堂の為、さらに金弐百円を与うべき通知あり
3月11日（月）茅ヶ崎に寄り民子を見る、神経衰弱がどうもよろしくなき様なり
3月14日（木）名古屋に向う、妻の父、姉、めい等と面会す（註：悦子の実家）
3月16日（土）痔のために歩けず、余の痔を患うも長いものなり、手術？
3月17日（日）武甫が見舞に来てくれる、嬉しかりき
3月19日（火）訪問客（見舞？）佐藤父上、昨日、内村氏、余の家を訪わる　Eece- Venitという
　本を贈らる
3月21日（木）津田梅子氏より見舞い状
3月23日（土）武甫、周平、光子見舞に来る、丈夫で気持ちよく生育しつつあるを感謝
3月27日（水）武甫見舞に来る、四時過ぎ退院
6月16日（日）民子が非常に病悪くなり
6月21日（金）佐藤母上、新津より出で来らる
6月23日（日）佐藤母上、来訪せらる、民子の事を憂えて越後より出て来たるものなり
7月12日（金）機恵子世を去る第二年記念日なり、墓に行く、祖母、小林の母堂、指田母も来ら
る

8月10日（土）女中（臨時）が去りしとかで昨日より妻は独りにて家を守りおる、かわいそうなり、しかし中々気丈にやっておりたのもし
9月6日（金）妻を大森愛生産院にやる
10月5日（土）大森に行き妻と赤ん坊（筆者註：9月15日徳子誕生）を連れ帰る事となす、一ヶ月の入院、看護婦の代金合わせて七十円近く払い閉口せり
◎一九一九（大正8）年
3月18日（火）光子の誕生日なれば最中を買って土産とし夕飯に帰宅す
4月1日（火）善子、この日より尋常小学校に入学す
4月10日（木）友子を女子学院に入学せしむ
4月13日（日）余の生涯の三分の二は既に去れり、亡き父母と同じ年まで幸いに生き延びる事を許され、それもこれも唯主の御旨にある事なり
4月15日（火）伊香保着、一寸母上及び民子に面す
4月26日（土）高野重三氏を訪いて金百円を借りる、民子の療養費に当てる為なり、久しぶりに借金をなす、しかもいつ之を済し得べきか、これればかりは辛い事なり、佐藤健三君より金五十円を送り来る、くれたるものかもしらねど、それは明言してなくば、余は無論これを返済するの責任あり、なんとか両方共に処理したきものなり
4月27日（日）武甫のために少々「山上の垂訓」を講ず
5月1日（木）伊香保に向かう、民子に面会、痔、悪くなる

5月26日（月）武甫が地方の高等学校の入学試験を受けたき事については、反対の意を表し、そのわけは彼がまだ信仰上の基礎を得ざるを見て、傍においてそこを見届けたきためなり
6月9日（月）小此木氏の病院に行く、声帯が腫れている由、今のうちに治療すれば大した事にはあらざるもののごとし
7月12日（土）ああこれも亡妻機恵子の三周年記念日なり、多く苦労して我と我が子らと救世軍の為に尽したる彼女は早くその務をなし終わりて去りぬ、取り残されたる余は今、負い難き責任を負いつつ、苦心しつつあり、主よ助けなき僕を憐れみ助け給え
7月14日（月）民子の健康気にかかるなり、武甫以下の心霊上の事、気にかかるなり、これら凡ての事、弱い助けなき余には如何ともすべき方法なきなり、唯神を仰ぎ望むのみ
7月17日（木）「使徒行伝」を執筆す、苦心惨憺なり、余が死後に尚生きて世に尽くす可きものはこの種の小著にあらざるかなど思えば、十分苦心するかいありと信ずるなり
8月4日（月）武甫の我が侭にして信仰心のなき事、ああ、これ何よりの苦しみなり、民子の健康を支え、妻を憐れみ健康を与え、智と徳とを授け、いかんなくその務をなさせたまえ
10月14日（火）民子軽井沢より帰る、見違えるほど丈夫になれり
11月1日（土）余が結婚の満二年なり、神の御指導の下に幸福なる家庭を営みつつ、後顧の憂なく救いの軍を戦い得るを感謝するなり
◎一九二〇（大正9）年
3月22日（月）武甫を京都に送る、同志社に入学せしめん為

6月29日（火）大いに金がかかる、友子、光子、徳子三人の病気、看護婦、氷、卵、医薬計百円を要す
7月17日（土）友子の容態良し、光子は大抵全快、徳子の熱も去れり、妻は妊娠の兆しあり、しきりに吐いたりなどして苦しむ
7月18日（日）周平、昨日無断にて活動写真に行きしとか、悪友に誘われたるなり、種々教誨す
7月24日（土）友子を伴いて南湖院に行く
8月2日（月）妻の容態よろしからず
8月3日（火）徳子を瀬川中校の家に預かってもらう相談、妻を入院さす（慶応病院）
8月12日（木）妻、退院までには間がありそうなり、佐藤母上より慰め書を得たり、健三君から見舞い状、金十円送り来る
8月23日（月）妻退院
9月8日（水）午後「武士道と救世軍」に付き講演す、ＳＡ（救世軍）は今日の武士道なり、救世軍人は武士道を今日行う精神を要す、徳子、瀬川中校の許より五週間程の後、今日帰り来る
12月1日（水）茅ヶ崎に行く、久々に友子を見舞う
◎一九二一（大正10）年
3月20日（日）昨夏以来、南湖院に入院中なりし友子を楽山堂病院に入れ、手術を受けしむ
12月20日（火）男児出産、今度の子に「潔《きよし》」というような名をつけたらいかがと思うなり、病院に妻を訪う、赤ん坊を見る

12月26日（月）友子を茅ヶ崎に見舞う、武甫は神戸の賀川豊彦君の許にて冬休み

◎一九二二（大正11）年

1月17日（火）慶応病院に妻を見舞う、最早満一ヶ月入院し居るなり、今日は大隈侯の葬儀なり

1月21日（土）矢島先生が帰朝との事、東京駅にて一時間四十分待つ、後れて着されず、林歌子女史によろしく頼みおきて帰る、妻は退院して家に帰れり

1月24日（火）留守に医者来る、妻は尚心臓が油断ならぬと言われし由

1月27日（金）矢島女史を見舞う、米国より帰りて甚だしく疲労し居らるるなり

1月29日（日）矢島先生を訪う、皇后陛下より御菓子を賜り、感激して発作を起こさんとし居る処なりき、久布白氏と祈りを共にして帰る

2月5日（日）矢島女史を訪う、病追々に宜しきようなり、不思議に有難き事なり

10月12日（木）友子、絶息す

10月13日（金）火葬場に棺を送る佐藤祖父母、皐蔵氏夫妻など、三、四十人の小会合

10月14日（土）朝、骨を拾いに行く「朝に紅顔、夕に白骨」と言う誠に敢えなきものなり

11月1日（水）余が結婚の第五年なり、非難せられ心配せられつつ結婚して今日まで家庭に種々の出来事もありしが、妻はよく尽くしたり、彼女なくして余はこの家庭をいかにしたりしか疑わし、神の恵を賛美すると共に、彼女に感謝せざる可らず

◎一九二三（大正12）年

8月21日（火）留岡幸助君令息（18）今年早稲田中学卒業のもの肋膜と腹膜とにて死す、往きて

弔す、他人の子に親切を尽くす間に我が子に永別す、去年の友子の事思出て同情に堪えず
9月27日（木）妻のオペ結果よろしかりしを聞き安心す（心臓）
10月7日（日）妻退院して居る、真に喜ばしき事なり

軍平と悦子の娘である山室徳子が残した軍平日記の清書は大正15年までしかない。再婚後も軍平には苦難が続いたが、軍平が三ヶ月で再婚を決意した女性だけあって、悦子は誠心誠意、尽くした。

闘病中も軍平を支えた津田梅子

吉屋信子は著書『ときの声』で「軍平の再婚以来、亡き機恵子の心の友だった津田梅子は軍平に会うのを避けたが、軍平は変わらずいつも梅子への祝福を祈り、著書を贈る事を欠かさなかった。さすがの梅子もついに冑を脱いで晩年には書信を交わしている。（略）大正6年12月に津田梅子たちの醵金によって結核療養所構内に山室機恵子記念会堂が建立された。これは再婚への面当てではなく以前からの計画があった」と書いている。しかし、軍平の日記をみてわかるように、津田梅子は大正7年3月に記念会堂の為、金弐百円を追加する通知を寄越したり、見舞い状を寄越したりしている。

津田梅子は一九一七（大正6）年5月に糖尿病が悪化して聖路加に入院している。さらに一九

一九（大正8）年には半身不随になり、退職を余儀なくされている（『津田梅子を支えた人びと』有斐閣）。津田梅子の伝記類には、梅子が救世軍や山室軍平、機恵子を支援したことはあまり書かれていないが、梅子は闘病中にも軍平を案じていたことを明記しておきたい。

思春期のこどもと継母

思春期の民子や武甫にとって、軍平の再婚は大きな衝撃であっただろう。婦人参政権獲得に尽力し、母子福祉に貢献した山高しげりは「山室家の人々」で以下の回想録を残している。

大正二年、私は府立第二高女に編入学し、金森通倫氏の令嬢寿子さんに勧められて本郷真砂町の救世軍中央小隊の集会に出席するようになりました。千駄ヶ谷の金森家で開かれた日曜学校にも行き、山室家の長女民子さん、長男の武甫さん、ミツコちゃん、オッコちゃん（善子）、機恵子夫人の事も知りました。それらの方々は真砂町にも時々見えておられました。

山室先生のお話は舌端火を吐くというか、人の霊をやきつくすというか、お話の終わりに近づくほどますますグイグイと人の心をひきつけずにはいないといった調子で、「漁《すな》り」をなさると、次から次と大勢が毎回立って恵の座に跪いたのでした。（略）そのうちに機恵子夫人が亡くなられ、先生は後添えに婦人士官であった方を選ばれました。ミツコタンやオッコタンのためには、お母さんも必要だったでしょうけれど、長女の民子さんには傷心の想いがあったように告げる人もありました。当時女子学院に通っておられたかと思いますが、とても神経質に見えました。（略）茅ヶ崎の南湖院で、私は民子さんの隣室に二ヶ月ほど暮らすようになり、二人とも院長の高田畊安先生から「もう社会に帰らず、此処でお働きなさい」と言われたのですが、お互いにそこには留まりませんでしたが、大勢の幼い弟妹の世話を、母代わりとしてひきうけ、身も心も疲れはてたような民子さんでした。父軍平にも冷徹なメスをふるえる民子さんでしたが、やはり父思いと私は思いました。その民子さんから外遊に際して、書いたもの一切を預けられたり、帰られてから結婚話について打ち明けられて、心から喜んだりもしましたが、もうその時軍平先生は、在天の霊となっていられたように思います（『民衆の友　山室軍平回想集』）。

先妻の子を優先した悦子

軍平の再婚当時は複雑な思いがあったであろう民子だが、三十四歳の時には「（機恵子を亡くした時）どんな悲しみ、苦しみにも決して自己を取り乱したことのない父が、食も喉を通らず、幼い子供等を抱えて、ただ黙々と祈り続ける姿こそ、子供心にも深く刻みついて、忘れることができません。その後の父は、母のない子供等の淋しさを慰めてやりたいと、忙しい身を繰り合わせ、週に一度、土曜日に御菓子を買い求めて帰り、子供達と過ごしました。母が来て、親切にやってくださることをしたのも、子供等のためを思えばこその心尽しでした。父が今の母を迎えましたのも、子供等のためを思えばこその心尽しでした。母が来て、親切にやってくださることを感謝しております」と述べている。（「父山室軍平を語る」「主婦之友」一九三四年6月号）。

民子は三十七歳の時、義母悦子を失ったが「義母を偲ぶ」として以下のように記している。

お義母さんが家に来て下さったのは、私が十六の時でした。実母は前の年に亡くなりましたが、六人の弟妹がおり、母親の死ぬ八日前に生まれた赤ん坊は産院に預けましたが、その他の弟妹の世話はだいたい私がやらなければならなかったのです。寝る時は四つと六つの妹を両側に置いて寝ました。四つになる妹は夜中に「お母さま、お母さま」と泣くのです。その上の小さい方は身体が丈夫でなかったので食が進まず、私は心配で学校にも行かれない事がありました。父親の仕事は忙しく、身体が二つあっても足りないところへ、赤ん坊が亡くなり、葬式騒ぎや何やかやで私はすっかり身体を悪くしてしまいました。そこへお義母さんが来て下さったのですから、どんなに助かったか知れません。

義母に感謝している事は数限りなくありますが、妹の友子が悪性の感冒で肋膜を起こした時、病人が看護婦だと嫌だからお義母さんに付いて貰いたいというのです。ところがその時、義母が生んだ子も眼を患い、どちらかを手離さねばならぬ羽目になりました。すると義母は自分の子を数ヶ月他へ預け、専ら友子の看病に当たって下さいました。その献身的な看病ぶりは涙ぐましいほど神々しいものでした。しかし、天命だったのでしょう、友子は十七歳を一期として亡くなりました。その臨終の時、私の実母の母である祖母は「お悦さん、ありがとうございました。本当によく看病して下さいました。友子もさぞ満足だったろうと思います。このご恩は決して忘れません」と厚く礼を述べて、並みいる人を感激させました。義母のみならず、前の母の一家も非常に感謝しておりました。（『愛は永遠に』日本学芸社）

悦子は一九一八（大正7）年に徳子を出産したが、一九二〇（大正9）年に先妻の子、友子が結核に罹患した。軍平の日記にもあるが、機恵子亡き後、民子が南湖院に入院し、その後、友子も南湖院に入院した。吉屋信子の『ときの声』には「友子の病状はやがて腸をおかしたと南湖院の医師から軍平は告げられた。娘の肉体はもはや救い難ければ、心霊の救いのためにも、朝夕枕元を見舞えるようにと、友子を我が家に移させた。千駄ヶ谷の二階が友子の病室となってからの看護は悦子が全力を尽くして当たった。彼女は実子の幼い徳子を麻布小隊の士官夫妻に預けた。『わたくしこども心にも自分は生まれてこなければよかった……お母さんのじゃまになるのにと思いました』。当時の預けられっこ、現在は婦人之友社の徳子は語る」と書かれている。

神様にお縋《すが》りして生きる

一九三一（昭和6）年の「主婦の友」7月号に「腹が立ったらどうなさいますか？」というアンケートがあり、その中に山室悦子の「神様にお縋りして」という以下の文がある。

人間ですから腹の立つ時がございます。しかしそうしたことを外に現すことのないよう力の足りない私は一生懸命神様へお願い申し上げているのでございます。先日も子供がいくら私が申しても言いつけた通りに致しません。「お父様や御姉様方にご相談した上で打ちますよ」と申してしまったくらいです。私どもでは子供を一つ打つのでも家族の同意を得てからでなくてはしないことになっております。子供に腹が立つというよりも、わからないということに腹が立って悲しくなります。子ども達の眠っている枕元で静かに祈ります。お祈りした後は晴れやかな気持ちにかえることができます。私のような力のない者は神様にお縋りしなくては一日も生きてゆけぬような気が致します。

実に賢い女性だ。昭和6年の山室家の子どもは、上から民子、武甫、周平、光子、善子までが機恵子の子どもで、そのあと悦子の実子徳子、潔と続く。「御姉様方」と複数形にすると、該当するのは民子と光子と善子になる。善子は十八歳になるので、打たれる側とは考えにくく、やはり実子の徳子か潔ということになる。悦子が先妻の娘達を立てて生活している様子も如実にわかる。単純に人数から見ても、実子二人より、先妻の子六人に対して腹が立つことの方が多いはずだが、自分の子供に腹が立った時の事を述べているのだ。

身を燃やして世を照らした悦子

悦子は一九二一（大正10）年に潔を出産したが、一九三七（昭和12）年に脳溢血で召天した。五十四歳だった。軍平は悦子の亡骸から離れようとせず、出棺が大幅に遅れたという。軍平は昭和6年頃から健康を害し、震顫《しんせん》麻痺の兆候が現れ、声は弱くなり体の動作も鈍くなっていた。一九三五（昭和10）年に顧問に退いたが、翌年また司令官に戻った。悦子も脳溢血で亡くなるまで四年間闘病していた（三吉明『山室軍平』）。

「主婦の友」昭和12年4月号に山室軍平の「亡き妻を語る　身を燃して世を照した山室悦子」が掲載されている。それによると悦子が2月17日に召天し、19日の葬儀の翌日、記者は納骨祭から帰ったばかりの山室軍平を訪ねている。「山室中将は不自由な体を推して、微かに打ち震える手に故夫人愛用の聖書を取り、想い出を語られた」との前書きがある。

かれこれ二十年前、私は先妻を失って六人の子供とおりましたから、その家庭に入ることは容易ならぬ責任を負うことを意味していました。彼女の死後、愛読した聖書をみると、次のようなインクのあとを見出しました。「神様、私は今一度この身をあなたに捧げます。私は今一度己に死にます。私の死ぬことは、凡ての人を生かすことでございます。神様、私はわが飼うべき子羊のために命を捨てます」。これは私共の結婚前四、五ヶ月前の手記なのをみれば、如何なる決心で来たかを推察するに足るのであります。（略）昨日の葬儀で矢吹大佐が「有名な神学者アダム・フクラークの墓標には、蝋燭のその身を焼いて物を照らすように、彼は我が身を焦がして世の人に光を与えたという文句が刻んである。悦子の生涯もまたかくの如く」というお話がありました。偉人に比較されるのは恐れ入ったことであるが、小さいながらも蝋燭の如く身を焼いて人を照らしたということができると思います。

矢吹大佐は悦子を蝋燭に例えたが、まさにその一語に尽きるであろう。山室軍平追悼文に「何時であったか、奥様を亡くされた折、先生は申された『彼女は蝋燭の如く、身を焼きつつ世を照らした』と。私は思う。先生こそ偉大な偉大な蝋燭の火であった。世を照らし身を焼き切ってしまわれた」(増田江間『山室軍平選集別巻』)と書かれている。これを読んだ筆者は、奥様とは機恵子の事だと思っていたのだが、悦子のことであった。蝋燭のたとえは、悦子のみならず機恵子にも、まして軍平にも当てはまるのだ。

吉屋信子は『ときの声』に「昭和13年、主婦のいない家庭で光子が家計簿をつける役割を務めたが、初めて知ったことは、父の救世軍からの月俸の三分の一は他人のために使われていることだった。恩給制度のない元士官の遺族で助けねばならぬ家へ、父がひそかにわが収入を割いているのがわかると、光子は亡き義母の辛かった家計のやりくりをいまさらに思いやった。講演旅行中の軍平に随行した士官が、軍平のツギハギだらけのシャツを見かね『新しいのをお買いになったらいかがですか。十円出せば買えますよ』と勧めたが、『まだ使えるよ』と買わず、来訪した元士官の未亡人に十円を渡した」と書いている。

『山室軍平選集』第八巻の三〇一頁から四七二頁までは「山室機恵子」で、四七三頁から四八一頁までが「山室悦子」になっている。機恵子との結婚生活は十七年間で、軍平は十二万字、原稿用紙約三百枚の『山室機恵子』を著した。悦子との結婚生活は二十年間で、軍平は「山室悦子」という五千四百字足らずの文章を、親戚や知人に配布した。健康が衰えていた軍平にはそれが精一杯のことであったのだろう。

倒れた悦子を救世軍病院に泊まり込んで看護したのが、武甫の最初の妻、富士であった。しかし、富士はワイルス氏病にかかり、一九三九（昭和14）年に二人の幼子を残し三十八歳の若さで亡くなった。軍平は二度目の妻にまで先立たれ、長男の妻にも先立たれ、昭和13年末頃から声もしわがれ、伝道説教も不可能になり、ファシズムの音にかき消されるように一九四〇（昭和15）年3月13日、六十八年の生涯を閉じた。

阿部光子の小説から

二人の幼児を残され、富士に先立たれた山室武甫は、作家の阿部光子と再婚した。

阿部光子は「新潮」一九六四（昭和39）年11月号に発表した「遅い目覚めながらも」で第五回田村俊子賞、第八回女流文学賞を受賞した。これは山室武甫と再婚した阿部光子の葛藤を描いたもので、小説仕立てではあるが、登場人物、背景すべて山室一族に関することである。阿部光子はその後も山室一族を書き続け、主だったものは以下のようになる。

『遅い目覚めながらも』（新潮社　昭和44年）に集録
「遅い目覚めながらも」「神学校一年生」「鏡のおもて」「花の十字架」「土の中の世界」
『旅路の終りではなく』（新潮社　昭和45年）に集録
「結婚行進曲」「一粒の真珠」「落穂拾い」「もう一つの世界」「旅路の終りではなく」
『献花』（新潮社　昭和62年）に集録

「献花」「心の秤」「無より出でて」「余燼」「もみの木陰で」「幻の花」

阿部光子はなぜ武甫と結婚したのだろうか。「一粒の真珠」には以下の文がある。

•会長（註：軍平）の出生地が、母（註：阿部光子の母）の郷里から少し山奥であったので、母は会長のことをお国自慢のひとつにしていた。会長が十八歳の時、十三歳だった母が郷里の教会で彼の話を聞き、母はその日をきっかけにクリスチャンになる決意をしたというのだ。自分の一生でクリスチャンになったことが一番仕合わせだったと思うにつけ、あの先生は恩人だともよく言った。母はまた、自分の友人だった、会長の初めの夫人（註：機恵子）を稀にみる立派な人だと言っていた。後年の写真にあるような女丈夫然とした人ではなく、若い頃は楚々とした、いつも目が涙で濡れて、内側に灯のともっているような人だったとも言っていた。母がわたしの縁談に、初めから乗り気になったのはこういう下地があったからだった。

さらに軍平のことを「遅い目覚めながらも」では以下のように書いている。

•嘘をつかないというのは、この家の厳しいおきてで、先代（註：軍平）は「あなたの健康を祈ります」と手紙に書いたら、筆をおいてすぐ祈った。祈る暇のない時は「あなたの健康を念じます」と書いたほどである。（先代の日記）は事務的な素っ気ない日記で大部分が事業のことばかりだった。先代に部下が会見を申し込むと「十分」とか「十五分」とか初めに時間を切るので冷たい感じがしたが、お嬢さん方が相談したいといわれてもやっぱり「十五分」と時間を切られた。このスケジュールでは無理もない。

機恵子については以下の文がある。

•夫の実母は亡くなる前日瀕死の病床から、その夫を励まし、約束の講演を果たさせたというほどの女丈夫であった（「遅い目覚めながらも」）。

•大きなおなかを抱えて療養所設立のため、東奔西走した夫の母、赤ん坊は生まれたが、その産褥で夫と七人の子とを遺して死ななければならなかった母の一生、そういう生き方をするより外の生き方は考えられもしないような一人の女性。永遠に生きるために死ぬ決断など到底できない意気地なしの私に何が言えることだろう（「土の中の世界」）。

軍平の二度目の妻、悦子のことは次のように書いている。

•夫（註：武甫）は十いくつしか年の違わない継母に、生来の無口を利用して殆ど口を利かなかったらしいし、夫の姉は、ミセス何々とよんで、一生、母とは呼ばなかった。

•先代の二度目の夫人（悦子）は、まことに健気な女性であったらしい。一生、母ともよんでくれない長女をかしらに、子どもたちがぞろっと並んだ家庭に入り、事業に打ち込んで家庭を顧みるゆとりのない夫にかしずき、ろうそくが自分の身を燃やすような一生を送ったのだった。口に言えない辛さが積り積って、脳軟化症となった。この家の長女は、夜々、父の書斎に行って愚痴をのべる彼女を、父の仕事の邪魔者であると言って、病室の外から鍵を下ろした。最後には手がかかるというので、彼女は病院に送られてそこで亡くなった。その頃の日記で、先代は「逝きし妻によって余にブース大将のブース夫人（賢夫人）に於ける幸いを味わわしめ給いし神が、この妻によりて、ジョン・ウェスレーの苦杯（悪妻に苛められたこと）をなめさせ給うことの如何なるご摂理なるか」を苦悶している（「遅い目覚めながらも」）。

異母姉妹については、以下の記載がある。

•一ヶ月に一度ぐらい、姉妹は論争から掴みあいの喧嘩をするのだった。ただの妹（註：徳子）が血相変えて立上り、畏れ多い姉上に向かって、「この人殺し」と言って掴みかかった。母親（註：悦子）は殺されたのも同然だということを非常な早口でしゃべり始めた。顔つきがすでに別人だった（「一粒の真珠」）。

夫の武甫については以下の記述がある。

•夫はどこに行ってもいじめられるようにできていた。夫の父親が世間の喜捨を集めて社会事業をしているところから、やい乞食の子というようなことで、蹴飛ばされたこともあったらしい（「土の中の世界」）。

•私は三番目の子を生むことになった。夜中に陣痛が起こった。「産婆さんをよんできて下さい」。夫は飛び起きて着替え、出かけようとしたが、はっと気がついたふうで「今時分、産婆さんを起こすのは気の毒じゃないか。朝まで待てないかな」と言った（略）。

•年の暮に毎年金のやりくりに行き詰って、餅代の捻出が大さわぎとなり、夫に「あなたのおとうさんの始めた何とか鍋から餅代を貰って来てよ」という憎まれ口を、何べんわたしは言ったか知れなかった（「鏡のおもて」）。

・夫の父が亡くなったのは太平洋戦争に入る直前で、クリスチャンが国賊扱いをされ始めた頃である。父の著書は発禁になった。父の築き上げた団体も解散させられた。そんな中で、父の遺稿集の保管の役を引き受けるのはまず馬鹿である。その馬鹿が外ならぬわたしの夫であった。しかも馬鹿丁寧に彼は、空襲下をいのちがけであちこち歩いて、資料を集めた。当時、相当の紳士でも家族のために、芋や小麦粉の類を運んだものであったが、彼はリュックサックに父の原稿の掲載されている古雑誌の類を入れて運び、夜は灯火管制の薄暗い灯の下で書き写した。戦後、復活した団体は再建の時でそんな大きな出版はしたくないと断った。それならば全集発行は保留にして、資料もろとも長男である夫をその出版部にでも入れておけば穏便なのだが、二代目の会長は一代目の影がその地位の上にさすことを好まなかった(「もう一つの世界」)。

貧窮した生涯の最後にブース記念病院に入院した夫、武甫については以下の文がある。

・大正の初め、夫の母は、貧しい結核患者が入院することもできず、狭い家の中に健康な人々と重なりあって暮らしていることを憂慮し、療養所建設のため奔走した。母はその過労のために亡くなったが、五十年後に、わたしたちは丁度その母に憂慮された人たちと同じ生活に陥った。母はまさか、自分の長男がこの療養所の厄介になろうとは夢にも思わなかったであろう。母が望んだのは、こういう療養所を三つも四つも建てておくれということであったのではないか(「土の中の世界」)。

阿部光子は山室家の内幕を執拗に暴いている。小説仕立てであるから、何が真で何が虚かはわからない。しかし、ブース記念病院に入院した夫への忸怩たる思いは読者にも強烈な印象を残さずにはいられない。軍平と再婚した悦子も、阿部光子も、子を抱え困惑している家の後妻になったわけだが、それでも先妻の子たちとの葛藤は免れ得なかったのだろう。宗教家の家庭でも、一般の家庭と何ら変わらない。ところが阿部光子の視点で、山室一族が批判される本が次々と出版されていても、山室家の民子や光子や善子や徳子が、公的に反論した文は見つかっていない。民子と善子、徳子は健筆家で、マスコミからの執筆依頼は多々あったと思えるが、黙して語らずの姿勢を貫いたとすれば、これはさすがに山室家の子どもと言えるのではなかろうか。

さらに阿部光子のまな板に一番多く載せられたのは、夫の武甫だが、彼も光子を批判することなく、むしろ作家としての自由な生き方を許容した。武甫は母機恵子の教えを忠実に守り、聖人君子のように生き、父軍平の仕事を顕彰するために多くの時間を費やした。

一方の阿部光子は夫の不甲斐なさを嘆き、山室一族の負の面を赤裸々に書くことで、山室一族の表に出ない辛さ、犠牲を描いた。つまり、武甫と阿部光子夫妻は表裏一体となって、宗教一家の壮絶で過酷な生き方を知らしめたのではないかと思える。

第十九章

機恵子亡き後の一族

山室家のこどもたち

機恵子は死の間際に「民子も武甫も自ら決心して生涯の方針を定むべき時が迫りました。友達が何と言おうと、そんなことは意にとめず、潔く決心せねばなりません。私はその時代に幸いに潔く決心したため、今日の祝福を受けたのです」と言っている。

軍平も機恵子も、青春時代に自分の生き方を模索し、誰に強制されることもなく自らの意志でキリスト教の信仰を持ち、救世軍へと導かれて行った。しかし、山室家の子ども達、特に民子、武甫は親の絶対的価値観のレール上を走らされることへの葛藤と闘わなければならなかった。

民子は「寄生木の歌」で「十五、六歳になると信仰生活に疑いを持つようになり、両親は犠牲を払い過ぎている、他にも生き方があり、自分はそちらを選ぶ権利があると思った」と告白しているが、結局は救世軍人となって生涯を終えた。

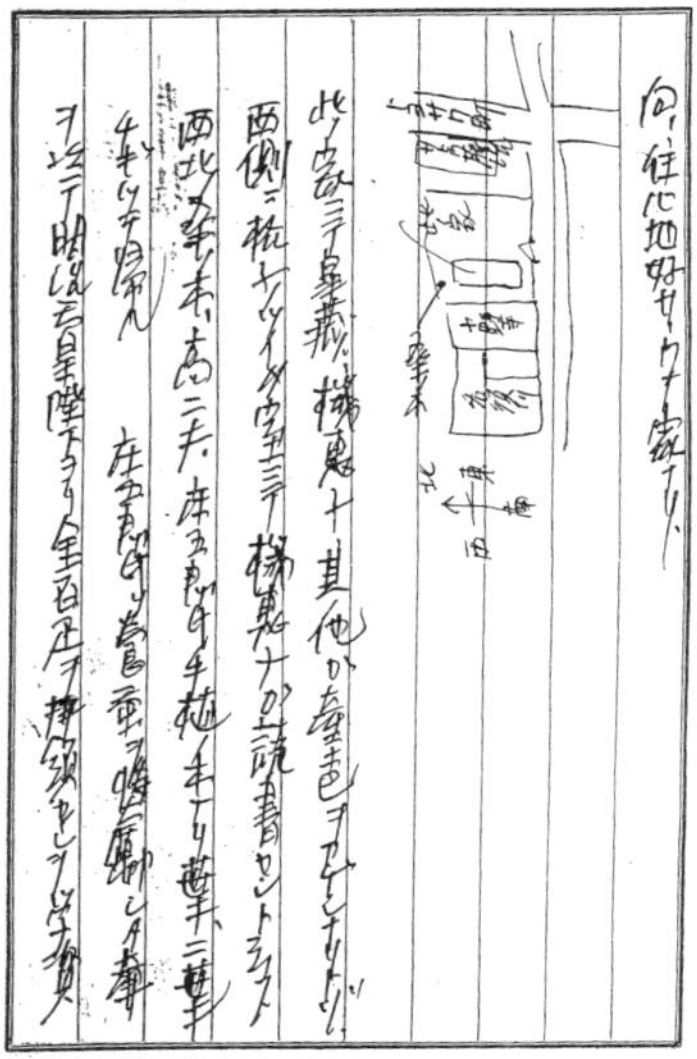

昭和2年7月16日の軍平の日記、
花巻に行き機恵子の生家を訪ねた。

『続社会事業に生きた女性たち』(一九八〇年)によると民子は東京女子大学卒業後、カルフォルニア大学で社会学を学んだ。父母を尊敬しながらもその生き方に抵抗を感じ、救世軍から離れて全体を見直したい気持ちと、日本独占資本の成立を背景に、米騒動、関東大震災等々で国民生活全体が苦しく、社会的問題が次々と生み出された時代で社会科学への関心があったからだという。

対日感情の激しい時期だったが、民子は恵まれた学生生活を送り、シカゴの大学院に進んだ。シカゴではジェーン・アダムスが始めたハルハウス(セツルメント)でも活動し、セツルメント活動や平和運動にも熱心なアダムスから深い感銘を受けた。卒業を前に有利な就職の紹介、研究者への誘い、結婚の話があり、進路を決めかねていたが、民子の脳裏には幼い頃から共に暮らした貧しい人々の顔がちらつき、祈りの中で彼らと共に生きることに心は決まった。恵まれた学生生活を送った特権を、社会へ還元する方法として救世軍を選び、万国士官学校に入るため、ロンドンに向かい、迷いの時代に訣別をつけたのが昭和2年、民子二十七歳の時だった。

民子は一九二九(昭和4)年に帰国し救世軍で活動するが、昭和15年に軍平が亡くなった直後、「平民の福音」は発禁処分を受けて、救世軍は救世団と名前を変えさせられ、弾圧を受ける冬の時代になる。第二次大戦後、民子は文部省で六年間活動し、昭和27年に救世軍に戻り、編集部長を経て総務部長となり、停年を迎えた。

救世軍資料館の書庫にある民子のファイルに「我が酒杯は溢るるなり」という民子の随筆のコピーが混じっていた。掲載誌の名前も発行年月日も書かれていないが、内容から推察すると、民子の文部省時代なので、一九五〇年前後だと思われる。

私が道の為に生涯を献げようとの決意を確めたのは二十七歳の夏の事で、私はシカゴで社会学の研究を進めておりました。私には奨学金で学位を取る道もあり、結婚のお話も幾つかありました。それらは何れも私の少女時代からの夢を実現するものであり、私の虚栄心をも満たすに足るものでした。然し私自身はこれらの前にたじろぎ心定まらず、愉しみ得ないのでありました。フランシスコ・ザビエルは「人はたとえ全世界を手に入れても、自分の命を失ったら何の得があろうか」の聖句に打たれ、極東まで神の道を伝える者となりましたが、同じ聖句が私の心を捉え、世の富も名誉も人間的な愛情もその光を失って見えました。ついに私は真の光、唯永遠の生命のみ求めて進もうと意を決したのであります。

前記書き出しから始まり、民子がロンドンに向かう船上で、アメリカ時代の思い出の書翰類を大西洋の海に流したこと、民子にプロポーズした米国男性が、日本まで訪ねて来て、心が揺れ動いたが別れたこと、その後結婚の約束をした救世軍士官の青年医師が、結核で倒れ三十九歳で亡くなったことなどが書かれている。

武甫は「母、機恵子は大正5年7月1日、重患の枕許に私を招き、救世軍士官となるべき事を乞うた。時に私は十五歳。爾来、種々の思想の動揺を経験したが、遂にその遺命を実現する日が到来し、不十分ながら今日までその歩みを続けて来た。母のこの遺命なかりせば、私は救世軍士官とならなかったであろう」と記している（山室武甫「評伝山室富士」）。武甫は士官学校で知りあった富士と結婚し、一男一女をもうけたが、富士に先立たれた。再婚した阿部光子は作家であり、救世軍には加わらなかったが、日本キリスト教団の牧師になった。武甫も救世軍の軍友として活躍した。

武甫によると、軍平の三男周平は東大で社会学を専攻し、大学教授となった。三女光子は自由学園高等科卒後、チェコスロバキアで工芸美術を専攻し、自由学園工芸研究所、北京の自由学園生活学校責任者として働いた。四女善子は自由学園高卒後、アメリカのプリンストン大神学部に留学し、「婦人之友」主筆として働いた。五女徳子は自由学園高卒で、「婦人之友」記者。五男潔は自由学園高卒後、岩波写真部に勤務した。山室軍平の孫は七人とある（『愛の使徒　山室軍平』）。

軍平と機恵子は八人の子に恵まれ、そのうち次男襄次、四男使徒は夭逝し、次女友子は十七歳で亡くなった。軍平と悦子の間には徳子と潔が生まれたので、軍平は五男五女をもうけたことになる。女性で結婚したのは善子だけである。善子は三十七歳で山谷省吾牧師より洗礼を受け、四十歳で早大教授の渡鶴一と結婚し渡善子になったが、こどもはいない。同信の友と十年の辛苦を重ねて川崎市柿生に「日本キリスト教団まぶね教会」を創設したが、まぶね（馬桶）は善子の命名だという。善子は八十三歳で亡くなったが、著書に『平和ならしめるもの』（ドメス出版）がある。徳子は村松きみの評伝『遁れの家にて』（ドメス出版）を出版した。村松きみは、機恵子の志を継ぎ、救世軍の婦人ホームで長年奉仕した士官である。徳子は父の先妻である機恵子について、敬愛の念を抱いて執筆しており、そこにも悦子の子育ての配慮が垣間見える。

民子は一九七九年4月から一年間「百万人の福音」に「白牡丹―母・山室機恵子の思い出」を十二回に分けて執筆している。執筆当時、民子は七十九歳なので、母機恵子の二倍近く生きた時に書いたことになる。「機恵子は花ならば、白牡丹でした。牡丹は王者の風格あり、気品を持っています。機恵子はどこに出てもおじない、一種の堂々たる風格や気品のようなものを備えていました。彼女は進歩的でありましたが、バターの臭みのない日本の女性でした」と民子は母を偲んでいる。民子が三十六歳の時に書いた「寄生木の歌」では母に対して批判的な面が多々あったが、晩年に書いた「白牡丹」では機恵子を限りなく思慕している。両者を比較すると、親に対することもの心情が、年々変化していく様子がわかる。

婦人矯風会の守屋東は「婦人新報」(一九四〇年4月号)に、山室軍平の葬儀に参列した様子を以下のように書いている。

機恵子夫人が私に話された中に「もし子供達が神の御旨に従って、此の国に奉仕する事が出来ないものなら、早く天に召されて神の御前に帰らせたい、また御旨にそむくような生活をなすなら、今すぐお取り下さいと毎日日々祈っています。ブース大将夫人もそうであった事を学びました」ということを一度ならず伺ったものである。御妊娠中、充分な食物もとられず、休養もなく、むりな日常を人の為に働かれた夫人は、生まれた子供が弱いという事を一番案じて居られたものと想像が出来る。そのお子さんが皆奉仕の生活をして居られる「母の祈り」のままにあられると、いつも私は民子さんをお見受けするたびに思い、感謝し、また私も山室一家のお子様方の為に忘れず祈るものになった。

機恵子は平生、日本の宗教家の子に、宗教家を出すことが少ないことを嘆いていたが、山室家の子どもで救世軍人を貫いたのは民子一人である。他の宗教家の例をみてみよう。

内村鑑三の長男、祐之

内村鑑三の長男である内村祐之は、ついにキリスト者とならず、死が迫った時、妻に向かって「おれの葬式は、キリスト教式ではやらないでくれ」と頼み、八十二歳で世を去った。祐之の妻、美代子が書いた「晩年の父内村鑑三」には、以下の祐之の文が掲載されている。

内村鑑三先生のご子息なら、クリスチャンでしょうねというのは繰り返し受ける質問である。私は森羅万象の偉大さと精巧さとを知るたびに、全能の神の存在を信ぜざるを得ない。自分に宗教心が全くないとは絶対に思わない。しかし自分は罪人であるといった深刻な罪障意識はどうしても持ち得ないし、人類の罪はキリストが十字架上で流した血によってあがなわれるという贖罪の信仰が、キリスト教信仰の中心だと言われると、クリスチャンを自称することができないのである。来世とか、復活とか、再臨とかいう教えをも信ずることができない。ただしキリスト教の持つ倫理性、人類愛の精神といったものを高く評価するには、常にやぶさかでない。では私は鑑三からどんな宗教教育を受けて成長したのか。あれほど干渉がましく圧制的であった鑑三の態度は存外に自由だったのである。私は鑑三から、一度も信仰不足をたしなめられたことはなく、また事業を継げと強制されたこともなかった。鑑三が私の思春期までに課した掟は、日曜学校なり集会なりに必ず出席せよとか、日曜日は安息日として聖く守り、ゲームのような俗事をしてはならぬとか、食前には必ず感謝の祈りをせよとか、禁酒禁煙を守れというようなことであった。これらは普通のキリスト教家庭でも守られていることで、特別のものではない。ただ、これらを厳守するとなると、幼い者は大変な制約を受けるわけで、せっかくの休日に遊ぶこともできず、よくわかりもせぬ聖書の講義を聞かなければならぬことになる。

私は言ってみれば、キリスト教に食傷してしまったのである。食傷が好い栄養になるはずがない。鑑三が、小さな掟を守らせながら、もっと大きな信仰問題について、強制がましい態度を取らなかったのはなぜであろうか。小さな掟は基礎教育だと鑑三が考えていたためだと思う。その上に本当の信仰が生まれるのだが、それは、神の聖旨と各人の人となりとの問題であって、人間の強制できない領域だと、彼は考えていたのであろう。

一方、内村鑑三自身も、弟子であった藤沢音吉がドイツ留学中の内村祐之に、鑑三の後を継いで伝道をしなさいと忠告したことに対して以下のように憤っている。

(音吉は)私の祐之に対し手紙を発し、父の後をついで伝道をしなさいと、こしゃくなことを言うてやった。本当に私共親子の間を割くものである。すぐ取消しの手紙を立てさせたが、それがためにひどく苦しんだ。私はたとえ自分の子供でも其の自由を左右する様なことをしない。(山本泰次郎『内村鑑三とひとりの弟子』)

武甫も「日曜学校には必ず出席しなければならず、他に行事があり、誰に誘われても休むことは許されなかった。家には小説本がなく、母から聖書は世界一の書物だから毎日二、三章づつ二回繰り返して読むよう命じられた」と回想している。

安部磯雄の家庭

日本女子大学の「家庭週報」第326号（大正4年7月）に「家庭の宗教」という安部磯雄談が以下のように載っている。

　私も妻も基督教信者でございますけれども、家庭の形式にあまり宗教を強いるのは返って反抗心を起こさせる様な結果を生じはせぬかと、経験上から思われますので、例えば日曜学校、教会等へも子供等の心任せで行かせるようにしております。しかし、実際においては家庭内の空気は真の宗教的気分で満たされているのですから、子供等は知らず知らずその気分に接して自然の感得で十七、八歳以上になりますと、自ら判断し、自ら選択して宗教を信ずるようになります。宗教の尊い所もまたここに存するかと存じます。

牧師になった植村正久の娘

植村正久・季野《すえの》夫妻は澄江、薫、環、恵子の娘四人をもうけたが、薫と恵子を亡くしている。

恵子は牧師になるためにアメリカで神学の勉強をしていたが、志半ばで大正9年に亡くなった。正久が大正14年に急逝した後、季野は「これで日本には伝道者が一人減りました。あなたは伝道者として立ちませんか」と環に勧めた。環は大正6年に結婚し、女子学院と津田英学塾で教師をしていたが、大正8年に夫を亡くしていた。季野は外出もできないほどの病身であったが、環の子を見てあげるからと言って、環を四年間の留学に送り出した。四年後に環が帰国した時、季野は重い食道がんにかかっていて、六ヶ月の闘病の末に亡くなった。

季野の闘病中、大勢の見舞人から心尽くしを受けたので、環が「お母様がよくお尽くしになったから、皆さんが親切になさって下さいます」と言ったのに対し、「みめぐみは　わがみまかりし人の上に　溢れこぼれて　我にかかりぬ」と歌を詠んで答えた。皆の親切を感謝しながらも、それは亡き夫に対しての感謝が自分の上にかぶさってきたのだという受けとめかたである（植村環『父母とわれら』）。山室機恵子も亡くなる時に「(病院の方々は) 使徒的な働きをなさるあなた（軍平）の妻として、私をこんなに親切にしてくださるのです」と感謝を述べている。謙虚な姿勢は季野と機恵子に共通している。

こうして植村環は、日本で初めての女性牧師、高橋久野に次いで、二番目の女性牧師になった。植村夫妻の長女、澄江は佐波亘牧師と結婚し、佐波亘は『植村正久と其の時代』を刊行した。佐波夫妻の長女が婦人之友社で活躍した佐波薫、次女が翻訳家の中村妙子である。

救世軍支援を続けた機恵子の兄弟

山室武甫によると、機恵子の兄弟、佐藤皐蔵は、七十八歳まで生き、政次郎は八十七歳、健三は八十九歳、五郎は七十二歳まで生きた。機恵子の父は七十六歳、母は九十歳まで生きた。当時でも珍しい長寿の家系だ。機恵子のこどもも早世した以外の五人は長寿だった。いっそう機恵子の早世が惜しまれてならない。

機恵子の実弟、佐藤政次郎は明治24年に花巻を出て北海道に渡り、翌年札幌農学校予科に入学した。庄五郎の北海道移住に伴い、母も札幌に居住することになり、母と二、三年一緒に過ごした。その後、気候があわず母安子は病気になり、東京に移った。政次郎は韓国で農場経営をしたが、地価の高騰、米価の値上がりで思わぬ財を成した。渡韓したのは財を成すためではなかったので、妻子と協議し、財はことごとく北海道大学と京城大学の育英基金として寄付した。その事を母、安子に告げると「それはよかった、よかった」と喜び「お前達兄弟は互いに戒め、励ましてひとかどの人となり、親の名まで世間で褒めてくれる。私には何の苦労も手柄もない」と言った。母、安子が郷里に帰ると慈母のごとくに迎えられ、良妻賢母の鑑として彰されたこともあったという（山室武甫『機恵子』）。

佐藤健三は機恵子の結婚式の時「将来、金百円を救世軍に寄附する」という手紙を渡していた。健三は帝大卒業後、日本石油に勤務し、亡き姉との約束通り百円を一万円にして救世軍に寄付した。この健三の寄付と他からの寄付八千円を合わせ、一九三四（昭和9）年、大田区池上に「機恵子寮」が開設され、八十三歳の安子の手で梅が植林された。

一九三六（昭和11）年の救世軍機関誌「ときのこえ」に健三の文が掲載されている。

私は山室や姉から救世軍の事業をちょいちょい聞かされ、その計画の大胆さにいつも呆れておりました。収支予算のうち、支出は明らかですが収入は見当がつかないのです。自分たちは努力して神様にお祈りするのだと言って、ついにはその計画通り行くのです。私は工業に従事しておりますが、機械は何馬力と決めたものは、その馬力以上には出ないのです。しかしながら、人間の一人力というものは、働きようによっては半人力ともなり、努力のしようによっては二人力ともなる事を経験し、救世軍の方々の努力については敬服する次第です。

軍平の書簡集には、昭和14年6月1日付けで出した健三宛の手紙がある。

先日は御老母様米寿の祝いに参列し、四兄弟揃っての御孝行、羨ましい限りでした。（略）機恵子寮についてですが、大人が使用するようにできた建物をこどものために用いる故、若干の改良が必要です。（略）約千円あれば差し当たり入用なものは揃うことになります。あまりに勝手な申し出ながら、右の事情御勘考の上、出来る限りの御助を仰ぐことを得ばこの上ない仕合わせの至りです。

機恵子寮が婦人ホームから児童養護施設に変わるための寄付依頼である。昭和14年7月15日の「ときのこえ」には「米寿の祝の佐藤安子刀自」として機恵子の母安子の写真が掲載されていて、

「令息健三氏より救世軍に金一千円寄附」と書かれている。健三は昭和9年に一万円寄付し、軍平からの寄付依頼を受けて五年後にさらに千円の寄付に応じたことがわかる。昭和14年当時の大卒者の初任給は百円位なので、一千円ということは、大卒者の年俸分位になるのだろうか。「ときのこえ」には佐藤健三が一九七一（昭和46）年に長逝し「七七忌にあたり遺族より救世軍に多額のご香典の寄附があった」とも記されている。

軍平書翰集には、昭和10年2月に佐藤五郎に「多分の金をご寄附くだされ、感謝いたします」としたためた礼状がある。機恵子亡き後も、機恵子の兄弟は山室家と交際し、救世軍の軍友となって寄付を続けてきたことがわかる。

佐藤五郎の長男佐藤捷は平成5年に花巻史談会鎌田会長の好意で花巻を訪ねている。捷は七十歳を超えて初めて父の生まれた場所を目の当たりにした。「私の母（旧姓　杉浦多満）が日本女子大学在学中、クラスは違ったが宮沢賢治の御令妹トシ様も御一緒であったことは聞かされていたが、この宮沢家と父の生家とはどうやら隣同士で、父の出生地の一部も現在宮沢家の所有になっているらしいことなどもわかり、世の中は随分色々なつながりがあるものだと思った。祖父母に至るまで何百年にもわたる歴代先祖の墓がある円通寺に墓参した」とある（「花巻史談」第19号）。

佐藤喜和子碑記

「花巻史談」第32号（平成19年）には鎌田雅夫の「佐藤喜和子碑記について」という文がある。

花巻の博物館が開館した時、佐藤皐蔵の親族一行十六名が花巻を訪れた。佐藤海軍中将が外国からいただいた色々の勲章を花巻市に寄附していただいていたが、それらを博物館で展示するということで見学にみえられた。見学の後、佐藤家の菩提寺である円通寺へ墓参に行かれたが、その時小樽市の佐藤衡明氏が佐藤喜和子碑を見つけられた。碑といっても普通の墓石位の大きさのものである。この石碑は円通寺門前から約十米位離れた小さな林の中にあった。佐藤氏は手で石碑の面の埃を払いながら「これは佐藤庄五郎の姉喜和子の碑だ」とびっくりしていた。長年花巻に住んでいた私も、ここにその碑があることは始《ママ》めて知った（略）。佐藤衡明氏は石碑の文字を読もうとしたが、時間がかかることなので、あきらめた。私は地元に住んでいる私が解読してあげる責務があると心に決めた。

鎌田雅夫は平成16年に円通寺の許可を得て、苦労しながら拓本をとり、書き写して読み下し文と現代文に直し掲載している。石碑は明治41年1月建立で、写真も載せている。編集後記には「写真撮影は三月に行ったが、周りの木は一本残らず伐採され石碑は遠くからでも見えるようになっていた」とある。「石碑が建立されてから九十七年後に、庄五郎の曾孫の方が発見したのだから、これも不思議な御縁といってもよい」と鎌田は書いている。しかし、実は軍平は一九二七（昭和2）年7月16日に花巻に行き、この碑、つまりきわの墓にもお参りしているのだ。

喜和子の墓参りをした軍平

軍平の日記には一九二七（昭和2）年7月16日、花巻に行き、機恵子の親族と会い、庄五郎の墓参りをし、機恵子の生家を訪ねたことが書かれている。佐藤庄五郎はこの年（昭和2）年に亡くなっていて、「円通寺に父上の遺骨が飾り置かれていた。納骨しないで一年間そのままにしておくのだという。お坊さんが出て来てお経をあげる、余も謹んで列席す」と日記にある。軍平は親族に案内され佐藤家代々の墓に詣でるが、喜和子の墓にも案内される。

「喜和子こそ庄五郎の姉で、庄五郎が幼児の時に大病に罹った時、身を持ってこれにかわらんと祈り、ついに自ら死んで弟を救ったと庄五郎が建てた喜和子の墓に書いてあった。庄五郎は『喜和子のこの精神は最も多く機恵子に伝わりしものなり』と碑にも書いてある」と軍平は記している。

この後、軍平は「今は桂成興氏という医師が住んでいる」機恵子の生家を訪ねる。「門は南向き、住み心地よさそうな家なり」として、その大まかな道路地図を手書きで日記に記している。「この家にて皐蔵、機恵子その他が産声を上げしなりと。西側に格子のついた室にて機恵子が読書せしという」と日記は続く。

時代が移り、世代が代わり、軍平が花巻の喜和子の墓参りをした事実は、庄五郎の子孫には伝わっていなかったわけだが、ここで明記しておきたい。

第二十章

宗教は貧乏《プアー》な時に純真《ピュアー》である

山室軍平と民子
カリフォルニア大学在学中の民子と英国よりの帰途米国へ立寄った軍平との記念撮影

天皇は死ぬが神は死なない

機恵子が亡くなった翌年、軍平は「女子青年界」（大正6年5月）に「変らざる救主基督」を載せている。概要は以下の通りである。

耶蘇基督は昨日も今日も永遠も変らざるなり。ルーテルが宗教改革をしている時、非常に失望して根も力も尽き果てたと落胆していると、彼の妻は「神様が崩御になった」と黒い喪服姿になった。ルーテルが「お前は神様が死ぬと思っているのか」というと、妻は「神様が永遠に生きていることをご存じなら、なぜそのように失望しているのか、あなたが失望しているのは、神様が御崩御になったのだろうと思って喪服を着たのです」と言って夫を励ましたということである。

昨年、小学校に上がった私の男児が、明治天皇の御崩御になった当時、長く祈祷していたので妻が不思議に思って「何を祈祷していたの」と聞いたら「ブース大将も死ぬし、天皇様も死ぬし、皆偉い人が死んでしまうから神様が死なない様に御祈祷していたの」と答えた。幸いにして我々の神様は死なない神様である。

基督は過去、現在、未来に亘って我々に凡てなくてはならぬ物を与えたもう方である。神様は入用なものは必ず与えて下さる。神様は電話をかけて呼ぶ必要はない、手紙を書く事もいらない、ただその場に我々と共におる神様に訴えればよいのである。

該当するのは周平が二歳の時だが、神が死なないように祈るとはさすがに軍平と機恵子のこどもである。ルーテルの妻のエピソードもそうだが、軍平の説教は実にわかりやすい。

軍平の社会事業観

軍平は大正10年10月の「婦人世界」に「官吏の職を辞して大道の靴磨きとなる」と題して孤児救済事業を始めた本郷定次郎夫妻の事を書いている。

婦人で新しい運命を開拓した実例を話したい。今でこそ社会事業とか、社会的施設というような声が世に高いが、先覚者となって辛酸をなめた人が二、三ある中で、時々思い出しては敬服に堪えないのは、本郷定次郎夫人秀子姉です。本郷定次郎氏は基督教信者になり、明治24年に逓信省に務めながら、孤児を引き取って世話をするようになりました。勤務中に目の届かない子ども達に靴磨きをさせたところが、子供達は自分たちにばかり靴磨きをさせると恨むので、本郷君は官吏を辞めて子供と一緒に靴磨きになり街頭に立ちました。孤児を育てて苦労している彼をみて、一緒に苦労を分かとうと決心した女性が秀子夫人です。結婚数日で、子供等に食べさせる物がなくなり、夫人は自分の着物や指輪、髪飾りなどを全部売り払い、「子ども達の養育費に」とお金を差し出し、筒袖一枚で孤児のために尽くしました。ところが本郷君は結核で亡くなり、秀子夫人もそのうち亡くなったのです。本郷君が亡くなる少し前に、窮乏で衰弱した体で、私を訪ねてきたので、一杯の牛乳を出しますと、感謝を神に捧げておいしそうに飲みほしました。秀子夫人は赤インキのシミがついた着物で、瀕死の夫と孤児を養っていたのです。このようにして死んでしまった者が、どうして運命を開拓した実例かと訝《いぶか》しがられる方があるかもしれません。運命の開拓とは、金を作ったり、家を建てたり、世に名を挙げたりすることとは限りません。たとえ窮乏の境に彷徨《さまよ》うとも、信仰を得て生き甲斐ある事業なり生活なりを営み得た者は、真に運命を開拓したというべきでしょう。約三十年の昔、誰も気づかなかった孤児救済事業を始めて、現在の社会事業とか社会的施設とかの先駆となったという点から見れば、本郷君と秀子夫人の如きは、最もよき模範と申すことが出来ましょう。その他にも岡山孤児院の創立者、石井十次夫人品子氏、家庭学校長留岡幸助氏夫人夏子氏などがあります。上毛孤児院の金子夫人などは、身を以て人道のために尽くされた犠牲者ということができましょう。

日本女子大学校には社会事業科が設けられ、天下の才媛が科学的に社会事業を研究しようとする今日、この方面の進歩は著しいようであります。しかし、社会事業は知恵だけでは出来ない、まして金だけでは尚更出来ません。一体秀子夫人のように真に心血を注いでその事業に尽くそうとする女性は、何処に隠れているでしょう。社会は実にそうした献身的な人格者の出現を待ち焦がれておる有様ではありませんか。私は婦人の自覚を促すため、本郷夫人のお話を致した訳であります。

軍平は本郷夫人秀子を尊敬し、随所で話をしている。軍平は本郷夫人の事を書きながら、機恵子の事も重ね合わせて書いたのであろう。本郷定次郎は、極貧の中、結核に冒され亡くなった。機恵子の最期も悲惨である。子供の頃から頭痛持ちだった機恵子が、「生まれて初めての苦しみ」を経験して生死をさまよい、口から白い泡を吹きつつ、苦しい息を吹き出し息絶えた。神がいるのなら、せめて最期くらい、安らかに昇天させて欲しかった、あまりに理不尽ではないかと辛くなる。ところが軍平は、「窮乏の境に彷徨《さまよ》っても、信仰を得て歓喜に満ち、生き甲斐ある事業、生活を営んだ者は、運命を開拓したもの」と達観し称賛している。本物の信仰とはすごい力である。

先駆者や創業者と言われる人々が、想像を絶する悲惨な状況を乗り越えてきたことは、真摯な気持ちで感謝しなければならない。しかし、それを後々の人達にまで継承させることには無理がある。軍平は一九二一年に日本女子大学に社会事業部が新設された時に、留岡幸助などとともに、麻生校長の相談に乗っているが（『日本女子大学社会福祉学科五十年史』）学生たちのあり方に物足りなさを感じていたのであろう、批判的な言動をとらない軍平にしては珍しい批判文になっている。

羽仁もと子、吉一夫妻の支援

羽仁もと子、吉一夫妻は一九二一（大正10）年に自由学園を設立した。もと子は若かりし頃、植村正久の牧する富士見町教会に熱心に通っていたが、植村正久の孫である佐波薫も自由学園に進み、のちに婦人之友社発行の「明日の友」の編集長になった。薫は牧師佐波亘と植村の長女澄江のこどもだが、『三本の苗木』（みすず書房）に以下の事を書いている。「自由学園の月謝がほかの私立学校に比べて飛びぬけて高かった。少数の生徒しか採らないのに、先生方は一流ぞろい、すべてが本格的だった。栄養価を考慮しての給食の費用も、ほかの学校にはない出費であった。経済的な切りつめを余儀なくされている牧師の生活の中から、こどもを自由学園に通わせることを、父母がはじめ躊躇したのは当然であった」。そして一月のある日、薫と母は、目白の自由学園を見学に行くのだが、ミセス羽仁は不在で、ミスタ羽仁が対応してくれた。「ミスタ羽仁はある生徒を『この人は救世軍の山室軍平さんの次女です《ママ》』と紹介してくれた。母は『伝道者のお子さんも入っておられるのだから』と思ったようで、質問も入学を前提としたものに変わった」と述べている。『自由学人羽仁吉一』（婦人之友社）には「第二次世界大戦から戦後にかけての混乱期には生徒たちの中にも家庭の事情で困窮する者もでていた。そのような際、吉一はだれにも言わず、直接本人を呼んで、月謝免除の特別の配慮を講じたこともある」と書かれている。

『ときの声』を書いた作家の吉屋信子が初めて小説を書いたのは「婦人之友」だった。吉屋が書斎を作った時、建築費に不足し、羽仁吉一に前借の相談をした。吉一は「それだけの額で済みますか？　建築というものは僅かな費用を節すると、後で必ず後悔するものです」「それだけでいいのですか」と二度も聞いて、小切手を渡してくれた。吉屋が受取を書こうとすると吉一は「あなたが覚えていればいい」と静かな口調で言い見送ってくれたという。何と徳のある人物だろうか。

吉一は自らについては語ることをよしとしない人で「己を語るべからず」は吉一の強い信念だったという。羽仁夫妻は、山室家の子ども達をも支援したのであるが、このような夫妻に親代わりになって貰えた山室家の子ども達は幸いであった。

結核で早世した友子

一九二二（大正11）年の「婦人之友」11月号に、軍平は「山室友子」を執筆しているが、その前ページに羽仁もと子の紹介文がある。それによると、もと子は自由学園での講演依頼のため、救世軍本営の軍平を訪ね、山室の次女が危篤状態にあるのを知る。もと子は自分の長女が三年前に流感からひどい肺炎になり、別れを覚悟した日を思い出し「大佐はどうしてこの事務室に、張り裂けるような胸を落ち着けていられるのか」と思う。軍平は「家内（註：悦子）は夜二時間位寝ることが出来ますか。奴隷ですね…」「一番亡くなった母親（註：機恵子）に似た子でした」と悲壮に話す。もと子は軍平の痛みを感じながら講演依頼をすると、軍平は「あの子を静かに天国に送りましたら、できるだけ早い時期にお話に行きます」といい「私は今小学校にいる三女を、来年はあなたの学校にお願いしたいのです。入れて頂けましょうか」と頼んでいる。羽仁夫妻が自由学園を創設したのは、前年の大正10年である。軍平がいかに羽仁もと子を信頼し、早い時期に自由学園に注目していたかがわかる。実際、光子のみならず、善子も徳子も潔も自由学園に進んでいる。もと子は軍平亡き後も山室家の子ども達のために、援助し大きな貢献をしたと思われる。しかし、キリスト者のもと子ば、自分のした善行を当然のこととして公言することもなかったのだろう。

羽仁もと子は一九〇三（明治36）年、山室夫妻が襄次を亡くした九日後に、次女涼子を百日咳で亡くした。大正8年の長女の肺炎だけでなく、大正5年7月には恵子が猩紅熱で入院し、もと子は9月始めまでの約二ヶ月間、恵子の付き添いを離れず、一度も家に帰らなかった（秋永芳郎『評伝　羽仁もと子』）。十年前にわずか数日の患いで亡くなった涼子のことを思い、こどもの病気の時に仕事が手につかなくなる自分と比べ、軍平が救世軍の仕事をしている心境を案じている。大正5年7月の機恵子の葬儀に参列したのは、羽仁もと子ではなく夫の羽仁吉一であったが、こどもの入院でもと子は参列できなかったと思われる。

話を「婦人之友」にある羽仁もと子の文に戻すと、後日、もと子は友子の葬式に参列し、死後に発見された友子の詩を知る。「蝕まれてゆく肉体をながめて、霊に生きようとする苦しい努力をしている少女の、胸にもゆる悲しみの炎と、失望の涙と、救われようとする願いと望みと、道を探ねる勇猛心と、（略）何と大きな天分を恵まれていた少女でしょう。彼女がなぜ死ななければならないのか、私たちは天の父のみ心が知りとうございます」と述べ、婦人之友への所感を軍平に依頼したとある。キリスト者である羽仁もと子ですら、「天の父のみ心が知りたい」と思うほど、軍平は過酷な運命を背負わされたのである。

軍平が書いた『山室友子』

「婦人之友」に掲載された軍平の『山室友子』には以下の文がある。

彼女は柔和で親切で悧巧で、どちらかといえば物事の明るい側をみる面白い子であった。大正9年の春、女子学院の二年に進んでまもなく、病を得て休校を余儀なくされるに至った。大正9年7月末、満十三歳七、八ヶ月で南湖院に入院し、今年（大正11年）4月、容態が思わしくないので帰宅し、最後まで自宅療養を努めた。病がよくならず、苦しみぬいた後に、唯死ぬのであったとしたなら、生まれて来たのは畢竟《ひっきょう》何の為であろう。彼女は非常に煩悶した。病苦と戦う以上に、精神上の試練、懐疑、苦悩と悪戦を続けた。死後発見されたノートには詩や和歌があって、そのいくつかを紹介させて戴きたい。

いと小さく　いと弱き我　蝕まれてゆく胸をいだきて
かなしみとなげきと　胸の痛みにたえず　絶望の淵に　沈みゆこうとする時
ああわが父は　かくも弱きわれにさえ望みをおきて
みこころならば　強からしめよと　日もすがら一人祈りたもう
ああ胸は痛む　身も心も疲れ果てし　我よりああ凡てのものは　去りゆくか
凡ての幸福　喜びもたのしみも　我が胸より　とりさられし

せめてもと　育み来たりし信仰の　ふたばの若芽のままに　もぎとられて
只　たよりなきうつろなる心いだきて　ああ我はもだゆ
求め求むれど　何物も得ず　我が凡てをうばわれゆきぬ
強くかたき信仰もて　みいやしの手をいのれとて　いつくしみもて励ましたまう父よ
ああ日毎に君がみつむりは　白く白くなりゆく　ああ胸はいたむ
涙のみただ流るる　おん父よ　君が涙もて　清めたまえ　けがれしわが涙を
あまりにきよき我が父よ　サタンの子の如何に汚れしか　知り給わざる
サタンの子は　み神をしたいつつ　日ごと夜ごと　一歩一歩　神をはなれゆきぬ
みゆるしを乞いて祈りさけべど　そは只呪いの声と空しくうせゆく
かくも弱き我がため　涙もて　おん父は祈りたまう
ああその御髪の　いかに白くなりしよ　胸はいたむ　只涙のみ流れて（註：詩は抜粋）

胸部の病が腸にまわり、彼女は4月に帰宅し、義理の母は誠に寝食を忘れて介抱した。彼女は温かき家庭に帰って、大いに安んずる所があったものらしい。死の前日、私は「どうせ此の世は準備の世だ。人は皆生まれるときから、死ぬ方へ急いでいるのだからね」と話すと、彼女は頷いて之を諒とした。

「婦人之友」には友子の写真も掲載されているが、確かに機恵子によく似ている。機恵子が結核撲滅のため、結核療養所設立運動に尽力して亡くなったのに、愛娘友子が結核で三年間闘病し、十七歳の若さで亡くなったのである。機恵子の母安子は、娘に続いて孫までを失い、友子の世話をしてくれた悦子に深々と礼を述べたという。

留岡幸助と共通の痛み

友子が亡くなって一年後、軍平日記には「大正12年8月21日、留岡幸助君令息（18）、今年早稲田中学卒業のもの肋膜と腹膜とにて死す、往きて弔す、他人の子に尽くす間に、我が子に永別す、余も去年の友子の事など思い出て同情に堪えず」とある。留岡幸助は軍平より八歳年上だが、軍平と同じ岡山県出身で、同志社大で新島襄の薫陶を得ている。非行や犯罪の遠因が、子ども時代の家庭環境にあることを痛感し、キリスト教に基づいた感化教育を始めた。温かな家庭的雰囲気の中で少年達を育てるために、明治32年に巣鴨に「家庭学校」を開設した。明治32年は山室軍平と機恵子が結婚した年で、明治33年に機恵子は婦人救済所主任として、娼妓達と生活を共にして子どもを育てた。同じ時期に、留岡幸助もいわゆる不良少年達と一緒に我が子を育てたことになる。我が子のためになるべくよい環境を選ぶのではなく、劣悪な環境にいて社会から疎外されている人達の中に自分の子を加えて生活した共通点がある。

留岡も最初の妻、夏子を一九〇〇（明治33）年に亡くし、翌年きく子と再婚したが、一九三三（昭和8）年にきく子も亡くした。夏子は六人子を産んだが、五男を出産後に三十四歳で亡くなった。きく子は四男三女を産んだが、過労で倒れ五十九歳で亡くなっている。高瀬善夫によると、霊南坂教会で行われたきく子の葬儀で、山室軍平は「留岡夫人は、蝋燭を両端から燃やした上に、更に真中からも火をつけたのだから、如何に健康なる肉体も、その為に害われざるを得なかったのである…留岡夫人は肉弾となって、人道戦の為に犠牲となった」と悼辞を述べた（『一路白頭ニ至ル』）。

留岡の息子も、軍平の友子と同い年で、しかも同じ結核で若い命を閉じたわけで、軍平は同じ痛みを感じたのであろう。留岡と軍平の境遇には共通点が多い。留岡も軍平も岡山の出身で、養親に育てられ、家出を繰り返した。

留岡の四男清男は「不思議な祈り―留岡幸助との友情」と題して以下の文を書いている。

昭和2年、留岡幸助は脳溢血の発作におそわれた。静養直後のある夜、山室軍平が見舞に来た。病室に入って来た山室軍平も留岡幸助も挨拶の言葉を発しない。二人は静かに向かい合って座った。やがて山室軍平は瞑目して祈り始めた。祈りは終わった。すると今度は留岡幸助が祈り始めた。何をどのように祈ったかは聞き届けなかった。祈り終わると山室軍平は立ち上がって、さっさと帰って行った。二人のキリスト者は、黙々として会し、静かに祈りをかわし、そして、黙々と別れて行った。不思議な祈りである。（『山室軍平回想集』）

武甫は多磨霊園にある留岡幸助の墓碑に「下積みの米や虫くひ鼠くひ」と刻んであることに関連して、軍平が講演をした記録を紹介している。

留岡君が身体を痛め、箱根に療養して居られた時、私も少しばかり無理をして眼を痛めた。新聞にそんな事が出た為、留岡君は箱根から念のいった手紙をくれた。手紙の終わりに一句「下積みの米や虫くい鼠くい」と書いてありました。社会のどん底に悩む人々の友となって尽くそうとするお互いは、自然そのために健康をも痛め、寿命をも縮めるであろう。それを覚悟の上でやらなくてはという意味で書いて来られたのであろうと思い、私は何遍か泣いたのである（『愛の使徒山室軍平』）。

宗教は貧乏《プアー》な時に純真《ピュアー》である

軍平は一九二七（昭和2）年2月の「婦人之友」の「わが子に語る」に「宗教は貧乏《プアー》な時に純真《ピュアー》である」を書いている。軍平はこの時五十五歳で、友子を亡くしているので、こどもは民子二十六歳、武甫二十四歳、周平十七歳、光子十五歳、善子十三歳、徳子八歳、潔五歳である。

何よりもまず言いたいのは、父のお前方に対する尽し方のいかにも不十分なことである。年中絶え間なく働いてもまだ足りない、日がな一日ひっきりなしに努めても届かぬ所のみ多いような始末であるから、たまには家族団欒を味わいたいと願わぬではないが出来ないのである。家内一緒に飯食う機会さえ、滅多に得られない有様であるから、お前方一人一人と打ちとけて物語りたいと望んでもちっともできていない。お前方に尽くす所の甚だ不十分なことを、ただもう恥じ入るばかりである。

父は好んで貧窮困苦の生活を選んだものである。一生涯貧乏な人の友人として尽くすのが天職と信じて、身を投じたのである。久しい前に内村鑑三氏が父に向かい「救世軍で金のない為に困るだろう」と言われるから「否、貧乏は学生時代から修業済みです」と答えると「それでも君、独身時代の貧乏と、家族をもったり、事業を経営したりしての貧乏とは、違うだろうが」といわれたが、いかにもその通りである。父も家族の者に貧乏させるのは、心苦しい事の極みである。しかし父の事業は、いつまでも貧乏なのが本当だと思う。「宗教は貧乏《プアー》な時に純真《ピュアー》である」と誰やらが言ったのは真実である。お前方に着せたいものを着せ得ず、十分学ばせ得ないのは、誠に堪え切れない苦痛である。けれども世間にはお前方ほど便宜を有しない人々も少なくない。父も学生時代に食う物に事欠いて十一日間絶食を続け、ある時は六ヶ月間米飯と塩の他、副食物を得ず、二度ほど十銭の味噌をなめたこともあった。それから見ればお前方の不自由は大したことではないのだから、肩身の狭い事があろうと、勉強上不利があろうと、堪え忍んで精一杯やってもらう他に道はないのである。どうか十分そこの道理を聞き分けてもらいたい。

西洋の実例を見るに、宗教家の家庭からは概して善い人、偉い人が多くでているが、中には全く親に似ない子を出した試しも絶無ではない。その一つの理由は、宗教を狎れ侮るからだろう。小さい時から寝ても覚めても宗教の話ばかり耳にし、自分には何等信仰上の体験もないのに、口先ばかり神だの基督だのと言っている間に、形式一遍のものとなるためではあるまいか。父はそれで平生無理に宗教をお前方に詰め込むのを避け、時々短い家庭集会を営み、日曜の集会を勧めても、それ以上は多くを求めなかったのである。今から見ればなるたけ干渉しまいと努めた反対に、放任し過ぎた嫌いはなかったかと案ずる節もある。どうか父の意をくみ取って、自発的に本当の信仰を獲得して欲しい。基督の救いを受け、進んで他人の救いの為に尽くすほどになってくれるよう、切に希望する。

宗教家の子供には、親の貧乏たらしい生活に懲りて、実業家になって金を儲け両親を安心させたいと、そうした方面に向かう者もあるようだ。それら青年の親思いの念を敬重するが、お前方が此の類の孝行者になってくれることを望まない。父は好んで貧乏な奉仕生活を選んだのだから、最後までやりぬく決心でいる。老後にお前方から楽させてもらいたいつもりは毛頭ない。お前方が父の好んで貧苦を選んだ意味を理解し得ず、これにこりごりするようなことがあったら、それをこそ心から残念に覚えるであろう。基督は「狐は穴あり、空の鳥はねぐらあり、されど人の子は枕する所なし」と仰せられたではないか。パウロは「貧しさに似たれども多くの人を富まし、何ももたざるに似たれども凡ての物をもてり」と告白したではないか。貧乏はそんなに辛いものではない。辛いのは為す無き生活を営むことである。父はお前方が世間一般の人々と比べ、幾らか善良な生活を営むであろうことを疑わない。それは余りに平凡な標準で、神のご期待にそう最善の生活を営むべきである。「ベターはベストの敵なり」という言もある。基督は「死にたる者に死にたる者を葬らせ、汝は行きて神の国をひろめよ」と宣った。他人に出来る仕事は他人に任せておき、汝は汝でなくては出来ない奉仕をしろとの御旨である。お前方もお前方でなくては出来ない何等かのご奉公を励まねばならぬ。霊魂を救って神に帰らしめ、人々を愛に生きる者とならしむる結果、一歩一歩地上に天国を建設するという最も肝要なる事業が、今では一番世から閑却されている。この点を等閑にしては、政治も教育も実業も凡て空である。それ故お前方は格別にこの方面に心を致さねばならぬ。身を捧げて神の御国の為に起ち上がれ。世にあらん限り愛の奉仕の為に尽くせ。これ位有用にして神々しい生涯というのは、断じて他にないのである。父はお前方が真に万人の公僕となり、救世済民の為に一生を捧げて、最善の努力を致さんことをのみ、衷心から祈る。昨今急にそんな気になったのではない。父はお前方の生まれぬ前から、どうかそうなし給えと神に祈り始め、今日まで続けているのである。それさえ自分でやってもいないことを求めるのではなく、父が根限りやった所を、そのままお前方にも望んでいるのであるから、何卒父の意中をよく酌み取り失望を与えぬよう心がけてもらいたいのである。

なんとも凄まじい軍平の思いがこもっている。機恵子も子どもを宗教家にすることへ強烈なこだわりを持っていた。軍平も機恵子も、こんな辛い人生は子どもらに経験させたくないとは考えず、同じ神への奉仕の道を歩んで欲しいと心から願っていた。それは自分達が満足した生き方をした証拠であり、本当に幸せな一生だったといえる。軍平は「わが子に語る」というテーマで執筆依頼されたのを機に、子ども達へのメッセージを遺言のつもりで書いたのであろう。軍平と機恵子の神への執念は狂信的と思えるほど激しいと批判するのはたやすい。しかしこの激しさ、一途さがなければ、命を張って廃娼運動を闘うことも、日本救世軍を創業することもできなかったであろう。

軍平が「わが子に語る」を書いた一九二七（昭和2）年に、二十七歳の民子は救世軍人として生きる決心をしている。軍平の強い思いが、民子の進路を決心させたのではないだろうか。

宗教家の蓄財

軍平は内村鑑三から「救世軍で金のない為に困るだろう」と言われたが、軍平は「内村先生は救世軍にとって、最も良き後援者の一人であった。先生は再び来たりたもうべき救い主基督を歓迎する意味で、食事の都度一つの食膳を設け、それに相当する代金を貧窮民の救助に投ぜられることとなり、これを「主の御料理」と名付け、斯くして得た金四十円余を、救世軍に託されたこともあった。去年（昭和4年）の暮れにも、先生は金百円を、我が年末救護運動費用に寄贈せられた」と述べている（『山室軍平選集』第9巻）。

鑑三の長男の妻、美代子によると、鑑三は貧のつらさを骨の髄まで知っていたため、金銭の扱いには慎重で、生活費も自分で管理し、妻に生活費を毎月渡していたという。昭和5年に鑑三が亡くなった時、当時は長男相続の時代だったが、鑑三は妻に相当なものを相続したため、妻静子は昭和20年に亡くなるまで経済的独立を保っていた。鑑三は平素の生活を切りつめ、老後に備えていたという（『内村鑑三全集』月報22）。

内村鑑三は一九三〇（昭和5）年3月28日、「福音万歳、日本万歳」と言って亡くなった。娘同様に育てられた江原祝は、鑑三が晩年、心臓肥大で余命三年と宣告された時「講壇でばったり死んだってよいではないか。死んだ方がいいわ、こんな世の中に生きていたくないわ。もう伝道師なんかいやになっちゃったよ。いくら言ったって近代人には解らないんだから」と言ったと証言している。気を許した身内に対してのぼやきであるが、こういう些細なエピソードから、内村の人間臭さが垣間見られ、親近感が湧く人も多いのではないだろうか。内村は「信仰にかけては何でも持っていると思ってか、信仰的に励ましてくれる者は一人とてなし。皆心配してくれたり物を持って来てくれる者ばかり」とも漏らしたという（『内村鑑三全集』月報24）。一般人は宗教家に対して励ますなど、おこがましい行為と思い遠慮するが、宗教家とて一人の人間である。宗教家の悲しい宿命かもしれない。

政池仁は『内村鑑三伝』に「内村が札幌にクラーク博士のための記念教会堂を建てるための寄付金募集のことで、新渡戸の家を訪れ、御殿のような大きな家だったので驚いた」と書いている。石井満も『新渡戸稲造伝』で新渡戸の家は、一高の学生数百人が入れたほど大きかったと書いている。津田梅子も新渡戸夫妻の贅沢なライフスタイルに疑問を持っていて、梅子の妹、安孫子余奈子に以下の手紙を出している。

新渡戸夫人の新しい家が完成し、引っ越しました。私はその家を見てはいませんが、とても大きくて立派でまるで御殿のようだそうです。同胞や大臣よりいい暮らしをするというのは確かに小気味の良い贅沢に違いありません。新渡戸夫人には私たち日本人がひどく貧しく見えることでしょう。それだけお金があれば家とかハイカラな召使いにかしずかれた快適な生活なんかではなく、もっとよい使い道が山ほどあるでしょうに。とはいえ、人それぞれ自分のやり方があるもので、あなたも安孫子さんも、簡素で立派な生き方、お金の使い方を選択していることをとても嬉しく思っています。（一九一〇年12月30日付）（『津田梅子を支えた人々』有斐閣）

一方、新渡戸稲造は蓄財について、大正5年の「婦人公論」で以下のように述べている。

僕はしばしば、洋行した青年に西洋人を妻に貰う事の可否を尋ねられるが、殊に財産に就いては同胞の妻を娶る場合より重きを置いて考える必要がある。親、兄弟、朋友及び郷国をまでも振り捨てて、全く知らぬ土地に、良人只一人を頼って来る女性に対しては、せめて生計の苦労だけはさせたくないからである。贅沢は勿論望んでいないし、本国の生計のままで暮らす事は不可能としても、月末の支払いまで心配させるような事だけは余りに不憫の至りであり、殊に自分の体に大事があった時、一人残されて如何《どう》するかと思うが故に、財産の事を殊更、考察の中に入れるべき主なるもの、少なくとも第二義以下には下らぬものとして述べる次第である（新渡戸稲造『外国婦人を妻に持ちて』）。

新渡戸の妻、メリーは終生、日本語を覚えなかった。夫に先立たれて異国に一人残される妻の身を案じるならば、まずは日本語の習得が必須だと思うのだが、それはさておき、新渡戸は前述のようにメリー夫人のために格別の蓄財を準備する心構えを持っていた。

新渡戸も内村鑑三も、このように家族、妻に対して蓄財をしていたわけだが、山室軍平はまったく異なる。先にも書いたが、軍平は家族のものにも貯金することを認めず、亡くなった時はほぼ無一文であった。軍平は資本家からも皇室からも所構わず寄付を集め、敵を作らず迎合的であったという批判があるが、それは私腹を肥やすためではなく、社会事業を営む上で必要なことだった。そして私生活でも、どんな宗教家よりもストイックに居住まいを正し、赤貧に生き、裏表がなかった。先に亡くなってはいるが、機恵子もしかりだった。軍平、機恵子の生き方はとても真似が出来るものではない。ただ、そのように生きて、生き抜いて、潔く天に帰って行った軍平や機恵子のような人がいたということは、しっかりと記録に残しておくべきと思うのだ。

蝋燭の両端から火をともした人生

田川大吉郎は『社会改良史論』で、昭和四年度の救世軍社会事業概目として、人事相談部／刑務所警察署訪問部／旅客の友部／婦人救済部／労働者寄宿舎・努力館・自助館・民衆館／労働紹介所／労作館／釈放者保護所／感化院・飲酒感化院／育児院／保育所／婦人ホーム・婦人収容所・女子希望館／社会殖民館／結核療養所・病院／克己週間事業／歳末慰安会・同救護運動をあげ、「今日の社会事業のほとんどを網羅している」と述べている。

しかし、軍平は還暦後、健康が衰え、昭和十年、現役を退き顧問となった。軍平は、昭和12年末に「奉教五十年」と題する一文を書いた。

私は去る五十年間の生涯をかえりみて、弱い身体がよくも今日まで持ちこたえられたことを感謝するのである。親から受けついだ体質が、必ずしも悪かったとは思わない。けれども私は、わが肉体を酷使し、虐待したのである。時として食べず、寝ず、過度の労働をして、それこそ一本のろうそくの両端から火をともすようなことをし、自分で寿命を減らすような扱いをしたのである。それを今日までともかくも生きて、何分の御用を務めることができたのは、全く神のみ助けによるのである（秋元巳太郎『山室軍平の生涯』）。

二度目の妻悦子が亡くなった時に、その人生を矢吹大佐が「ろうそく」にたとえたが、軍平は自ら「ろうそくの両端から火をともすような」人生だったと回顧している。軍平は晩年の約十年間、震せん麻痺に悩まされた。声は弱くなり、文字も書くことができなくなったが、「錆びるよりは、すり減るほうがよい」という生活信条をもち、第一線を退いてからも口述で『民衆の聖書』の著述を続けた。

軍平は祈祷名簿を作り、日に何度となく祈ったが、夢の中でも祈ったという。昭和14年11月のある夜中、眠っている軍平が何か言い出した。あまり声が高いので隣に寝ていた者がびっくりして、軍平を呼び起こすと、留岡幸助が創立した家庭学校のために祈っていたことがわかった。これを聞いた家庭学校の今井校長から創立四十周年記念会に出席して夢の通り祈って欲しいと依頼があり、11月23日の記念会に参加して祈った（秋元巳太郎『山室軍平の生涯』）。

生涯、新島襄に私淑した軍平は、昭和15年1月23日に群馬県安中町で行われた「新島襄召天五十周年記念会に出席した。足が不自由なので、汽車ではなく自動車で出掛けたが、毛布を被り、車に火鉢を入れて暖を取った。決死の覚悟で行き「時艱《かん》にして偉人を憶う」という題の記念講演をした。昭和7年の新島八重の葬儀時にも、軍平は八重の遺言により説教を任されている。

軍平は私有財産を何も持たず、亡くなった時の貯金通帳には百余円あっただけだった。軍平が亡くなる前の十年間、村井保固は生活費の負担を申し出、救世軍本営を通して支給されていた。クリスチャンで実業家の半田善四郎は軽井沢の大地主で、約二十年間、軽井沢の家を無償で一軒提供した。しかも米、味噌、醤油なども揃えて提供している（三吉明『山室軍平』）。佐藤市十郎は、大正9年から十数年間、渋谷区羽沢にある自分の持ち家を山室家の私宅として無料提供した。ここは篤志家の寄付により改築され、救世軍の財産として登録されていた。軍平の蔵書は二万冊近くあった（山室武甫『人道の戦士　山室軍平』）。

軍平が私有財産を何も残さず亡くなったにもかかわらず、残された子ども達は路頭に迷わず、大学教育まで受けられたのは、こうした篤志家達の援助があったからだろう。

晩年に着た絹服

機恵子は花巻時代に養蚕事業をしていた親のもとで糸をとる手伝いをした。救世軍に入ってからの機恵子は、子ども達にも贅沢な絹の着物は着せなかったが、これは軍平にとっても同様だった。武甫は「軍平は粗末な木綿の和服しかなく、晩年に阿部久子氏から絹服を贈られ、初めてその軽いのと、肌触りの柔らかいのを喜んだ」と書いている。阿部久子は、徳富蘇峰の令嬢で、救世軍に入り星光寮で尽力した。

「震顫麻痺《しんせんまひ》の山室軍平」（『病苦を克服した人々』）によると、軍平が贈られた絹物を着出したのは六十歳前後のことで、震顫麻痺で体がこわばり、肩が凝るのを防ぐためだったという。軍平は自分の病気は病気、天父から賜りたる恵みの一つと数え、家庭内に起こる不幸は不幸、これもヨブの家庭に臨んだと同じ意味の恵み、教会政治上の悶着は悶着、との考えから精神を集中し、『民衆の聖書』の著述を最後まで続けて瞑目したという。

生涯、痔で苦しんだ軍平

軍平は生涯痔で苦しんだ。軍平の日記には大正13年3月27日に痔の手術で入院したことが書かれている。4月3日の日記には「入院八日目なり、越中フンドシの汚れることおびただしい。一つ自分でこしらえる、毎日仕事に追いまわされる男が不細工な手に針を持ちて越中フンドシを縫う　一寸風流なり　自分で笑う」とあり、筆者は涙を禁じ得なかった。4月17日には「一年一回、二週間の休養を満足にもらった事なき余は、昨日で三週間入院したり　最早じっとしていられないので痔はまだ収まらざれど病院を辞す」とある。痔は完治せず生涯、軍平につきまとった。そのためであろう、軍平はパン常食とし、トマト、豆腐、卵、白身魚、スープ、芋など病人食のように柔らかいものだけ摂取した。

山室軍平の最期

軍平の主治医、佐野彪太医博は、救世軍病院長だった故松田三彌と同期で親しく、佐野医博夫人は後藤新平（岩手出身の政治家）の令嬢である。軍平は3月4日に、佐野病院に入院する手はずになっていたが、肺炎の兆候があるので動かさず、佐野博士や東大呉内科の呉博士が来診し、治療を尽くした。民子が集録した病床日記抄によると、軍平は3月7日「天国は近づきました。もう間もなく召されます。少年の頃からの思いと願いを一貫させて頂き、今喜んで死につけることを神に感謝します。国際情勢の多難な中にあり、諸君、どうか身を潔め銃後の守りを堅くして頂きたい」といい、子女等には「神を信じないならば、大いなる罪悪である。皆で神を信じて、一人として神の御許から離れる者がないように」と戒め祈祷した。昭和15年3月13日「何も言うことはない有難い」といい、軍平は六十八歳の生涯を閉じた。

四女の山室善子は昭和15年5月号の「婦人之友」に「父を憶う」を書いているが、それによると軍平は病床で、「私はお母さんの愛を通して一層神の愛に近づくことが出来た。早くお母さんを失ったお前たちは、気の毒だったね」としみじみ言ったという。軍平とて八歳で杉本家の養子になったため、実母登毛と暮らしたのは僅か八年だけである。養子縁組みを解消し、山室姓に戻りはしたが、登毛が明治34年に亡くなるまで、会う機会もほとんどなかった。しかし登毛は、四十歳で生んだ軍平が人様の迷惑にならず、できるならば人様の役に立てる人間になることを祈願し、当時唯一の栄養源であった卵断ちをし、七十一歳で亡くなるまで三十年ほど願掛けを続けた。

会うことはできない親子ではあったが、軍平と実母の間は強い絆で結ばれていた。それに対して機恵子と死に別れた時に、一番上の民子が十六歳で、一番下の善子は三歳であった。悦子が亡くなった時、悦子のこどもは十九歳と十六歳であった。軍平からみれば、どの子も不憫に感じられたのであろう。

軍平は生前から学術研究に捧げたいと言っていたので、弔問にみえた内村鑑三の長男、祐之医博の仲介で、翌日、東大医学部で解剖された。脳の重量は一、五五〇グラム、健全で異状なく言語中枢の発達が著しく、晩年のパーキンソン症状は、日本脳炎の後遺症として運動中枢が冒されたためだった。血管は四十代のようだったが、肺結核症が重症だった。

17日に青山会館で葬儀が行われ、徳富蘇峰、牧野虎次の講演があり、会葬者は千六百数十人だった。翌18日、多磨霊園の名誉墓地に埋葬された。

葬儀の前日に、既に四十三万部も発行されていた『平民の福音』は発行禁止となり、紙型は警視庁に没収破棄された。キリスト教弾圧を受け、救世軍は救世団と変更させられ、その後日本基督教団として統合された（山室武甫『愛の使徒　山室軍平』）。

秋元巳太郎は「人間は青年の時の純な志望が社会的地歩を得るに従って、世俗的に傾きやすいものである。しかし山室にはそれがなかった。彼の生涯一貫した野心は、人の霊魂を救うことであり、貧しい者、悩む者の友となることであった。彼は太平洋戦争の苦杯も知らず、戦争中に救世軍が受けた解散の試練も知らずに世を去った。もし元気であったなら、苦杯にも試練にも耐えたに違いないが、今思えばすべては神のあわれみではなかったか」と述べている（『山室軍平の生涯』）。

山室軍平の墓地には、軍平の筆跡で以下の碑文が刻まれている。

憂ふる者の如くなれども常に喜び
貧しき者の如くなれども多くの人を富ませ
何も有たぬ者の如くなれども凡ての物を有てり　山室軍平

「宗教は貧乏《プアー》な時に純真《ピュアー》である」生き方を最期まで貫いて、軍平は帰天した。

第二十一章

機恵子、賢治に通底する生き方

宮沢トシの日本女子大学入学

宮沢賢治の妹トシは、機恵子が亡くなる一年前の一九一五（大正4）年、日本女子大学校家政学部予科に入学した。日本女子大学創始者で初代学長の成瀬仁蔵は、キリスト者で山室軍平と親しく、救世軍のよき理解者であった。二代目学長となる麻生正蔵は、山室と同じく同志社、新島門下生である。一九一六（大正5）年7月14日に神田の青年会館で執り行われた機恵子の葬儀には、約千二百名の参列者があったが、日本女子大学学長成瀬仁蔵、学監麻生正蔵、日本女子大学教授の平野浜子も参列している（山室軍平選集『山室機恵子』）。

成瀬や麻生と同様、もしくはさらなる救世軍支援者は、生江孝之《なまえ》であるが、宮沢トシは平野浜子とも生江孝之とも接点があることが判明した。

昭和9年12月8日　機恵子寮落成で梅の木を植えた機恵子の母安子
安子の右は山室軍平

さらにトシの積善寮の寮監だった西洞タミノは、トシの病気を花巻の実家に連絡し、上京した賢治にも会い、トシの卒業証書を花巻まで届けるほど宮沢家と交流のあった教師だが、西洞も救世軍支援者だったことが判明した。トシと接点のあった、日本女子大学の救世軍支援者との関係をみてみたい。

西洞《さいどう》タミノ

宮沢トシは日本女子大学校の卒業を三ヶ月後に控えた一九一八（大正7）年12月に発熱し、20日に小石川の東大付属病院に入院した。花巻の賢治と母イチは12月26日に積善寮舎監西洞タミノから入院の連絡を受け、翌日、上京した。トシを見舞った夜、賢治と母は積善寮の西洞タミノを訪ね、礼をのべている。（『宮沢賢治全集』第14巻　筑摩書房）。賢治の友人である佐藤隆房は「平素よりとし子さんを特別愛してくれた、情味豊かな舎監、西洞タミノさんは、見舞いの母と兄に『大げさになるとは思いましたが、大事をとって入院させました』といわれた」と証言している。さらにトシが病気療養のため帰省した時も「かねてとし子さんを愛育して下さった西洞タミノ先生は、はるばる見舞いをかねて、卒業証書を持って花巻にとし子さんを訪ね、花巻の西鉛温泉に一泊して帰られました」とも証言している。（『宮沢賢治　素顔のわが友』）

桜澤（西洞）タミノ

舎監であったとしても、一学生のために花巻まで卒業証書を届けに行ったのはなぜだろうと長いこと疑問だった。大正という交通も不便な時代に、道の奥と呼ばれる岩手に、わざわざ見舞いに行ったのには、よほどの事情がなければならない。

西洞タミノを調べると、西洞は日本女子大学校国文学部の第二回生で、明治38年に卒業していた。しかも岩手県の平泉出身であった。西洞が当時では極めて稀有だった岩手の出身である後輩のトシに対して、格別の思いを抱くのは当然かもしれない。

さらに西洞タミノは、『偉人に及ぼせる婦人の感化』という著書で、明治40年に来日したブースの演説に言及し、ブース夫人を紹介していることが判明した。『偉人に及ぼせる婦人の感化』はアリス・コルクランの著書で、偉人達を支え、感化した妻、母、娘、姉妹などが紹介されているが、その中に救世軍ブース大将夫人も取り上げられている。西洞はこの本を翻訳したのである。『偉人に及ぼせる婦人の感化』を紐解くと、日本女子大学の教授で詩人であった塩井雨江が以下の序文を書いている。塩井は西洞の恩師でもあった。

西洞女史は女子大学の国文科に学びたる人。その品格その才能は女史を知る人々の、密に今日の女子社会に期して待たるる人なり。不幸にして、あやしき病魔の手に捉えられて、空しく病床に呻吟の身となりて、ここに一春秋、身は病めり、されど心は病まざるの女子なり。病床の朝夕なお読書を絶たず。しかも苦痛の軽き折々には、筆を執って屈せず。この書は女史が不屈の筆になりたるものなり。

はしがきには「これはアリス・コルクラン女史の著に基づいてはいるが、西洞が省いたり加筆した文も含まれているので、純粋な訳書ではない」とある。確かに「ブース夫人カザリン」の出だしの概略は以下の通りである。

救世軍の総督ブース大将の過般来朝せらるるや、盛んな歓迎会は東京座に於いて催されき。その折、大将は「救世軍の過去、現在、未来」といえる演題のもとに、語りて曰く「余は多くの罪に沈める人を見、かかる罪人こそ我が救うべき民なれと、深く感じ、これを美しの妻に語りぬ。美しの妻は喜びて賛成し、二人はすぐさま神に祈りを捧げたりしが、この時の祈りこそ救世軍が呱々の声なりしなれ、これより夫婦ともに力を合わせて熱心に説教しぬ」と。げに救世軍なるものは、大将の言のごとく、夫婦共同の精神より生まれいでしものなり。大将の智力と夫人の心情とは美しく結合し、互いに献身して救世軍を養い育てぬ。よし大将の思想はいかに熱心なりとも、その手腕はいかに敏活なりとも、夫人のごとき之を助けるにあらざりせば、救世軍たるもの、恐らくは今日の大組織を見るに至らざりしならむ。夫人のごときは夫の志を己が志として困難を顧みず、奨励者となり、補助者となり、そのなしがたき運動の伴侶となりき。

まさに西洞が来日したブース大将の演説を聞いて感動した旨が書かれているのだ。西洞の思想は驚くほど機恵子とも合致している。

西洞は明治38年に日本女子大学校を卒業し、闘病を続けながら、明治40年4月に来日したブース大将の演説を聞き、明治40年12月に翻訳を仕上げ、41年1月に『偉人に及ぼせる婦人の感化』

を内外出版協会から発行している。西洞が救世軍の支援者であったことは間違いない。

岩手から上京し、大学卒業後、病魔と闘っていた西洞は、トシと全く同じ境遇にあったわけで、西洞がトシに深い情愛を抱く理由はここにもあったと言える。西洞は病気快復後、日本女子大学の舎監になり、付属女学校の教員として奉職し、昭和4年に遅い結婚をして桜澤姓に変わり、昭和41年に逝去している。

平野浜子

平野浜子は機恵子が婦人救済所を始めた初期から衣類の寄附などもして支援している。一例として「ときのこえ」(明治33年12月1日)には「救済所のために金品を寄付せらるる人々あまたあり。麹町の津田梅子氏、横浜フェリス女学校の平野ハマ子氏など、自分の物、人からの寄附をとりまとめて送ってくだされました」とある。平野は、機恵子が結核療養所設立資金募集のために婦人後援会を立ち挙げた時の発起人でもある。

「ときのこえ」(大正5年10月15日)には機恵子亡き後、軍平から著書『山室機恵子』を贈られた平野浜子の礼状が以下のように紹介されている。

「寮生等にも拝見させ、共に一層覚醒したる生涯を送りたきものと存じ居り候。実に貴き姉の御姿長く当寮に保存して多くの学生のお手本と致し申すべく候(平野はま子)」

日本女子大学四十年史には「平野浜子氏に就いては、成瀬先生がいかに嘱望されることの多大であったかは告別講演中に於いてもわざわざ氏の名を指摘して、学生指導主任の地位につけておられるのを見てもわかる。平野氏はフェリス和英女学校を卒業するや同校に教鞭をとること十年、（略）明治34年日本女子大学校開校と共に、成瀬先生に懇望されて本校に来り『小成瀬』としてよく先生の精神的事業の遂行に協力された」とある。

肝臓ガンを患った成瀬は、後継者に関しては麻生正蔵を校長に挙げ、平野浜子を学生指導主任にと希望し、大正8年3月4日に六十二年の生涯を閉じた。

平野浜子の急逝

成瀬が逝去して四ヶ月後の7月29日、「小成瀬」と呼ばれていた平野浜子も急逝した。

日本女子大学の「家庭週報」第527号（大正8年8月8日）は、「平野浜子女史追悼号」だが、校長麻生正蔵の追悼文には「私が平野女史を初めて知るに至ったのは女子大学開校の前年秋であったかと思いますが、巌本善治氏の紹介で、故成瀬校長と共に横浜のフェリス和英女学校に訪問致し、女史の仏国流デルサート式体操を教授されておる所を参観した時であります」とある。平野を成瀬校長と麻生に紹介したのは、若松賤子の夫であり、機恵子の仲人でもあった巌本善治だったとは興味深いことである。「家庭週報」には、平野がフェリス時代に若松賤子と友達であったこと、日記を四十年間、毎日つけたが、最後はいつも感謝の言葉が記されていたこと、遺言通り入棺時に日記類も入れたことが書かれている。平野が日記の処分を遺言していたのは、親友の若松賤子に倣ったものかもしれない。「女学雑誌」にも平野の名は幾度か登場し翻訳もある。若松賤子が「女学雑誌」に「小公子」を翻訳したように平野も翻訳したのだろう。

平野は星野愛子と指田静子の師

平野のフェリス時代の教え子に、津田梅子の後を継ぎ、津田塾の二代目塾長となった星野愛子と、フェリス女学校を卒業後、救世軍士官となって活躍した指田静子（旧姓高野）がいる。星野愛子と指田静子は親友だった。星野はフェリス女学院百年史に「楽しかったことは、平野先生が日曜の夜、ベンハーなどの英語を読んで訳して下さったことです」と回想している。

指田は「ときのこえ」（大正4年5月〜）で三回にわたって「学窓より戦線に」を書いている。

私が少女時代から持っていた唯一の願望は国の為ということでした。他の娘達が帯よ着物よといっておる間に、私だけは一風変わって（国家に尽くすために）どうかして高等教育を受けたいと考えており（略）校費で入学できるというので、十八の年にフェリス女学校に入りました。平野浜子女史が、当時フェリスに教鞭を執っておられ、大いに心霊的感化を与えておられ、私も願わくは第二の平野先生になりたいと思っておりました。

指田静子は長姉や従姉妹が救世軍士官になっている関係で、救世軍の手伝いをしていたが、山室軍平からも士官になることを勧められた。フェリスの寄宿舎からは黄金町あたりの遊郭の燈火が見え、指田は救世軍の婦人救済事業に心をひかれた。幾多の障害を乗り越え、救世軍に入ることを決意した指田に、教会の牧師は「同じ神様の為に働くのでも、教会で働くならば多少教育もあり、資産もある階級の人々と交際ができるが、救世軍では到底そうはいかぬ。それは中々辛いものですよ」と言った。指田は「先生のおっしゃる通りとすれば、私は益々救世軍に行かねばならぬことを感じます。教育あり、資産ある方々の間に働く方は外にございましょう。私は貧民救済、無智無学の仲間に交じって行くのが希望であり、また神様の御心と信じます」ときっぱりと言い「私はその後一度も救世軍に来た事を悔いたことがありません」と書いている。

指田静子の生き方には深く打たれるものがある。平野浜子は成瀬仁蔵が見初めた人材だが、指田も第二の平野先生になりたいと思慕した。指田は救世軍士官学校の校長まで務めた逸材である。

平野の日本女子大学時代の教え子に、氏家寿子日本女子大学名誉教授がいる。氏家は「恩師讃仰　平野はま先生を敬慕しまつる」(「あゆみ」第16号)で、成瀬校長の実践倫理などは難解だったが、平野先生が学生にもわかりやすいようていねいに説明して助けて下さった。さらに寮舎の母として慈悲深き心づかいで故郷を離れた学生を優しく見守って労って下さったと回想している。

キダーに招かれ花巻に行った平野

平野浜子のフェリス時代の師、キダーは一八八八(明治21)年に夫ミラーと宣教のため盛岡に赴任した。秋元繁雄の「ミラー夫妻と三浦徹の盛岡伝道（3）」（「あゆみ」第16号）によると、明治23年の夏にフェリス在学中の平野嬢（浜子の妹）が盛岡のミラー夫妻の所に滞在している。さらにフェリスを卒業したばかりの浜子も夏休みを姉妹と一緒に過ごすようにキダーは招待している。平野の妹は伝道地である花巻でも布教活動を手伝い、浜子も花巻で二、三日過ごしている。平野にとって花巻は思い出の地であったのだ。

トシと平野浜子の関係

宮沢トシが平野教授から習ったかどうかは不明だったのだが、宮沢トシ研究者の山根知子が「成瀬記念館２０１１」に掲載した「宮沢トシの卒業証書」によると、トシの卒業証書が花巻の宮沢家で見つかり、山根は二〇一〇年に宮沢家で現物を確認している。山根はトシの専攻科目から担当教員を照合しているが、そこでは平野の名はみあたらない。

山根は「トシが卒業したのは一九一九（大正8）年だが、一九一八（大正7）年12月に入院し、2月下旬に退院し、3月3日に花巻に帰ったため、三学期は欠席し見込み点による卒業となった。従って、1月29日の成瀬校長の告別講演には出席できず、帰花した翌日の3月4日に成瀬が永眠したことや、告別式についても情報のみ得て、残念に感じただろうと推測される」と述べている。さらに山根は宮沢トシが一九二〇（大正9）年3月16日に、同級生の加用とき子に出した書翰を以下のように紹介している。

晩香寮に手塚先生の御あと又平野先生の御あととしてどの様な御生活を御経験遊ばされていらっしゃいますか御伺ひ申したうございます。

山根は前記文について「加用とき子は、卒業後も晩香寮に残り、手塚かね教授の助手を務め、寮監を兼ねた平野浜教授のもとで寮の一助も担っていたと考えられる」と書いている。しかし、トシが、「手塚先生の御あと又平野先生の御あととして」と書いたのは、平野浜子が大正8年に逝去した事をトシが知っているから、「御あととして」と書翰にしたためたはずである。手塚かねが晩香寮の寮監をしていたのは明治44年から大正7年までで、大正8年からは大岡蔦枝にかわっている（『日本女子大学寮の思い出』日本女子大学女子教育研究所一九九五年）ので、トシは手塚が寮監を代わったことも知っていたことになる。

ともかくトシが平野先生に言及していることから、トシは寮監でもあった平野と交流があったことが明らかになった。平野は軍平の著書『山室機恵子』を「寮生等にも拝見させたい、貴き姉（註：機恵子）の御姿長く当寮に保存して多くの学生のお手本と致したい」と軍平に書き送ったが、トシはその寮生の一人であった。

日本女子大学では夏休みに軽井沢三泉寮で修養会が行われている。トシは大正7年の卒業時に、第十六回生一同七十名と共に参加した。日本女子大学元学長の青木生子は著書『近代史を拓いた女性たち』で、この時の写真が学内で偶然発見され、その中から宮沢トシを見つけ出した事を紹介している。口絵にある写真には成瀬校長の隣に、平野浜子が写っている。

宮沢トシと平野浜子のつながりは、寮監と寮生というだけではなく、前述したように、平野が花巻に行ったことも大きい。平野が花巻に行ったのは、明治23年なので、明治31年生まれの宮沢トシとの接点はない。だが、平野にとって花巻は恩師キダーが宣教した土地であり、妹が滞在した土地であり、支援し続けた山室機恵子の生まれた土地でもあり、交通の不便な時代に自分も訪問した忘れられない土地なはずである。平野は当時稀である花巻からの入寮生、宮沢トシにそのような話をしていたかもしれない。

生江《なまえ》孝之と救世軍

一九一八（大正7）年、日本女子大学校に社会事業講座が開設された。それは大正デモクラシーの高まり、ロシア革命、米騒動の影響などで激動期を迎えた日本社会への積極的な対応でもあった。社会事業講座は各学部の共通選択として開設されたが、麻生正蔵学監が直接交渉して講師に迎えたのが、生江孝之であった（『日本女子大学社会福祉学科五十年史』）。

生江孝之によると、「救世軍創立一年後の一八九六（明治29）年の出獄人保護事業創立発会式で、原胤昭《たねあき》（註：キリスト者の実業家で、出獄人保護に尽力した）の紹介で初めて山室軍平と面会し、山室の献身的熱情に強く打たれ、生涯を社会事業家として歩む決意を固めた。日本女子大学学監、麻生正蔵に私を推輓《すいばん》されたのは当時の山室大佐であった」と生涯にわたる高誼を感謝している（『山室軍平選集追憶集』）。

麻生はトシが卒業した一九一九年に日本女子大学二代目学長に就任し、二年後の一九二一年には日本初の社会事業部を新設する。麻生は「従来の社会事業は社会の欠陥暗黒面に対する消極的な慰安保護に過ぎなかった。これからの社会事業は従来の慈善事業に対し、より系統的、専門的、科学的、積極的、計画的しかも実務的でなければならない」と主張した。これは一見、救世軍批判にも聞こえるが、麻生は軍平と同じ同志社の新島襄門下生で、『日本女子大学社会福祉学科五十年史』には「麻生校長は（社会事業学部の決断までに）生江孝之、山室軍平、留岡幸助など社会事業関係指導者の意見を聞き、新進の学者であった永井亮、戸田貞三、綿貫哲雄らに相談をした」とある。

日本女子大学の昭和3年、第二十五回生卒業アルバムには、軽井沢で行われた修養会の記念写真として山室軍平と麻生正蔵が写っている。軍平はこの頃、軽井沢で休暇を取るのが恒例になっていた。クリスチャンで実業家の半田善四郎は軽井沢の大地主で、軍平に約二十年間、軽井沢の家を無償で一軒提供したからだ。しかも米、味噌、醤油なども揃えて提供している。軍平はこの時に、日本女子大学の三泉寮で講演をしたのだろう。

生江孝之の講座に参加した宮沢トシ

山根知子は「宮沢トシの卒業証書」で、トシの大正7年10月26日書翰に、ハンセン病患者の施設「目黒の慰廃院」に行ったことが書かれているとし、これは「第二回社会事業実地研究」で生江孝之教授とともに有志で20日の日曜日に訪れたものだとしている。トシは生江の「社会事業」の授業は履修していないようだが、有志グループへの参加をしたようだと山根はいう（「成瀬記念館2011」）。トシの書簡には「先週の日曜日に又目黒の慰廃院と云う所へつれて行かれ申し候　クリスチャンの御夫妻が三十年近く、らい病患者を収容する事を致され居り候　全く外と交通を断った一つの部落の中にこれらの人達は、軽症の者は重症の者を看護し花や野菜を作ったり、聖書を読んだり畑の作物をもって茶話会をしたり、日曜には礼拝堂に出て賛美歌を歌ったり致す云う事に御座候」とある（「ユリイカ」第2巻第8号「宮沢トシ書翰集」）。

トシは同郷の機恵子の功績を、大学生活においても、成瀬や麻生、さらに平野浜子や生江孝之からの感化で聞かされたと思われる。

日本女子大学では大正5年から「宣誓書」に大学生活での自分の決意を書く行事が始まり、現在まで続いている。トシは大正5年に「真実ノ為ノ勇進」という宣誓書を残している。おとなしくて控えめなトシの漢字だけの決意文は意外性があり、その背景を知りたくなる。

トシの死生観、思想

トシが祖父喜助に書いた手紙がある。日付は6月23日になっていて、年度の記載はないが、宮沢賢治研究者の堀尾青史は大正6年ではないかと推察している。

人は一度は死ぬべきものに御座候　私もいつ死ぬものか少しも先はわからず候　人の世は

たかが五十年七十年その間に喜んだり悲しんだり致し候ても一寸の間の夢の様なるものかと思われ候　その短き間のみ人は熱心に立騒ぎても死んだ後いかになるかを考える人の少きは誠に間違いたる事と存じ候　怒ったり喜んだり悲しんだり苦しんだりするのも自分をもとに考えおる事に候　他人がよくして呉れぬとか気にいらぬとかいうのも皆自分を思う心よりする事と考えられ候　立派な人と言われたい、よい目にあいたいというのも同じ事に候　かくまで自分を可愛がりおるものが此の世の命を終えると共に自分が全く消えてしまうと言う事を御祖父様は本当だとお思い遊ばす事出来申し候や　私は出来申さず候　身体はなくなりても魂はいつまでもあると私は信じおり候　仏様は因果応報をお説きなされ候とか　私はこの世に於いてよい事のみなしたかと考え候時、恐ろしくてたまり申さず候　人を不足に思い、憎み、うらみ、怒り、たまたまよき事をしたる様に見えても実は自分をもとにして立てたる事ゆえ、つきつめれば他人をおしのけても、という考えと同じ事に候　かかる考えは地獄にしか行き所のなき私という事に成り候（略）罪深く地獄に行くべき私を哀れと思い助けてやると仰せられる御方は仏様にて（略）仏様の御目よりご覧なさるる時には金持ちも、貧乏人も、主人も召使いも子供も大人も何の区別も御座無く候べし（略）（「ユリイカ」第2巻第8号「宮沢トシ書翰集」）。

トシが生きることについて真剣に悩み、考えている様子が窺える。山根知子は「一九一六（大正5）年当時十八歳の若さで未だ大きな病気もしていないトシが、なぜこれほどまでに死後に至る世界に思いを馳せているのだろうか」と疑問を投げかけている。トシが祖父に書いた書簡を、堀尾青史は一九一七（大正6）年と推定しているが、山根は根拠を上げて一九一六（大正5）年6月23日であると推察している。

山室機恵子は一九一六（大正5）年7月12日に亡くなったが、同じ頃にトシが死後の問題を深く考えていた事は興味深いことである。トシが仏教に傾倒している事は明らかで、キリスト教と結びつけるのには無理があろう。それでもベースにある思想は、機恵子とも通底している。

佐藤隆房は「宮沢賢治　素顔のわが友」で「（トシは）質素そのもので、いつも四十、五十の年上の人の着るような至って地味な銘仙の着物に、袴をつけて休みごとに帰郷します。卒業の頃身につけた大島の着物は一生を通じての最高の晴れ姿でしたが、その時でも年寄りの着るような地味なセルのコートを羽織って帰るのでした」と回想している（「宮沢賢治　素顔のわが友」）。嫁入りの時に「五十歳まで着られる地味な着物」をと所望し、生涯、着物を新調せず清貧の生涯を終えた機恵子と、トシの質素に生きる姿のなんとよく似ていることだろう。

賢治の太鼓と、機恵子のタンバリン

賢治は日蓮宗の在家集団である国柱会に入り、念仏を唱え太鼓を叩いて歩き、花巻名物と揶揄された。賢治の教え子である照井謹二郎が書いた「斉藤宗次郎と宮沢賢治の交友」には宗次郎夫人、仁志《ひとし》の「賢治さんが太鼓を叩いてまわる音が聞こえましたから見に行ったら、まじめな顔をひきしめ一生懸命お題目を唱えながらやってきて、私と顔を合わせてもにこりともしません」という証言が載っているが、タンバリンを叩く機恵子を彷彿とさせる。

先に述べたように賢治の弟、宮沢清六の「兄のトランク」には以下の記述がある。

私の祖父と父が「佐藤庄五郎さんと長女のおきえさんの精神は実に見上げたものだ」と口癖のように言っていたから、若い賢治が当然この立派な基督教の実践者たちの思想と行動に影響されない筈はなかった。そしてその精神が、後年の賢治の作品の奥底に流れていることが首肯されるのである。

さらに斉藤宗次郎には「恩人　山室機恵子」という以下のような文がある。

私が高等小学校に入学した時、彼女は私の親戚の照井真臣乳《まみじ》君と共に同校を既に卒業し、照井君は盛岡の岩手師範に入り、彼女は花巻本城小学校に暫時教鞭を執ることになった。まもなく彼女は明治女学校に入学した。明治31年に私は岩手師範を卒業し、照井真臣乳君が勤めている本城小学校の教員に任命された。私は機恵子さんが山室軍平氏に嫁ぐや、程なく世に現れた『平民の福音』や『ときの声』を見て、彼女の廃娼運動、芸娼妓救済の活動を称賛した。私と照井君は内村鑑三を知りキリスト者となったので、山室夫妻の伝道的活躍には常に感銘し、敬意を傾けた（『民衆の友山室軍平回想集』）。

賢治の恩師である照井真臣乳《まみじ》は、機恵子の母安子から機恵子が臨終時に、母を団扇で扇いでくれた話を直接聞いているほど、機恵子の母とも懇意だった。
太田愛人《あいと》は著書『天に宝を積んだ人びと』の中で次のように述べている。

山室機恵子の仕事を花巻で一番注目していたのが賢治のお父さんで、救世軍に寄附していました。機恵子のタンバリンと賢治の法華教の太鼓は、花巻で知らない人はいなかったのです。「自分のことは勘定に入れずに」このことを実践していた救世軍の機恵子、これが宮沢家にとって非常に良い手本になりました。妹のトシが日本女子大から帰省しますと、兄弟で賛美歌を合唱する。キリスト教がいかに賢治に影響したかという考察が、賢治研究の中にも起こっています。間接的に山室機恵子が出てくるわけです。トシが死ぬ前に、賢治はどうしようもなくて斉藤宗次郎にお話をしてくれと頼むのです。宗次郎はトシにキリスト教の話、死と苦しみと蘇り、特に復活を説きます。宗次郎が行くとトシは顔色がよくなります。賢治は宗次郎が福音を説いてくれると言ってたいへん感謝しています。『永訣の朝』を作った時、賢治が読んで聞かせた相手が宗次郎でした。

機恵子帰天直後、神田にいた賢治

賢治はトシの大学時代に、何度も上京している。一九一六（大正5）年、盛岡高等農林の学生だった賢治は3月と7月末に上京した。しかも7月の上京時には神田でドイツ語夏期講習を一ヶ月受けている。賢治が夏期講習を受ける直前に機恵子は帰天し、神田で告別式が行われている。

花巻の家族が尊敬していた機恵子の死を賢治が知らないとは考えにくい。しかし、現代では賢治の足跡は研究され尽くし、賢治が神田周辺を歩いた事も明らかになっているが、神保町の救世軍や機恵子に言及した文章、形跡は見あたらない。

しかし機恵子亡き後も、斉藤宗次郎や照井真臣乳などが軍平と交流しており、賢治も間接的に影響を受けていると思われる。たとえば斉藤宗次郎『二荊自叙伝』の一九二五（大正14）年2月2日には、宗次郎が軍平を花巻駅のホームで迎え、その後、その足で賢治と会った以下の記載がある。

◎山室軍平兄を迎う　10時50分の下り列車は構内に滑り込んで来た。客車の何れにか我が愛する山室兄が居るやも知れんとホームに立って注意を注いだ。二等車室に座せる優しき人の面影は紛うべくもなく同兄であった。兄は直ちに予を発見し窓硝子を開き、温かき右手で慇《いん》懃《ぎん》に固き握手を以て愛情を表してくれた。予は常に同兄を敬愛する。兄は選ばれて人類救拯《きゅうしょう》の大任を負わせられ、日夜東奔西走奮闘すること三十年、配給のシャツ、救世軍の制帽制服を繕い古びたる一個のトランクを伴侶として、今や盛岡に向かわんとする所である。今夏のロンドン行の前に、日本各地を一巡し福音を説くと聞き、心よりの同情を懐いてこの人を送迎することは甚だ幸福なることを感じた。自給自足の道を確実にすることと、山室兄が指揮官となる準備のためとあれば真に我等友人のみならず国を挙げて慶賀すべき事実である。我等は数分間の楽しき対話の後、再び握手の礼をもって相別れた。

◎農学校職員室を訪う　集金の途次、農学校に立ち寄り校長室に於いて、畠山校長並びに宮沢賢治先生と物語った。宮沢先生はレコードを聞かれよと言うて、ベートーベンの第六田園シンフォニーの音曲を聴いた。静かに聞き分けて見ると小川の流れ、鳥の声が聞こえるなど言われた。農学校の職員室は気持ちの好い処である。半時間にして帰った。

軍平は列車内で書き物をするため、いつも二等車を使った。それが唯一の贅沢であった。

宗次郎は数分の停車時間だけでも軍平を迎えるために花巻駅まで出向いたのだ。そこで軍平が指揮官になるのは国を挙げて慶賀すべきだとまで思いを募らせ、深い敬慕を抱いた足で農学校に寄り、賢治と語った。この時に、直前に会った軍平の話題を出さずにいられたであろうか。

賢治の実弟清六は「兄のトランク」の中で「昭和20年8月10日に花巻が空襲に会って、賢治の遺品は概ね焼けてしまった」と書いている。賢治が機恵子や救世軍について語った文書は今のところみつかってはいない。しかし最愛の妹トシを結核で失い、自身も結核に罹患した賢治にとって、「結核」は特別敏感に反応せざるを得ない重さを持った言葉だったはずだ。結核療養所の建設に東奔西走して昇天した同郷の機恵子の生き方が、賢治に影響を与えないでいられるだろうか。

賢治は救世軍の野戦を聞いた

山室軍平と悦子との娘である山室徳子は『遁れの家にて』に以下のように書いた。

ヒデリノトキハ　ナミダヲナガシ　サムサノナツハ　オロオロアルキ　宮沢賢治が『アメニ

モマケズ』の詩に託して厳しい東北農村の悲しみを伝え、惻惻と人びとの胸を打ったのは、このたび一九三四（昭和9）年の大凶作の三年前である。（略）花巻の機恵子の生家は、宮沢賢治の隣家であり、父同士郷土の産業の振興について胸襟を開いて語る仲であった。東北の農村に生きる貧しい人びとの宿命と傷みを想う詩人、また農民指導者としての賢治の念頭には、救世軍の自由廃業運動、身売り娘救済の運動があったと言われている。

さらに山室民子は「白牡丹」第一回の中に「宮沢賢治とのかかわり」として「明治38年に東北に大飢饉があり、貧農の娘たちが身売りされるのを余儀なくされた時、救世軍が引き取り保護し、就職させたことを見たり聞いたりして、賢治は深く感動していたと伝えられています。（略）弟の山室武甫が花巻に行き、清六氏に会った時にも、その事実を裏付けておられたということです。（略）賢治は救世軍の路傍伝道（野戦）も度々聞いたらしいとのことです」と書いている。時期は不明だが、路傍伝道を聞いたことは事実のようだ。

佐々木民夫は「山室機恵子と宮沢賢治についての覚書」で、賢治の盛岡中学時代の先輩である金田一京助（註：アイヌ語研究の学者）が一九〇九（明治42）年1月2日に山室軍平の辻説法を聞いて泣いたことや、その4日後の1月6日に石川啄木が水道橋で救世軍の辻説法を聞いたことを記している。啄木の『明治42年当用日記』には、金田一京助が軍平の野戦を聞いた1月2日の朝は「この冬無類の寒さ、水道栓が氷って水が出なかった」とある。無類の寒さの中でも軍平は辻説法をしていたのだ。

宮沢清六氏の機恵子顕彰

二〇一一年に、筆者は当時の救世軍資料館朝野館長から救世軍の故阿部敬蔵氏が作成したファイルを見せていただいた。表紙には「岩手県花巻市出身　山室軍平の妻　山室機恵子に関する資料」とあり、平成7年6月24日付で「寄贈者　岩手県花巻市出身『雨ニモマケズ』の詩人宮沢賢治（一八九六～一九三三）弟宮沢清六（91歳）」とあった。

阿部敬蔵ファイルには、宮沢清六氏が救世軍資料館に寄付をした事が記載されている。

イ）宮沢家は佐藤家の隣近くにあり、種々親交があった。

ロ）山室機恵子の生涯に敬意表明、花巻町に「山室機恵子生誕の地」といったような記念碑を建てたい希望を、昭和54年以来、私が何回か訪問をした話のついでに、宮沢清六氏の口から出ました。

ハ）昭和61、2年頃、訪問の折、宮沢氏からこの目的のため寄付金を頂きましたが、記念碑を建てることはなかなか進みませんでしたので、昭和62年、ファンドに投資しておきました。

ニ）平成7年6月20日、宮沢家をお訪ねしました。日本救世軍百年を記念して杉並に「山室軍平記念救世軍資料館」ができること。その中に山室機恵子コーナーでも作って機恵子顕彰の願いを形に表してはどうかという話となり、宮沢氏も大変喜んで、その場で寄付金を追加しますと申され現金を私に託されました。投資ファンドの利子を加えて昨日、寄附の手続きをいたしました。

ホ）今回、宮沢家訪問の折、清六氏より山室機恵子に関する資料を送るとの約束をいただいて参りましたので、到着の節はよろしくお願いいたします。

そうして届いた資料に、阿部氏は以下の文を書いている。

一、本件資料提供者、宮沢清六氏は、山室軍平氏を知る人で、山室武甫氏とも親交あり、救世軍事業に対する温かい支援者でもあります。

二、平成7年6月20日、私は墓参りのついでに、宮沢清六氏を花巻市のご自宅にお訪ねし、「資料を送るからよろしく」とのことで、24日に到着いたしましたので編集作業を行い、完成をみました。

三、宮沢賢治は、私の母校、盛岡高等農林学校（現岩手大学農学部）卒の先輩であり、賢治は生前、山室機恵子の感化を受けた人。花巻市宮沢賢治記念館に、山室機恵子の写真も出ております。清六氏は、賢治の後輩である私を、いつも親切にもてなして下さる紳士であります。

四、この資料が、山室軍平を支えた機恵子の優れた精神への理解を助ける上に、大いに用いられますようにと、心からお祈りいたす次第であります。

平成7年6月24日　　救世軍少佐　阿部敬蔵

宮沢清六氏が阿部敬蔵氏に送ってきた資料は、機恵子の実父、佐藤庄五郎が、北海道で成した事業を示す「奈井江町百年史」からのコピーで、何ページ分もある大量なものだが、概要は以下の通りである。

佐藤農場は佐藤庄五郎他四名で開拓組合を組織し、明治26、7年の両年にわたり、合計百九十ヘクタール（57万坪）の貸付を受けた。明治27年4月、郷里岩手県から小作人十戸を募集し、旅費を貸し付けて移住させた。以来、毎年募集し、明治33年末で五十五戸となった。

佐藤農場は事業を起こす際資本を要することが多く、直ちに収益をあげることができなかったので、明治30年までに二人が脱退し、佐藤庄五郎が経営管理した。創業以来、投入した資金はおよそ七千余円で、このうち千円は小作人への貸越金となったという。明治27年から養蚕を試み、明治35、6年には桑園三ヘクタールを有するまでになり、水田も五十アール位自作していた。明治31年、佐藤農場は開拓者の子弟教育の必要性から、事務所内に寺子屋を開いた。佐藤庄五郎は、奈井江村二級町村制施行初期の村会議員に当選した。33年奈井江村に村農会が設立されると、初代農会長に選任され、桑苗親木圃を設置するなど、農業実践の指導者として農業振興に努めた。しかし、明治35、6年頃、自作農創設施行前に売渡して札幌に転居した。後に郷里の岩手県に引き揚げたと言われているが、定かでない。

資料には、宮沢清六氏の手紙が添えられているが、実に温かく柔らかみのある筆跡である。

久しぶりにお目にかかりご健勝にて何よりと存じました。目が手術後十年になり、たどたどしい字で失礼です。山室機恵子様について御両親や御親戚の方々のこと同封いたしましたから、御役に立てて下さい。出来ましたらコピーをお返し下さらば幸いです。今も朝日新聞社の展覧会で、いろいろ調査で疲れて、沢山の雑用に追われ、少々、元気がなくなりました。九十一歳ではムリです。

お目にかかった日は、久しぶりに身体も調子がよくて、あなたの菩薩業に感激致しました。益々の御健勝を祈りあげます。一九九五・六・二四

宮沢清六

阿部敬蔵様

宮沢清六氏は、賢治関連の事で訪れる人々に、実に真摯に対応したと言われているが九十一歳で、かくも誠実な対応ができたことに頭が下がる。山室機恵子が亡くなって半世紀以上経てからも、賢治の弟清六氏は花巻に「山室機恵子生誕の地」というような碑を建てたいと願い、運動をしていた。若くして花巻を離れた機恵子であるし、時も流れ、人々の記憶にもなく、碑を建てる計画がうまく行かなかったのはしかたがないことである。それでもなお清六氏は忘れることなく機恵子に対する敬愛の念を深く持ち続けていた。そして岩手県人である阿部敬蔵氏が、救世軍人となり機恵子の遺志を継いでいることに感動し、いつも親切にもてなし快く救世軍に寄付をしてくれたのである。

阿部敬蔵氏は救世軍人としての活動の合間に、同郷人である尊敬と誇りを持って、山室機恵子と宮沢賢治の関係について調べ、宮沢清六氏を訪問し、資料を作成した。「この資料が、山室軍平を支えた機恵子の優れた精神への理解を助ける上に、大いに用いられますように」と記した亡き阿部敬蔵氏に筆者が代わり、救世軍資料館の許可を得てこの事実を公表した。

阿部氏は参考資料として、山室武甫著『愛の使徒　山室軍平』の中の「山室機恵子と宮沢賢治（『火の柱』所載　昭和49年）」のコピーも添えていたが、この本については筆者も引用文として紹介してきた。『火の柱』は、現在、上北沢にある賀川豊彦記念松沢資料館で保存されている。以下は「山室機恵子と宮沢賢治」の概要である。

昭和49年12月5日は、機恵子（一八七四～一九一六）の生誕百年に当る。

去る10月12～14日の週末、私は花巻教会の招きに応じ、母の生地花巻を訪れた。浄土宗の小川金英師の松庵寺で、母の生涯を語った。社会福祉関係者約百名が出席した。

今回の旅行での、予期せざる収穫の一つは、母と同じ花巻出身なる宮沢賢治との深いつながりの発見である。母の実父佐藤庄五郎と、賢治の父政次郎とは、自宅が接近し、親しかった。庄五郎は維新後養蚕を奨励し、機織《はたおり》工場を経営したが、武士の商法で赤字であった。しかし、泣き面を見せるのを潔しとせず、北海道で開墾し、新規蒔き直しを図った。その送別会は政次郎宅で催され、政次郎は庄五郎の所有地の一部を買い取った。政次郎は終生庄五郎に深い敬意を抱いていた。

賢治の実弟清六氏がなお健在で、色々と懐旧談を承り、最新刊の「現代日本文学アルバム第十巻宮沢賢治」（昭和49年発行）の大冊の恵贈を忝《かたじけの》うした。この中の「宮沢賢治とその時代（一八五～二一六頁）」は山形大学同人会誌詩人の真壁仁氏の執筆で、写真入りで軍平、機恵子夫妻よりの、間接ながら深い感化、影響、賢治が盛岡高等農林学校在学当時、バプテスト派の宣教師タッピング夫妻との接触等が、克明に描いてある。

賢治が花巻本城小学校の五年に進んだ時、担任となったのは照井真臣乳で、照井は母と小学校の同級生。後に内村鑑三門下の無教会基督者となった人。照井と親戚で、母から英語の手ほどきを受けた斉藤宗次郎も、内村門下生であり、彼らは宮沢家とも熟知の間柄であった。

「とくに日本救世軍の山室軍平と機恵子らの思想と行動は、いろんな形で賢治の意識に投影していると見られる。神を説く前に、下層社会にあえぐ不遇な人々を救うことを先決と考え、昼は大工仕事をしながら、夜間救世軍の伝道集会に出かけた軍平、救いを求める手紙をもらうと、暴力団の見張っている吉原へ乗り込んで、直接娼妓の脱出に手をさしのべた、機恵子夫人の熱情的な実践は、賢治の少年期の魂を波立たせずにおかなかったであろう」(一九五、六頁)。

「これらの体験はもちろん賢治の宗教思想の、主調音となるほどのものではなかったとしても、その文学や音楽に異教の色彩を添え、かつ求道実践にもなにほどかの勇気を与えていることは疑い得ない。とくに羅須地人協会の設立による農民指導、肥料設計所の開設と、肥培技術の奉仕などの実践は、山室機恵子らの娼妓自廃運動や、東北農村の娘身売り救済運動などと無関係であったとは思えない」(一九六頁)。

山室武甫が宮沢清六から恵贈された「現代日本文学アルバム第十巻宮沢賢治」の「宮沢賢治とその時代」には確かに軍平や機恵子の写真が一ページ全面を使い、掲載されている。「賢治は少年時代に救世軍の街頭演説を聞いたこともあるらしく、またしばしば耳にする山室機恵子の娼妓解放運動の話に感動したということである」と書かれている。

山室武甫が、母機恵子と宮沢賢治との深いつながりを、清六氏から直接聞いたということを、山室民子は著書で言及しており、筆者も深く考えずに、引用してきたのであるが、阿部敬蔵ファイルにある清六氏の寄付の件を読み返してみて、深い感慨に打たれた。つまり昭和49年当時と言えば、宮沢賢治の名声は全国に知れ渡り、逆に機恵子はほぼ忘れられた存在になっていた頃である。その時点で清六氏側から山室武甫に機恵子と賢治との関連を初めて提示された、これは重要なポイントなのである。それからさらに時が流れ、阿部氏が清六氏に直接何度も会って、機恵子記念碑建立の希望を聞かされ、平成7年に清六氏が機恵子顕彰のための寄付金と、佐藤農場のコピー資料を送ってこられた。これはさらに重要なポイントである。清六氏は二〇〇一（平成13）年に九十七歳で亡くなられたが、改めて清六氏の人徳に敬意を表さずにはいられない。

筆者は現代から百年前をみつめて、賢治やトシが機恵子に言及した資料はないかと調べてきたわけだが、機恵子が生存していた当時は、賢治は無名の青年にすぎず、花巻でも機恵子の知名度の方が圧倒的に高かったわけである。賢治やトシがごく近所に住んでいたという機恵子を熟知し同郷人として誇りに思っていたことは想像にかたくないのである。花巻という土地で、機恵子が生まれ、賢治やトシ、そして清六氏が生まれた。なんとすばらしいことではなかろうか。

機恵子と賢治に通底するもの

一九二六（大正15）年、賢治は羅須地人協会で自給自足の生活に入り『農民芸術概論』を著し「世界全体が幸福にならないうちは個人の幸福はあり得ない」という言葉を残した。これは救世軍創始者ブース大将の「婦人が今日のように泣く状態にある限り私は戦う。幼い子どもが今日のように飢える限り私は戦う」という宣言と呼応してはいないだろうか。

一九三一（昭和6）年、賢治は「雨ニモマケズ」を手帳に書く。翌年、冷害から農民を守るため、自分が犠牲の死を遂げる「グスコーブドリの伝記」を書き、一九三三年に結核で永眠する。

作家の網野菊は、日本女子大学で宮沢トシの二学年下になるが、晩年のイチ（賢治やトシの母）を訪ねている。イチは七十五歳位だったが、実に美しい感じの女性で、光り耀くという形容がふさわしいと思ったことが「宮沢賢治のお母さん」（『網野菊全集』第3巻）に書かれている。

日本女子大学の元学長、青木生子も、一九八六（昭和61）年に賢治の実家を訪ね、宮沢清六氏から話を聞いている。清六氏はトシの人柄を「とても内気で、おだやかで、出しゃばらない人でした」と述べたという。青木は「『わからない点は、はっきりわからないということが大切ですね』とは清六氏の何度も私にいわれた言葉であり、それはおびただしい、微に入り細にわたる賢治研究の、時に勝手なまことしやかに作りあげられてゆく諸説をさすものかと思われます」と述べている（『近代史を拓いた女性たち』）。その清六氏が、前述したように賢治が機恵子の感化を受けていた事を回想し、機恵子の記念碑建立を計画し、救世軍に寄付した事実は、瞠目に値する。

イチは息子の賢治と、娘のトシに先立たれるという不幸を味わっている。しかし、イチは心に春風のようなゆとりをもち、明るい笑顔で人に接する人柄であったという。イチは幼児を寝かしつけながら「人というものは、人のために何かしてあげるために生まれて来たのス」といつも語り聞かせたという（『宮沢賢治全集』第14巻　筑摩書房）

イチの父親である宮沢善治は、機恵子の父佐藤庄五郎と終生の友であった。宮沢善治は一八五四（安政元）年9月6日に生まれ、一九三九（昭和14）年に亡くなっている。一八五二（嘉永5）年生まれの庄五郎とは二歳違いである。庄五郎が亡くなった時に、善治がよんだ弔辞には、「七十余年我は君を唯一の友となし」とあり、いかに善治が庄五郎を尊敬していたかが余すところなく記されている。さらに庄五郎は毎年墓参りを欠かさず、そのたびに必ず宮沢善治の家を訪ねて語りあったという事実が述べられている（『佐藤庄五郎小伝』）。イチは実父、善治と佐藤庄五郎との友人関係をつぶさに見てきたことになる。

そしてイチは「人というものは、人のために何かしてあげるために生まれて来たのス」とこどもたちに語り聞かせて育てた。なんと気持ちよく胸にしみ入る言葉だろう。イチが花巻弁でこの言葉をやさしくささやくのを聞いた人は誰しも、他者のために何かをしないではいられない思いやりの心がわくのではなかろうか。

宮沢家と佐藤家に脈々と受け継がれてきた教えをみると、清貧に生きる事、こどもにはできるだけの高等教育を受けさせる事、生きるのは人の為に尽す事、をよしとした共通の価値観があることがわかる。

雨にも負けず　風にも負けず　雪にも夏の暑さにも負けぬ　丈夫なカラダをもち
欲はなく　決して怒らず　いつも静かに笑っている
一日に玄米四合と　味噌と少しの野菜を食べ
あらゆることを　自分を勘定に入れずに
よく見聞きしわかり　そして忘れず
野原の松の林の蔭の　小さな茅葺きの小屋にいて
東に病気の子供あれば　行って看病してやり
西に疲れた母あれば　行ってその稲の束を負い
南に死にそうな人あれば　行って恐がらなくてもいいと言い
北に喧嘩や訴訟があれば　つまらないからやめろと言い
日照りの時は涙を流し　寒さの夏はオロオロ歩き
みんなにデクノボーと呼ばれ　ほめられもせず　苦にもされず
そういうものに　わたしはなりたい

「雨ニモマケズ」は結核で先行き短いことを知った賢治が、かくありたいとする理想の人間像、願望の詩であろう。そのイメージの中に山室機恵子の生き方が部分的に浮かんだかどうか、それはわからない。ただ、言えることは、機恵子は「欲はなく」「決して怒らず」生きた。「あらゆることを自分を勘定に入れずに」「よく見聞きしわかり」生きた。

機恵子は寡黙で地味で自分の事はあまり語らない東北人だったが、人の為とならば果敢になり猪突猛進した。婦人救済募金時には「私の父母が私を東京に勉強に出す時に、修業の上は人の前に立って、乞食をしろと言って送り出しは致しませんでした。私が喜んで皆様の前に立ち、物ごいのように寄付金を求めるわけは、まったくただ天の位を棄てて僕の形をとり、十字架に死んだキリストの愛に感激するがため、また我が同胞、ことに気の毒な同胞姉妹達の救いを思うがためでございます」と涙を流して語った。

機恵子は一生涯清貧を貫き、傾いた借家に住み、助けを求める娼妓がいれば、一人で果敢に吉原に乗り込んだ。廃業を希望する娼妓があれば、同居して更生させ正業に就かせた。飢饉で人買いに売られそうな子があれば、引き取り我が子より先に食事を与え、ノミ、シラミを取り除いてやり、教育して奉公に送りだした。結核で死にそうな人があれば、療養所を作らんと寄付集めに東奔西走し、命尽きて帰天した。

賢治の宗教は法華教で、機恵子はキリスト教と、違いはある。しかし、花巻という地で生まれた機恵子と賢治、トシの生き方に、通底するものがあるのは事実である。

主要参考文献

山室軍平『山室機恵子』救世軍出版部　一九一六年
山室軍平『私の青年時代』救世軍出版部　一九八四年
山室軍平『平民の福音』救世軍出版部　一九六九年
山室武甫『評伝　山室富士』一九四一年
山室武甫『山室軍平』玉川大学出版部　一九六五年
山室武甫『機恵子─山室軍平にふさわしき妻』玉川大学出版部　一九六五年
山室武甫『山室軍平回想集』山室軍平記念会　一九六五年
山室武甫『人道の戦士　山室軍平』玉川大学出版部　一九六九年
山室武甫『愛の使徒　山室軍平』福音宣教会　一九八〇年
山室武甫編「山室軍平選集」復刻版　日本図書センター　一九九五年
山室民子『母を語る』日本基督教団出版部　一九六一年
山室民子『愛は永遠に』日本学芸社　一九四八年
山室民子『寄生木の歌』日刊基督教新聞　一九三六～一九三七年
山室民子『白牡丹』百万人の福音　一九七九～一九八〇年
山室民子「救世軍における男女平等」「月刊婦人展望」市川房枝記念会　一九七六年
山室徳子『遁れの家にて─村松きみの生涯』ドメス出版　一九八五年

阿部光子『遅い目覚めながらも』新潮社　一九六九年
阿部光子『旅路の終わりではなく』新潮社　一九七〇年
阿部光子『献花』新潮社　一九八七年
秋元巳太郎『カサリン・ブース』救世軍出版部　一九六九年
秋元巳太郎『山室軍平の生涯（改定版）』救世軍出版供給部　一九八三年
三吉　明『山室軍平』吉川弘文館　一九八六年
三吉　明『キリスト者　社会福祉事業家の足跡』金子書房　一九八四年
高道　基『山室軍平』日本基督教団出版部　一九七三年
高道　基『日本人権史上の婦人像―佐藤機恵子の場合』『論集』神戸女学院大学第18巻3号
吉屋信子『ときの声』筑摩書房　一九六五年
羽仁もと子『半生を語る』日本図書センター　一九九七年
秋永芳郎『評伝　羽仁もと子』新人物往来社　一九六九年
吉川利一『津田梅子伝』津田塾同窓会　一九五六年
飯野正子・亀田帛子・高橋裕子『津田梅子を支えた人びと』有斐閣　二〇〇〇年
相馬黒光『黙移』法政大学出版局　一九八二年
山口玲子『とくと我を見たまえ　若松賤子の生涯』新潮社　一九八〇年
久布白落実『廃娼ひとすじ』中央公論社　一九八二年
間野絢子『白いリボン―矢島楫子と共に歩む人たち』日本基督教団出版部　一九九八年

山川菊栄『山川菊栄集　第一巻』岩波　一九八一年
太田愛人『簡素に生きる』信濃毎日新聞社　二〇〇〇年
太田愛人『天に宝を積んだ人びと』キリスト新聞社　二〇〇五年
太田愛人『『武士道』を読む』平凡社新書　二〇〇六年
太田愛人『上州安中有田屋　湯浅治郎とその時代』小沢書店　一九九八年
宮沢清六『兄のトランク』ちくま文庫　一九九一年
堀尾青史『年譜　宮沢賢治伝』中央公論社　一九九一年
真壁仁『宮沢賢治とその時代』『現代日本文学アルバム　宮沢賢治』一九七四年　学習研究社
網野菊『宮沢賢治のお母さん』『網野菊全集　第3巻』
山根知子『宮沢トシの卒業証書』『成瀬記念館　2011』日本女子大学成瀬記念館
青木生子『近代史を拓いた女性たち　日本女子大学に学んだ人たち』講談社　一九九〇年
井上ひさし『宮沢賢治に聞く』文藝春秋　二〇〇二年
斉藤宗次郎『二荊自叙伝』岩波書店　二〇〇五年
武田清子『植村正久　その思想的考察』教文館　二〇〇一年
佐波亘『植村正久と其の時代』教文館　二〇〇〇年
植村環『父母とわれら』新教出版社　一九六六年
牧　律「回顧録『寄生木の歌』から探る山室民子の葛藤」「キリスト教社会福祉学研究」第42号
日本キリスト教社会福祉学会　二〇一〇年

牧　律『山室機恵子の結婚―軍平の再婚論争に絡めて』『キリスト教史学　第65集』　二〇一一年
新岩手人社「新岩手人」
日本女子大学社会福祉学科編『日本女子大学社会福祉学科五十年史』　一九八一年
日本女子大学社会福祉学科編『日本女子大学社会福祉学科八十年史』　二〇〇三年
日本女子大学校『日本女子大学校四十年史』　一九四二年
日本女子大学「家庭週報」
花巻史談会「花巻史談」
日本救世軍「ときのこえ」不二出版　復刻版　一九八七年
日本基督教婦人矯風会　「婦人新報」　復刻版　一九八六年
女学雑誌社「女学雑誌」臨川書店　復刻版　一九八四年
中村健之介監訳『宣教師ニコライの全日記』教文館　二〇〇七年
青山なを『明治女学校の研究』『青山なを著作集』　一九八二年
藤田美実『明治女学校の世界』　青英舎　一九八四年
蝦名賢造『北海道大学の父　佐藤昌介伝』西田書店　二〇〇七年
巌本記念会『明治女学校の百年　記念資料』
及川和男『藤村永遠の恋人　佐藤輔子』本の森　一九九九年
雨宮栄一『戦う植村正久』新教出版社　二〇〇八年
井口隆史『安部磯雄の生涯』早稲田大学出版部　二〇一一年

内村美代子『晩年の父内村鑑三』教文館　一九八五年
斉藤宗次郎『恩師言―内村鑑三言行録』教文館　一九八六年
鈴木範久『内村鑑三』岩波新書二〇一二年
鈴木範久『こころの時代　道をひらく　内村鑑三のことば』NHK出版　二〇一三年
石井満『新渡戸稲造伝』大空社　一九九二年
藤井茂『新渡戸稲造75話』新渡戸基金　二〇一一年
フェリス女学院資料室『あゆみ』
堀尾青史「ユリイカ」第2巻第8号「宮沢トシ書翰集」青土社　一九七〇年
『フェリス和英女学校六十年史』
『フェリス女学院百年史』
平塚らいてう『元始、女性は太陽であった』大月書店　一九七一年
イーストレーキ・ナヲミ『博言博士の憶い出』信正社　一九三六年
島本久恵『明治の女性たち』
佐藤敏夫『植村正久』
鎌田雅夫「佐藤喜和子碑記について」
西洞タミノ「偉人に及ぼせる婦人の感化」(内外出版協会　明治41年1月)
与謝野晶子「若き友へ」(白水社)

雑誌

「婦人の友」「新真婦人」「廓清」「慈善」「女鑑」「真女界」「婦女界」「婦人くらぶ」「ムラサキ」「新家庭」他

＊本書執筆にあたり多くの教えを頂き、又、中に引用させて頂きましたこと、ここに改めて御礼を申し上げます。なお、引用に際しましては、その都度出典明示をいたしました。

あとがき

山室軍平日記

山室武甫は『山室軍平選集』で「軍平の自宅は昭和20年5月25日の大空襲で全焼し、故人の唯一の遺産であった万巻の貴重な内外の蔵書、記録、写真、書類等の文献資料は一切灰に帰した。幸いに全集の原稿の大部分は軽井沢に運んで厄を免れた。（略）また軍平の三十年にわたる日記があり、その刊行は日本の初代基督教史の貴重な資料であり、他日理解ある篤志家の援助を待って刊行したい」と述べている。

また武甫は毎日新聞社の「ニューエイジ」（一九五四年3月）にも「山室軍平の日記―よき後援と助力による上梓を待つ厖大な歴史的記録―」を掲載している。「父は非常に勤勉な努力家で、伝道・社会事業・執筆・事務・募金・社交等多忙の中を、青年時代以来欠かさず綿密に日記をつけた。明治四十四年一月二十三日、私宅が焼け、日記は烏有《うゆう》に帰したが、それ以後永眠までの日記が残った。相当に厖大なものであり、貴重な歴史的記録である」として、約九頁にわたり、軍平の日記の一部を紹介している。その中にすら、渋沢栄一、植村正久、新島八重、湯浅治郎、安部磯雄、土井晩翠、石井十次、新渡戸稲造、尾崎行雄、留岡幸助、賀川豊彦、など軍平と関わった著名人の名前が見られる。最後に武甫は「理解ある後援者の助力によって上梓の日に巡り会いたいものと、切に祈りつつ筆をおく」と書いている。

山室軍平日記の現物は同志社大学に寄贈され、山室軍平記念救世軍資料館には日記のマイクロフィルムとコピーが三十年分ある。軍平の字は特徴がある上に、書くスピードが速く、インクが乾く前にページをめくったようで、字が滲んで判読が非常に困難である。軍平は海外に行く時、船で書き物をしたが、三日でインク瓶が空になったそうだ。四女の山室善子は「父は机に向かいさえすれば、バリバリと音のする程の勢いでものを書いていた。（自由学園の）消費組合で買い物をするようになってから、山室さんの家では原稿用紙と吸取紙を食べ、インクを飲んでいるようだとお友達に笑われたことがあったが、それが殆ど父の使用で、Gペンも見る度に坊主になった」と書いている（「婦人之友」昭和15年5月）。

筆者も救世軍資料館で日記の判読を試みたが、無理だった。ところが筆者は二〇一二年に資料館の書庫で「山室徳子清書」と書かれた段ボール一箱を見つけた。そこには明治44年から大正15年まで清書された軍平の日記が保管されていた。大正15年までしかないのは、ここまでしか清書できなかったのか、あるいはどこかに別の段ボールが紛れ込んでいるのかは不明である。清書の筆跡は一人ではなく、実に多くの人達の手で書き写されている。それだけ根気が続かない困難な解読なのだ。山室徳子が、書き写す人の傍にいて、不明な部分を判読して完成したのか、あるいは不明部分を後から徳子に確認して担当者が清書したのではなかろうか。ではなぜそのような苦労をしてまで徳子は軍平の筆記を清書させたのだろうか。

朝野元館長のお話では、山室軍平日記は、遺族から日記を公開しないという条件で預かったらしい。しかし、徳子がわざわざ清書をしたのは、武甫が言ったように「日本の初代基督教史の貴重な資料であり、他日理解ある篤志家の援助を待って刊行したい」という意志の現れ以外の何物でもないだろう。武甫に時間的ゆとりと金銭的援助があったら、必ずや生存中に刊行したはずだ。判読しにくい軍平日記を将来、刊行するために、徳子は清書させたのだと確信するのである。

筆者は清書された日記を読んではじめて、軍平の苦悩を知った。外にあっては「救世軍の山室か、山室の救世軍か」とまで言われ、誠実であらゆる人々を包み込む包容力があり、まるで聖人のようなイメージのある山室軍平の、哀しさ、弱さが隠すことなく出ている。

機恵子に関する資料を集めていたので、機恵子と家族に関する部分の日記を拾い書きして本文に引用させていただいた。だが、当然ながら日記は家族に関することはわずかで、軍平の社会的活動に関する記録が多い。遺族が非公開を条件にしたのは、当時、遺族や関係者が生存していたためもあるだろう。しかし、軍平日記を斜め読みしただけだが、軍平が他の人物を批判的に書いている部分はほとんどない。これは軍平の大いなる人徳である。

機恵子の日記は現存していないが、機恵子も軍平も、将来の日記刊行を救世軍研究、社会事業史研究の上で、当然必要な事と認識していたと思われる。山室軍平日記が刊行される日が来るのを心から祈っている。

現在の救世軍

日本の救世軍は、軍平亡き半年後の昭和15年9月には、救世軍の名で活動できなくなったが、昭和21年に再発足し、百二十年後の現在も引き継がれている。ウィリアム・ブース夫妻によって創設された救世軍は、百五十年後の二〇一五年現在、世界百二十六の国と地域で活動を続けている。日本では四十五の小隊（教会にあたる）での伝道活動、二つの病院（ホスピス併設）、保育所、児童養護施設、婦人保護施設、特別養護老人ホーム、老人保健施設、酒害者リハビリテーション施設などを通して働きを進めている。さらに街頭生活者支援や災害被災者慰問など様々な社会奉仕活動を行っている。大田区池上にある機恵子寮は現在、児童養護施設となっている。「ときのこえ」はＡ４判カラーページで毎月二回発行されている。

杉並区和田にある「救世軍ブース記念病院」はホスピス付きの一般病院になっている。病院の沿革には「一九一六（大正５）年、日本初の一般市民を対象とした結核サナトリウム『救世軍杉並療養所』（五十床）を開設」とあり、「一九三四（昭和９）年、日本初の外気舎、コロニー舎を作り、外気療法、作業療法など結核医療に新機軸を生み出した」とある。これは軍平が一九二六年にマウイ島の結核療養所でコロニーを視察したのがきっかけで作られた作業療法の先駆である。このコロニー舎は、機恵子の弟の寄付金で作られた。

ブース記念病院の横には「機恵子記念会堂」が健在である。救世軍教会の一角に、資料館があり、山室一家の写真や機恵子の絶筆「神第一」のコピーなども見ることができる。

機恵子はわずか四十一歳で命尽き果てたが、帰天後百年経た現在でも、その事業と志が継続していることに、深い感動を覚えずにはいられない。

軍平と機恵子が「いと小さき人たち」に灯したろうそくの火は、社会の発展とともにやがて電球となり、蛍光灯となり、社会事業として制度化され広がっていった。その一方で、今も二人の志に感銘を受けて救世軍人を志願し、活動をしている多くの軍平と機恵子がいる。軍平と機恵子の灯した火は、今も絶やさず燃え続けている。

御礼の言葉

『山室機恵子の生涯』を出版することができ、望外の幸せを感じております。調査が不充分な所や、私の認識不足で関係者の方々に御迷惑をおかけしましたならば、どうかお許し下さい。

救世軍資料館の朝野元館長をはじめとする皆様には、大変御親切に御尽力いただき、感謝しております。花巻市博物館、日本女子大学成瀬記念館、日本女子大学桜楓会、日本女子大学目白図書館、フェリス女学院資料館の皆様にも大変お世話になりました。

素人の私を常にやさしく導いてくださった銀の鈴社の柴崎俊子編集長、柴崎由紀様、西野真由美社長をはじめとする皆様には、言い尽くせない感謝の気持ちでいっぱいです。心よりお礼申し上げます。

二〇一五年八月

安原みどり

著者：安原みどり

1953年、岩手県生まれ。宮沢賢治の母校である盛岡一高（旧制盛岡中学）を卒業後、宮沢トシの母校である日本女子大学を卒業。

2015年8月28日没。享年62歳。

写真提供／山室軍平記念救世軍資料館
地図６頁／大正10年ごろの豊澤町町並図（宮沢賢治生誕百年記念特別企画展「拡がりゆく賢治宇宙19世紀から20世紀へ」（平成９年８月27日宮沢賢治イーハトーブ館））
口絵４頁上段／新岩手人　第２号10号（昭和７年10月25日）
本文20章扉／主婦の友（昭和９年６月号）
表紙写真／一般社団法人花巻観光協会（「棚田の景色」撮影：菅原重太郎）
本扉下絵（いしみかわ）／阿見みどり
装幀／望月映子

NDC 916　神奈川　銀の鈴社　2022　400頁　18.8cm（山室機恵子の生涯）

銀鈴叢書
花巻が育んだ救世軍の母
山室機恵子の生涯
── 宮沢賢治に通底する生き方 ──

2015年9月25日初版発行
2022年2月23日重版発行
本体3,400円＋税

著　　者　安原みどり©
発 行 者　西野大介
編集発行　㈱銀の鈴社 TEL 0467-61-1930　FAX 0467-61-1931
〒248-0017　神奈川県鎌倉市佐助1-18-21 万葉野の花庵
https://www.ginsuzu.com
E-mail info@ginsuzu.com

ISBN978-4-87786-329-6 C0023
落丁・乱丁本はお取り替え致します

印　刷　電算印刷
製　本　渋谷文泉閣